全国高等教育自学考试指定教材

工程经济学

（含：工程经济学自学考试大纲）
（2023 年版）

全国高等教育自学考试指导委员会　组编

主编　杨晓冬

图书在版编目（CIP）数据

工程经济学 / 杨晓冬主编 .— 北京：北京大学出版社，2023.9
全国高等教育自学考试指定教材
ISBN 978-7-301-34494-1

Ⅰ.①工… Ⅱ.①杨… Ⅲ.①工程经济学 – 高等教育 – 自学考试 – 教材 Ⅳ.① F062.4

中国国家版本馆 CIP 数据核字 (2023) 第 179374 号

书　　　名	工程经济学 GONGCHENG JINGJIXUE
著作责任者	杨晓冬　主编
策 划 编 辑	吴　迪　赵思儒
责 任 编 辑	刘健军
数 字 编 辑	蒙俞材
标 准 书 号	ISBN 978-7-301-34494-1
出 版 发 行	北京大学出版社
地　　　址	北京市海淀区成府路 205 号　100871
网　　　址	http://www.pup.cn　新浪微博：@ 北京大学出版社
电 子 邮 箱	编辑部 pup6@pup.cn　总编室 zpup@pup.cn
电　　　话	邮购部 010-62752015　发行部 010-62750672　编辑部 010-62750667
印 刷 者	北京鑫海金澳胶印有限公司
经 销 者	新华书店
	787 毫米 ×1092 毫米　16 开本　18.75 印张　444 千字 2023 年 9 月第 1 版　2023 年 9 月第 1 次印刷
定　　　价	56.00 元

未经许可，不得以任何方式复制或抄袭本书之部分或全部内容。
版权所有，侵权必究
举报电话：010-62752024　电子邮箱：fd@pup.cn
图书如有印装质量问题，请与出版部联系，电话：010-62756370

组编前言

21世纪是一个变幻难测的世纪,是一个催人奋进的时代。科学技术飞速发展,知识更替日新月异。希望、困惑、机遇、挑战,随时随地都有可能出现在每一个社会成员的生活之中。抓住机遇、寻求发展、迎接挑战、适应变化的制胜法宝就是学习——依靠自己学习、终身学习。

作为我国高等教育组成部分的自学考试,其职责就是在高等教育这个水平上倡导自学、鼓励自学、帮助自学、推动自学,为每一个自学者铺就成才之路。组织编写供读者学习的教材就是履行这个职责的重要环节。毫无疑问,这种教材应当适合自学,应当有利于学习者掌握和了解新知识、新信息,有利于学习者增强创新意识,培养实践能力,形成自学能力,也有利于学习者学以致用,解决实际工作中所遇到的问题。具有如此特点的书,我们虽然沿用了"教材"这个概念,但它与那种仅供教师讲、学生听,教师不讲、学生不懂,以"教"为中心的教科书相比,已经在内容安排、编写体例、行文风格等方面都大不相同了。希望读者对此有所了解,以便从一开始就树立起依靠自己学习的坚定信念,不断探索适合自己的学习方法,充分利用自己已有的知识基础和实际工作经验,最大限度地发挥自己的潜能,达到学习的目标。

欢迎读者提出意见和建议。

祝每一位读者自学成功。

全国高等教育自学考试指导委员会
2022年8月

目 录

组编前言

工程经济学自学考试大纲

大纲前言 ………………………………… 2
Ⅰ 课程性质与课程目标 ……………… 3
Ⅱ 考核目标 …………………………… 5
Ⅲ 课程内容与考核要求 ……………… 6
Ⅳ 关于大纲的说明与考核实施要求 … 21
附录 题型举例 ……………………… 24
大纲后记 ……………………………… 25

工程经济学

编者的话 ……………………………… 28

第1章 工程经济学概论 ……………… 29
1.1 工程经济学的基本概念 ………… 30
1.2 工程技术与经济的关系 ………… 31
1.3 工程经济学的产生与发展 ……… 32
1.4 工程经济学的研究对象、研究方法和基本原则 …………………… 37
习题 …………………………………… 45

第2章 资金的时间价值 ……………… 47
2.1 概述 ……………………………… 48
2.2 利息与利率 ……………………… 49
2.3 现金流量与资金等值 …………… 53
2.4 资金时间价值的计算 …………… 56
习题 …………………………………… 64

第3章 工程项目投资估算 …………… 66
3.1 概述 ……………………………… 67
3.2 简单投资估算方法 ……………… 74
3.3 工程项目总投资的构成 ………… 80
3.4 工程项目的分类估算方法 ……… 81
习题 …………………………………… 91

第4章 工程项目的财务评价 ………… 93
4.1 概述 ……………………………… 94
4.2 盈利能力分析 …………………… 95
4.3 偿债能力分析 …………………… 116
4.4 可持续能力分析 ………………… 122
习题 …………………………………… 125

第5章 工程项目的国民经济评价 …… 129
5.1 概述 ……………………………… 130
5.2 国民经济效益和费用的识别方法 … 135
5.3 国民经济评价影子价格的计算方法 … 140
5.4 国民经济评价的指标与报表 …… 153
习题 …………………………………… 158

第6章　不确定性与风险分析 ………… 161

6.1　概述 …………………………… 162
6.2　盈亏平衡分析 ………………… 167
6.3　敏感性分析 …………………… 172
6.4　风险分析 ……………………… 179
习题 ………………………………… 189

第7章　工程项目的方案比选与优化 … 192

7.1　概述 …………………………… 193
7.2　互斥型方案的比选方法 ……… 195
7.3　独立型方案的比选方法 ……… 203
7.4　相关型方案的比选方法 ……… 206
7.5　价值工程 ……………………… 207
习题 ………………………………… 229

第8章　工程项目的可行性研究 ……… 232

8.1　概述 …………………………… 233
8.2　市场分析与预测方法 ………… 237
8.3　可行性研究报告的编制 ……… 245
习题 ………………………………… 250
典型案例 …………………………… 252

第9章　设备更新、租赁与改扩建项目评价 ………………………… 267

9.1　设备磨损、补偿与设备寿命 … 268
9.2　设备修理、改造和更新方案评价 … 271
9.3　设备租赁方案评价 …………… 278
9.4　改扩建项目评价 ……………… 283
习题 ………………………………… 286
典型案例 …………………………… 287

参考文献 ……………………………… 291

后记 …………………………………… 293

全国高等教育自学考试指定教材

工程经济学
自学考试大纲

全国高等教育自学考试指导委员会　制定

大纲前言

为了适应社会主义现代化建设事业的需要，鼓励自学成才，我国在 20 世纪 80 年代初建立了高等教育自学考试制度。高等教育自学考试是个人自学、社会助学和国家考试相结合的一种高等教育形式。应考者通过规定的专业课程考试并经思想品德鉴定达到毕业要求的，可获得毕业证书；国家承认学历并按照规定享有与普通高等学校毕业生同等的有关待遇。经过 40 多年的发展，高等教育自学考试为国家培养造就了大批专门人才。

课程自学考试大纲是规范自学者学习范围、要求和考试标准的文件。它是按照专业考试计划的要求，具体指导个人自学、社会助学、国家考试及编写教材的依据。

为更新教育观念，深化教学内容方式、考试制度、质量评价制度改革，更好地提高自学考试人才培养的质量，全国考委各专业委员会按照专业考试计划的要求，组织编写了课程自学考试大纲。

新编写的大纲，在层次上，本科参照一般普通高校本科水平，专科参照一般普通高校专科或高职院校的水平；在内容上，及时反映学科的发展变化以及自然科学和社会科学近年来研究的成果，以更好地指导应考者学习使用。

全国高等教育自学考试指导委员会
2023 年 5 月

Ⅰ 课程性质与课程目标

一、课程性质和特点

按照《高等学校工程管理本科指导性专业规范》和《高等学校工程管理类专业评估（认证）标准》要求，学生需要理解并掌握一定的工程管理原理与经济决策方法，并能在多学科环境中应用。"工程经济学"是工程管理（专升本）、工程造价（专升本）等专业的一门重要课程，紧密围绕工程项目的投资决策问题展开，主要介绍对工程技术方案（项目）进行经济分析的理论与方法，是在资源有限的条件下，运用工程经济学分析方法，对工程技术方案（项目）各种可行方案进行分析比较，选择并确定最佳方案的一门学科。在进行可行性分析时，不仅要考虑工程技术方案（项目）的技术可行性，还要考虑经济合理性，以及对社会和可持续发展等一系列影响。

二、课程目标

工程经济学是由工程技术科学、经济学和管理学相互融合的一门综合性学科，培养学生掌握一定的工程经济分析的基本理论和方法，使其具备一定的工程经济决策能力。课程培养目标可以分解为：

（1）使学生全面掌握工程经济分析的基本原理和方法及其在项目前期决策中的应用，熟悉工程技术方案选优和优化的基本过程，理解工程技术与经济效果之间的关系，具备工程经济分析的基本能力；

（2）培养学生具备项目经济评价指标计算分析、多种投资方案经济评价比选、项目决策分析等能力，能够将课程基本理论和方法应用于实践，选择技术、经济上最优和最合理方案；

（3）使学生对工程项目财务评价、不确定性分析、可行性研究等内容有一个系统的把握，并能运用这些方法对项目进行公正、客观、合理、准确的分析和评价；

（4）培养学生具有强烈的社会责任感和良好的职业道德操守，尊重事实的工作作风、细致严谨、敢于创新的精神以及良好的沟通协调、团队合作能力，为未来的学习、工作和生活奠定良好的基础。

三、与相关课程的联系与区别

学习本课程应具备一定的经济学基础知识，会用到其中基本的经济学概念和原理。

四、课程的重点和难点

重点：掌握资金时间价值的内涵及计算公式；掌握拟建工程项目总投资构成及分类估算方法；掌握建设项目经济评价方法和参数，熟悉分析和判断投资项目的财务可行性，了解分析和判断投资项目的国民经济可行性；掌握不确定性分析和风险分析的种类和方法；掌握投资方案的比选与优化方法，熟悉价值工程；熟悉设备更新、租赁与改扩建项目方案评价方法。

难点：名义利率、实际利率和有效年利率（实际年利率）的关系；财务评价中盈利能力、偿债能力和可持续能力分析的指标计算及其经济意义；国民经济评价中影子价格的计算方法及费用和效益的识别；不确定性分析中敏感性分析的计算方法；互斥方案的比选方法和价值工程优化方法；设备改造、更新方案评价方法。

Ⅱ 考核目标

　　本大纲在考核目标中,按照识记、领会和应用三个层次规定其应达到的能力层次要求。三个能力层次是递升的关系,后者必须建立在前者的基础上。各能力层次的含义是:

　　识记:要求考生能识别和记忆大纲中规定的工程经济学有关知识的主要内容(如定义、定理、公式、原则、重要结论、方法、步骤、特征和特点等),并能根据考核的不同要求,作出正确的表述、选择和判断。其是低层次要求。

　　领会:要求考生能领悟和理解大纲中规定的工程经济学有关考核知识点的内涵和外延,熟悉其内容要点和它们之间的区别与联系,并能正确地解释、说明和论述。其是较高层次的要求。

　　应用:包括简单应用和综合应用。简单应用是指能运用大纲中规定的少量知识点分析和解决一般应用问题,如简单计算、绘图和分析、论证等。综合应用是指能运用大纲中规定的多个知识点,分析和解决较复杂的应用问题,如计算、绘图、可行性分析等。其是最高层次的要求。

Ⅲ 课程内容与考核要求

第 1 章 工程经济学概论

一、学习目的与要求

了解工程经济学的基本概念，理解工程、技术、经济的基本概念，理解国内外工程经济学的产生与发展，熟悉工程经济学的含义以及工程技术与经济的关系，掌握工程经济学的研究对象和范围、工程经济学的研究方法和工程经济分析的基本原则。

二、课程内容

第 1 节 工程经济学的基本概念

（1）工程：工程的含义与应用
（2）技术：技术的含义与分类
（3）经济：经济的多种含义
（4）工程经济学：工程经济学的认识与含义

第 2 节 工程技术与经济的关系

（1）人类生产活动两个最基本因素：技术与经济
（2）工程技术与经济的关系

第 3 节 工程经济学的产生与发展

（1）国外工程经济学的产生与发展
（2）我国工程经济学的产生与发展

第4节　工程经济学的研究对象、研究方法和基本原则

（1）工程经济学的研究对象和范围
（2）工程经济学的研究方法
（3）工程经济分析的基本原则

三、考核知识点与考核要求

1. 工程经济学的基本概念
识记：工程、技术、经济的基本概念。
领会：工程经济学的基本概念。
2. 工程技术与经济的关系
领会：工程技术与经济的关系。
3. 工程经济学的产生与发展
识记：国外工程经济学的产生与发展、我国工程经济学的产生与发展。
4. 工程经济学的研究对象、研究方法和基本原则
应用：工程经济学的研究对象和范围、研究方法和工程经济分析的基本原则。

四、本章重点、难点

（1）工程经济学的研究对象和范围
（2）工程经济学的研究方法
（3）工程经济分析的基本原则

第2章　资金的时间价值

一、学习目的与要求

了解资金时间价值的概念，熟悉资金时间价值内涵和影响因素；熟悉利息与利率的概念和内涵，掌握单利利息和复利利息的基本公式和应用，名义利率和实际利率的计算；理解现金流量的构成，掌握现金流量图的作图，掌握资金等值的概念和影响因素以及有效年利率的计算；掌握等值计算中基本参数及其含义，基本公式和应用以及公式使用的注意事项等。

二、课程内容

第1节　概　　述

（1）资金时间价值的概念

（2）资金时间价值的内涵
（3）资金时间价值的影响因素

第2节 利息与利率

（1）利息
（2）利率
（3）单利利息计算方法
（4）复利利息计算方法
（5）名义利率与实际利率

第3节 现金流量与资金等值

（1）现金流量
（2）资金等值
（3）有效年利率

第4节 资金时间价值的计算

（1）基本参数及其含义
（2）基本公式
（3）公式使用的注意事项

三、考核知识点与考核要求

1. 概述

识记：资金时间价值的概念和四个特点。

领会：资金时间价值的内涵；资金的使用时间、资金数量的大小、资金投入和回收的特点和资金周转的速度四个资金时间价值的影响因素。

2. 利息与利率

识记：衡量资金时间价值的绝对尺度和相对尺度；利息和利率的概念；名义利率和实际利率的概念。

领会：利息和利率在工程经济活动中的重要作用；利息的影响因素；名义利率和实际利率的关系。

应用：单利利息和复利利息的计算公式；名义利率和实际利率的计算公式。

3. 现金流量与资金等值

识记：现金流量的概念和构成；资金等值的概念；有效年利率的概念。

应用：现金流量图的绘制；有效年利率的计算公式。

4.资金时间价值的计算

识记：利率、计息期数、现值、终值、年值、等值的概念及内涵。

领会：资金时间价值计算时公式使用的注意事项。

应用：用一次支付复利公式、一次支付现值公式、等额支付系列复利公式、等额支付系列资金回收公式、等额支付系列现值公式、均匀梯度支付系列复利公式完成相关资金时间价值的计算。

四、本章重点、难点

（1）单利利息和复利利息的计算
（2）名义利率与实际利率的换算
（3）资金时间价值的计算与应用

第3章 工程项目投资估算

一、学习目的与要求

理解工程项目投资估算的概念，熟悉投资估算的阶段、工作内容和文件构成，了解投资估算的要求、依据和作用，了解投资估算编制的程序。掌握常用的投资估算方法：生产能力指数法、比例估算法、系数估算法和投资估算指标法。熟悉工程项目总投资的构成内容。掌握工程费用的估算、工程建设其他费用估算、预备费的估算、增值税的计算、资金筹措费用的估算和流动资金的估算等各项工程项目投资费用的估算。

二、课程内容

第1节 概 述

（1）投资估算的阶段
（2）投资估算的工作内容和文件构成
（3）投资估算的作用
（4）投资估算编制的程序

第2节 简单投资估算方法

（1）生产能力指数法
（2）比例估算法
（3）系数估算法
（4）投资估算指标法

第3节　工程项目总投资的构成

（略）

第4节　工程项目的分类估算方法

（1）工程费用的估算
（2）工程建设其他费用的估算
（3）预备费的估算
（4）增值税的估算
（5）资金筹措费用的估算
（6）流动资金的估算

三、考核知识点与考核要求

1. 概述

识记：投资估算的工作内容、投资估算的文件构成、投资估算的要求与依据、投资估算的作用、投资估算编制的程序。

领会：投资估算的阶段。

2. 简单投资估算方法

识记：朗格系数表。

领会：生产能力指数法、比例估算法、系数估算法、投资估算指标法。

3. 工程项目的构成与分类估算方法

识记：增值税的计算。

领会：工程项目总投资的构成、工程费用的估算、工程建设其他费用估算、预备费的估算、资金筹措费用的估算、流动资金的估算。

四、本章重点、难点

（1）简单投资估算方法
（2）工程项目总投资的构成
（3）工程项目的分类估算方法
（4）进口设备购置费的估算
（5）流动资金的估算

第4章 工程项目的财务评价

一、学习目的与要求

熟悉工程项目财务评价的目的和基本概念，理解财务评价引入社会评价的必要性；在理解何为盈利能力分析、偿债能力分析和可持续能力分析的基础上，掌握盈利能力评价指标和偿债能力评价指标的计算，熟悉盈利能力分析、偿债能力分析和可持续能力分析相关报表。

二、课程内容

第1节 概 述

（1）财务评价的目的
（2）财务评价的概念
（3）财务评价引入社会评价的必要性

第2节 盈利能力分析

（1）盈利能力分析概述
（2）盈利能力分析指标
（3）盈利能力分析报表

第3节 偿债能力分析

（1）偿债能力分析概述
（2）偿债能力分析指标
（3）偿债能力分析报表

第4节 可持续能力分析

（1）可持续能力分析概述
（2）可持续能力分析报表
（3）可持续能力判断

三、考核知识点与考核要求

1. 概述

识记：财务评价的概念、财务评价的目的。

领会：财务评价引入社会评价的必要性。

2. 盈利能力分析

识记：总投资收益率、资本金净利润率、静态投资回收期、净现值、净现值率、净年值、动态投资回收期、内部收益率和基准收益率的概念。

领会：总投资收益率、资本金净利润率、静态投资回收期、净现值、净现值率、净年值、动态投资回收期的优缺点；基准收益率确定的影响因素；盈利能力报表与评价指标的关系。

应用：总投资收益率、资本金净利润率、静态投资回收期、净现值、净现值率、净年值、动态投资回收期、内部收益率计算方法和判断准则；测定基准收益率的方法。

3. 偿债能力分析

识记：利息备付率、偿债备付率、资产负债率、流动比率与速动比率的概念。

领会：偿债能力分析报表与评价指标的关系。

应用：利息备付率、偿债备付率、资产负债率、流动比率与速动比率的计算方法和判断标准。

4. 可持续能力分析

识记：可持续能力的概念。

领会：可持续能力分析报表的使用；可持续能力的判断。

四、本章重点、难点

（1）盈利能力评价指标的计算与应用

（2）偿债能力评价指标的计算与应用

第5章 工程项目的国民经济评价

一、学习目的与要求

了解国民经济评价的概念，熟悉其作用和必要性，掌握国民经济评价的基本方法、使用范围及其和财务评价的区别与联系；了解国民经济费用和效益识别基本要求、直接效益和直接费用、间接效益和间接费用，熟悉国民经济费用和效益识别原则，掌握转移支付的调整；了解影子价格的特点、特殊投入物中自然资源的影子价格确定，熟悉影子价格的含义、市场定价货物中非外贸货物的影子价格确定、政府调控价格货物的影子价格确定、特殊投入物中土地的影子价格确定，掌握影子价格的相关概念（影子汇率、社会折现率）、市场定价货物中可外贸货物的影子价格确定、特殊投入物中劳动力的影子价格确定；熟悉经济费用效益分析报表的编制，掌握经济费用效益分析指标的计算与使用。

二、课程内容

第 1 节 概 述

（1）国民经济评价的概念、作用、必要性
（2）国民经济评价的基本方法和使用范围
（3）国民经济评价与财务评价的区别与联系

第 2 节 国民经济效益和费用的识别方法

（1）国民经济费用和效益识别基本要求和原则
（2）直接效益和直接费用
（3）间接效益和间接费用
（4）转移支付的调整

第 3 节 国民经济评价影子价格的计算方法

（1）影子价格的含义和特点
（2）市场定价货物的影子价格（分为外贸货物和非外贸货物）
（3）政府调控价格货物的影子价格
（4）特殊投入物的影子价格

第 4 节 国民经济评价的指标与报表

（1）经济费用效益分析指标（ENPV 和 EIRR）
（2）经济费用效益分析报表

三、考核知识点与考核要求

1. 概述

识记：国民经济评价的概念。
领会：国民经济评价的作用和必要性。
应用：国民经济评价的基本方法和使用范围；国民经济评价与财务评价的区别与联系。

2. 国民经济效益和费用的识别方法

识记：国民经济费用和效益识别基本要求；直接效益和直接费用；间接效益和间接费用。
领会：国民经济费用和效益识别原则。

应用：转移支付的调整。

3. 国民经济评价影子价格的计算方法

识记：影子价格的特点；特殊投入物的影子价格的确定——自然资源。

领会：影子价格的含义；市场定价货物的影子价格的确定——非外贸货物；政府调控价格货物的影子价格的确定；特殊投入物的影子价格的确定——土地。

应用：影子价格的相关概念（影子汇率、社会折现率）；市场定价货物的影子价格的确定——外贸货物；特殊投入物的影子价格的确定——劳动力。

4. 国民经济评价的指标与报表

领会：经济费用效益分析报表的编制。

应用：经济费用效益分析指标的计算与应用。

四、本章重点、难点

（1）国民经济评价的基本方法和使用范围
（2）转移支付的调整
（3）影子价格的相关概念（影子汇率、社会折现率）
（4）不同情况下影子价格的计算
（5）经济费用效益分析指标

第6章　不确定性与风险分析

一、学习目的和要求

投资项目的不确定性和风险分析是为了识别不确定因素并减少其对经济效果评价的影响，以预测投资项目可能承担的风险，确定项目在财务上、经济上的可靠性，有助于制定决策来避免项目投产后不能获得预期的利润和收益，致使投资不能如期收回或给企业造成亏损的后果。要求了解风险的概念、不确定性与风险的关系，掌握盈亏平衡分析，掌握敏感性分析，掌握风险分析。

二、课程内容

第1节　概　　述

（1）风险的概念及分类
（2）风险程度等级分类
（3）不确定性与风险的关系
（4）不确定性分析与风险分析

第 2 节　盈亏平衡分析

（1）线性盈亏平衡分析

（2）非线性盈亏平衡分析

第 3 节　敏感性分析

（1）敏感性分析的一般步骤

（2）敏感性分析的方法

第 4 节　风险分析

（1）单个风险因素的风险程度分析

（2）项目整体风险的批判性分析

（3）概率树

三、考核知识点和考核要求

1. 概述

识记：风险的概念。

领会：不确定性与风险的关系；不确定性分析与风险分析的联系与区别。

应用：风险的分类；风险的等级。

2. 盈亏平衡分析

识记：非线性盈亏平衡分析（多因素）。

应用：线性盈亏平衡分析；非线性盈亏平衡分析（单因素）。

3. 敏感性分析

识记：敏感性分析的一般步骤。

领会：敏感性分析的方法（单因素、多因素）。

4. 风险分析

识记：项目整体风险的批判性分析（抽样模拟法）。

领会：单个风险因素的风险程度分析（简单估计法、概率分析法）。

应用：概率树的绘制与分析。

四、本章重点、难点

（1）线性盈亏平衡分析

（2）敏感性分析的方法

（3）单个风险因素的风险程度分析
（4）概率树的绘制与分析

第7章　工程项目的方案比选与优化

一、学习目的与要求

理解方案比选的内涵；熟悉方案比选的原则；掌握工程项目方案之间的关系与类型。掌握互斥型方案的静态比选方法；掌握计算期相同的互斥型方案动态比选方法；熟悉计算期不同的互斥型方案动态比选方法。掌握独立型方案比选的排序组合法；熟悉组合互斥化法。理解条件型方案、互补型方案、现金流量相关型方案经济评价。理解价值工程的基本概念和特点；掌握价值工程的工作程序和工作内容；掌握价值工程对象选择的方法、情报收集的内容；熟悉功能分析的内容和方法；理解价值工程在方案优选和优化中的应用。

二、课程内容

第1节　概　述

（1）方案比选的内涵
（2）方案比选的原则
（3）工程项目方案之间的关系与类型

第2节　互斥型方案的比选方法

（1）互斥型方案的静态比选方法
（2）计算期相同的互斥型方案动态比选方法
（3）计算期不同的互斥型方案动态比选方法

第3节　独立型方案的比选方法

（1）排序组合法
（2）组合互斥化法

第4节　相关型方案的比选方法

（1）条件型方案经济评价
（2）互补型方案经济评价

（3）现金流量相关型方案经济评价

第5节　价值工程

（1）价值工程概述
（2）工作程序与工作内容
（3）对象选择和情报收集
（4）功能分析
（5）价值工程在方案优选和优化中的应用

三、考核知识点与考核要求

1. 概述

识记：方案比选的内涵；方案比选的原则。
领会：工程项目方案之间的三种关系；工程项目方案比选的三种类型。

2. 互斥型方案的比选方法

识记：互斥型方案的经济评价内容。
领会：互斥型方案的静态比选方法。
应用：计算期相同的互斥型方案动态比选；计算期不同的互斥型方案动态比选。

3. 独立型方案的比选方法

识记：常见的独立型方案类型。
应用：独立型方案比选的排序组合法、组合互斥化法。

4. 相关型方案的比选方法

识记：常见的相关型方案类型。
领会：条件型方案、互补型方案、现金流量相关型方案经济评价。

5. 价值工程

识记：价值工程的概念、特点；功能分析。
领会：价值工程的工作程序与内容；价值工程对象选择方法、情报收集内容。
应用：价值工程在方案优选、优化中的应用。

四、本章重点、难点

（1）工程项目方案之间的关系与类型
（2）互斥型方案的比选方法
（3）独立型方案的比选方法
（4）价值工程

第8章　工程项目的可行性研究

一、学习目的和要求

了解工程项目可行性研究的国内外发展历程，熟悉可行性研究报告的编制依据，熟悉可行性研究的内容和可行性研究报告的编制步骤，掌握可行性研究的阶段划分、市场分析与预测方法和可行性研究报告的格式及内容。

二、课程内容

第1节　概　述

（1）可行性研究国内外发展历程
（2）可行性研究的阶段划分
（3）可行性研究的内容

第2节　市场分析与预测方法

（1）市场分析方法
（2）市场预测方法

第3节　可行性研究报告的编制

（1）可行性研究报告的编制依据
（2）可行性研究报告的编制步骤
（3）可行性研究报告的格式及内容

三、考核知识点和考核要求

1. 概述

识记：可行性研究国内外发展历程。
领会：可行性研究的阶段划分、可行性研究的内容。

2. 市场分析与预测方法

应用：市场分析方法、市场预测方法。

3. 可行性研究报告的编制

识记：可行性研究的编制步骤。
领会：可行性研究报告的编制依据。

应用：可行性研究报告的格式及内容。

四、本章重点、难点

（1）可行性研究的编制步骤
（2）可行性研究的内容

第9章 设备更新、租赁与改扩建项目评价

一、学习目的与要求

了解设备磨损、设备租赁和改扩建项目，熟悉设备磨损补偿和设备租赁费用，掌握设备磨损度量及设备寿命、原设备大修理方案评价、原设备改造方案评价、设备更新方案评价、设备租赁影响因素及方案评价方法、改扩建项目评价的层次与方法、改扩建项目评价的步骤及内容。

二、课程内容

第1节 设备磨损、补偿与设备寿命

（1）设备磨损
（2）设备磨损补偿
（3）设备磨损度量及设备寿命

第2节 设备修理、改造和更新方案评价

（1）原设备大修理方案评价
（2）原设备改造方案评价
（3）设备更新方案评价

第3节 设备租赁方案评价

（1）设备租赁
（2）设备租赁费用
（3）设备租赁影响因素及方案评价方法

第4节 改扩建项目评价

（1）改扩建项目

（2）改扩建项目评价的层次与方法
（3）改扩建项目评价的步骤及内容

三、考核知识点与考核要求

1. 设备磨损、补偿与设备寿命

识记：设备磨损：有形磨损、无形磨损和综合磨损。

领会：设备磨损补偿：局部补偿和完全补偿。

应用：设备磨损度量及设备寿命：设备磨损度量、设备寿命分析。

2. 设备修理、改造和更新方案评价

应用：原设备大修理方案评价：最低经济界限和理想经济界限。原设备改造方案评价：有效扩大设备生产能力、提高设备质量和效率。设备更新方案评价：原型设备更新静态模式下的设备最佳更新期、动态模式下的设备最佳更新期测算方法和老旧设备更新方案选取原则。

3. 设备租赁方案评价

识记：设备租赁：设备租赁的概念及分类、设备租赁的特点及意义。

领会：设备租赁费用：设备租赁费用一般由租金、租赁保证金和担保费等部分构成，以及如何进行租金分析。

应用：设备租赁影响因素及方案评价方法：影响设备租赁的主要因素、设备租赁方案的评价方法。

4. 改扩建项目评价

识记：改扩建项目：含义、目的、应用和特点。

应用：改扩建项目评价的层次与方法：项目层次、企业层次、"有无项目比较法"。改扩建项目评价的步骤及内容：确定评价范围、进行评价分析、编制评价报表、具体能力分析。

四、本章重点、难点

（1）设备磨损度量及设备寿命
（2）设备修理、改造和更新方案评价
（3）设备租赁影响因素及方案评价方法
（4）改扩建项目评价的层次与方法
（5）改扩建项目评价的步骤及内容

Ⅳ 关于大纲的说明与考核实施要求

一、自学考试大纲的目的和作用

课程自学考试大纲是根据专业自学考试计划的要求，结合自学考试的特点而确定。其目的是对个人自学、社会助学和课程考试命题进行指导和规定。

课程自学考试大纲明确了课程学习的内容以及深广度，规定了课程自学考试的范围和标准。因此，它是编写自学考试教材和辅导书的依据，是社会助学组织进行自学辅导的依据，是自学者学习教材、掌握课程内容知识范围和程度的依据，也是进行自学考试命题的依据。

二、课程自学考试大纲与教材的关系

课程自学考试大纲是进行学习和考核的依据，教材是学习掌握课程知识的基本内容与范围，教材的内容是大纲所规定的课程知识和内容的扩展与发挥。课程内容在教材中可以体现一定的深度或难度，但在大纲中对考核的要求一定要适当。

大纲与教材所体现的课程内容应基本一致；大纲里面的课程内容和考核知识点，教材里一般也要有。反过来教材里有的内容，大纲里就不一定体现。（注：如果教材是推荐选用的，其中有的内容与大纲要求不一致的地方，应以大纲规定为准。）

三、关于自学教材

《工程经济学》，全国高等教育自学考试指导委员会组编，杨晓冬主编，北京大学出版社出版，2023年版。

四、关于自学要求和自学方法的指导

本大纲的课程基本要求是依据专业考试计划和专业培养目标而确定的。课程基本要求还明确了课程的基本内容，以及对基本内容掌握的程度。基本要求中的知识点构成了课程内容的主体部分。因此，课程基本内容掌握程度、课程考核知识点是高等教育自学考试考核的主要内容。

为有效地指导个人自学和社会助学，本大纲已指明了课程的重点和难点，在章节的基本要求中一般也指明了章节内容的重点和难点。

本课程共4学分（无实验内容学分）。

本课程是一门集技术、经济、政策于一体的实践性很强的综合应用学科，涉及工程

技术方案或投资项目的经济性分析、投资方案比较和优化等方面的基本问题。根据大纲的要求，本课程的教材力图将上述基础理论和知识综合在一起，使其互相联系，互相渗透，成为一个比较合理的整体。

为了达到本课程教学的基本要求，必须认真学习教材内容和深刻领会概念实质，掌握基本计算方法，理论联系实际，考虑方案或项目的行业背景和自身特点，重点掌握课程的基本理论、基本技能、基本知识。

自学应考者应先全面系统地学习各章节内容，在通读教材的基础上，对各章重点内容要精读、细读，真正做到对重点内容和难点能多读几遍，计算和案例题需要独立完成，以求做到真正的理解和掌握，并能正确运用。必须指出：自学应考者应在全面系统学习的基础上，有目的地深入学习重点内容，掌握重点内容，切忌在没有全面学习教材的情况下孤立地去抓重点。

在学习每章内容时，先看每章的基本要求，这概括了本章的简要内容，每章后还有小结，主要帮助总结本章的内容。

在学完每一章节后，对重点内容扼要地加以归纳整理，写出读书笔记，以利于复习和巩固。

五、应考指导

1. 如何学习

很好的计划和组织是你学习成功的法宝。如果你正在接受培训学习，一定要跟紧课程并完成作业。为了在考试中作出满意的回答，你必须对所学课程内容有很好的理解。使用"行动计划表"来监控你的学习进展。你阅读课本时可以做读书笔记。如有需要重点注意的内容，可以用彩笔来标注。如：红色代表重点；绿色代表需要深入研究的领域；黄色代表可以运用在工作之中。可以在空白处记录相关网站，文章。

2. 如何考试

卷面整洁非常重要。书写工整，段落与间距合理，卷面赏心悦目有助于教师评分，教师只能为他能看懂的内容打分。回答所提出的问题。要回答所问的问题，而不是回答你自己乐意回答的问题！回答内容避免超过问题的范围。

3. 如何处理紧张情绪

正确处理对失败的惧怕，要正面思考。如果可能，请教已经通过该科目考试的人，问他们一些问题。做深呼吸放松，这有助于使头脑清醒，缓解紧张情绪。考试前合理膳食，保持旺盛精力，保持冷静。

4. 如何克服心理障碍

这是一个普遍问题！如果你在考试中出现这种情况，试试下列方法：使用"线索"纸条。进入考场之前，将记忆"线索"记在纸条上，但你不能将纸条带进考场，因此当你阅读考卷时，一旦有了思路就快速记下。按自己的步调进行答卷。为每个考题或部分分配合理时间，并按此时间安排进行。

六、对社会助学的要求

（1）社会助学者应根据本大纲规定的课程内容和考核目标，认真学习和钻研自学教材，明确本课程的特点与学习要求，对自学应考者进行切实的辅导，引导他们防止自学中的各种偏向，把握社会助学的正确导向。

（2）要正确处理基础知识和应用能力的关系，努力引导自学应考者将识记、领会同应用联系起来，把基础知识和理论转化为能力。在全面辅导的基础上，着重培养和提高自学应考者的分析问题和解决问题的能力。

（3）要正确处理重点和一般的关系。课程内容有重点和一般之分，但考试内容是全面的，而且重点与一般是相互联系的。社会助学者应指导自学应考者全面系统地学习教材，掌握全部考核知识点与考核要求，在此基础上再突出重点。总之，要把重点学习同兼顾一般结合起来，切勿孤立地抓重点，把自学应考者引向猜题押题。

七、对考核内容的说明

1. 本课程要求考生学习和掌握的知识点内容都作为考核的内容。课程中各章的内容均由若干知识点组成，在自学考试中成为考核知识点。因此，课程自学考试大纲中所规定的考试内容是以分解为考核知识点的方式给出的。由于各知识点在课程中的地位、作用以及知识自身的特点不同，自学考试将对各知识点分别按三个认知（或叫能力）层次确定其考核要求。

八、关于考试命题的若干规定

（1）本课程为闭卷考试，考试时间为2.5小时，考试时可携带无存储功能的计算器。

（2）本大纲各章所规定的基本要求、知识点及知识点下的知识细目，都属于考核的内容。考试命题既要覆盖到章，又要避免面面俱到。要注意突出课程的重点、章节重点，加大重点内容的覆盖度。

（3）命题不应有超出大纲中考核知识点范围的题目，考核目标不得高于大纲中所规定的相应的最高能力层次要求。命题应着重考核自学者对基本概念、基本知识和基本理论是否了解或掌握，对基本方法是否会用或熟练。不应出与基本要求不符的偏题或怪题。

（4）本课程在试卷中对不同能力层次要求的分数比例大致为：识记占30%，领会占40%，应用占30%。

（5）要合理安排试题的难易程度，试题的难度可分为：易、较易、较难和难四个等级。每份试卷中不同难度试题的分数比例一般为：2∶3∶3∶2。

必须注意试题的难易程度与能力层次有一定的联系，但二者不是等同的概念。在各个能力层次中对于不同的考生都存在着不同的难度。在大纲中要特别强调这个问题，应告诫考生切勿混淆。

（6）课程考试命题的主要题型一般有单项选择题、多项选择题、简答题、计算题等题型。请作者确定好本课程所适用的题型，并注意留有余地。

在命题工作中必须按照本课程大纲中所规定的题型命制，考试试卷使用的题型可以略少，但不能超出本课程对题型规定。

附录　题型举例

一、单项选择题

1. 资金时间价值是指没有风险和通货膨胀条件下的（　　）。
A. 企业的成本利润率
B. 企业的销售利润率
C. 利润率
D. 社会平均资金利润率

二、多项选择题

2. 现金流量图的"三要素"指现金流量发生的（　　）。
A. 时点　　　　B. 大小　　　　C. 单位　　　　D. 方向　　　　E. 角度

三、简答题

3. 单利与复利的区别是什么？

四、计算题

4. 张先生资助一名贫困家庭的大学生，从 2022 年起，每年年末都为这名学生支付 4 000 元，一直到这名大学生 4 年后毕业，假设银行的定期存款利率为 3%，请问张先生支付的金额相当于 4 年后多少元？[已知 $(F/A,3\%,4) = 4.1836$]

参考答案

1. D
2. ABD
3. 答：单利是仅用本金来计算利息，不计算利息的利息，即利息不再生利；复利除了要计算本金的利息之外，还要计算利息的利息，即利息还要生利。
4. 解：$F = 4000 \times (F/A,3\%,4) = 4000 \times 4.1836 = 16734.4$（元）。

大纲后记

《工程经济学自学考试大纲》是根据《高等教育自学考试专业基本规范（2021年）》的要求，由全国高等教育自学考试指导委员会土木水利矿业环境类专业委员会组织制定的。

全国考委土木水利矿业环境类专业委员会对本大纲组织审稿，根据审稿会意见由编者做了修改，最后由土木水利矿业环境类专业委员会定稿。

本大纲由哈尔滨工业大学杨晓冬教授担任主编，张家玉助理研究员参加编写；参加审稿并提出修改意见的有大连理工大学李忠富教授、西安建筑科技大学兰峰教授、清华大学吴璟教授。

对参与本大纲编写和审稿的各位专家表示感谢。

全国高等教育自学考试指导委员会
土木水利矿业环境类专业委员会
2023 年 5 月

全国高等教育自学考试指定教材

工程经济学

全国高等教育自学考试指导委员会　组编

编者的话

本书是根据全国高等教育自学考试指导委员会最新制定的《工程经济学自学考试大纲》的课程内容、考核知识点及考核要求编写的自学考试指定教材。

本书的编写原则是在保证内容的科学性前提下，力求循序渐进、由浅入深、由简入繁，便于自学使用。本书适应新时代需求，通过信息技术利于自学应考者的自学和辅学，力求把知识的传授与能力的培养结合起来。按照自学考试培养应用型、职业型人才为主的精神，编写时在符合本门学科的基本要求的同时，使教材内容强调基础性、注重实用性、易于实践性，同时兼顾社会需要的目标要求。为了培养自学应考者系统地掌握工程经济学的基本知识，达到普通高等教育系列一般本科院校的水平。在编写过程中，针对课程的特点，参照国内外有关著作和应用案例，注重基本理论和实际应用相结合，紧密围绕工程项目的投资决策问题展开，系统阐述了工程经济分析的基本原理和方法。

为方便自学，每章前有知识结构图，包括识记、领会、应用；章后有习题，包括单项选择题、多项选择题、简答题和计算题，与考试题型相对应；章中配有知识点的解读、计算题的说明等数字资源30余个，通过扫二维码可以辅学。另外，还配有章后习题解答和200余道拓展习题（附参考答案）等数字资源，有效地便于大家理解和巩固。

本书系统介绍了工程经济学的基本概念、理论和计算方法。共分9章，内容包括：第1章工程经济学概论，第2章资金的时间价值，第3章工程项目投资估算，第4章工程项目的财务评价，第5章工程项目的国民经济评价，第6章不确定性与风险分析，第7章工程项目的方案比选与优化，第8章工程项目的可行性研究，第9章设备更新、租赁与改扩建项目评价。

本书由哈尔滨工业大学杨晓冬教授担任主编。哈尔滨工业大学张家玉助理研究员参加编写。本教材编写分工：杨晓冬编写第1章～第8章；张家玉编写第9章及数字资源的制作。

本书由大连理工大学李忠富教授、西安建筑科技大学兰峰教授和清华大学吴璟教授负责审阅，李忠富教授担任主审。他们在审稿过程中提出了许多宝贵的意见，在此表示衷心感谢。

在此对参与本书编写和审稿工作的同仁表示诚挚的感谢！

限于作者水平有限，书中难免有错误和不足之处，敬请读者批评指正。

编　者
2023年5月

资源索引

第 1 章
工程经济学概论

知识结构图

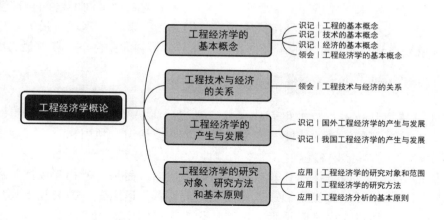

1.1 工程经济学的基本概念

1.1.1 工程

第1章概述

工程是人们综合运用科学理论和技术手段去改造客观世界的具体实践活动以及它所取得的实际成果。工程有狭义与广义之分。狭义的工程是科学的某种应用,这一应用使得自然界物质和能源的特性能够通过各种结构、机器、产品、系统和过程,以最短的时间和较少的投入得到高效、可靠且对人类有用的东西。工程是将自然科学的理论应用到具体工农业生产部门中形成的各学科的总称,如水利工程、化学工程、土木建筑工程、遗传工程、系统工程、生物工程、海洋工程、环境微生物工程。广义的工程是一项需要利用人力、物力来达到某种目的的复杂工作,也是在一个较长时间周期内完成协作活动的过程,如城市改建工程、京九铁路工程、长江三峡工程、三北防护林工程等。

一项工程要为人们所接受必须具备两个条件:一是技术上具有可行性;二是经济上具有合理性。可行的技术有先进和落后之分,但是技术的先进性又与经济的合理性存在矛盾,凡是先进的技术,一般来说经济成本较高。因此为了保证工程项目最大限度地满足社会需求,就要找到技术和经济的最佳结合点,在具体目标和条件下,获取最大的效益。

1.1.2 技术

工程建设离不开技术,技术也有狭义与广义之分。狭义的技术是劳动工具的总称,或者是指人们从事某种活动的技能。广义的技术是人类认识、利用和改造客观世界过程中积累的能力。它的具体内容包含三个要素,即劳动工具、劳动对象以及具有一定经验、知识和技能的劳动者。但是技术并非三要素的简单相加,而是三者相互渗透和有机结合的整体。比如,由掌握先进经验、知识和技能的劳动者,运用先进的劳动工具作用于相应的劳动对象,才能成为先进的技术,最终转化为先进的生产力。因此,技术是指一定时期、一定范围的劳动工具、劳动对象和劳动者的经验、知识、技能有机结合的总称。

技术具有多样性,工程经济活动中的技术大致可分为两类:一类是硬技术,指劳动资料,体现为机器、设备、厂房、建筑物、原材料、燃料与动力等物质形态技术;另一类是软技术,体现为设计工艺、方法、配方、程序、信息、经验、技能等非物质形态的技术。

1.1.3 经济

随着现代社会的发展,经济的内涵也在不断发展。因此经济是个多义词,具有多种含义,主要包含以下几个方面。

(1)经济是生产关系,是人们在物质资料生产过程中形成的,与一定的社会生产力相适应的生产关系的总和或社会经济制度。

（2）经济是国民经济的总称，例如国家经济各部门中的工业经济、农业经济、建筑经济等。

（3）经济是社会物质资料的生产和再生产，即物质资料的生产、交换、分配和消费的总称，如国民经济、部门经济等。

（4）经济是生产或生活上的节约或节省，即节约物质资料、时间和劳动力，对资源进行合理的优化配置，获得最大的效益。

在工程经济研究中，经济的含义多数是第四种含义，即合理分配有限资源，获取最大效益。

1.1.4 工程经济学

工程经济学是将工程中的技术和经济融合，将经济学理论与方法应用于工程领域而形成的介于自然科学和社会科学之间的交叉学科，属于微观经济学的一个特殊领域。对于工程经济学的认识，大致可归纳为以下三种观点。

（1）工程经济学是一门研究如何根据既定的活动目标，分析活动的代价及其对目标实现的贡献，并在此基础上设计、评价、选择，以最低代价实现目标的最佳方案的学科。

（2）工程经济学遵循有条理的工程经济分析程序，运用科学技术，以工程项目为主体，以技术经济为核心，研究如何有效利用有限资源，并将研究结果运用到包含两个或者两个以上的方案决策中。

（3）工程经济学通过工程项目将生产力和生产关系联系起来，研究生产中的技术经济问题，使项目的实施能够满足或超出与项目有利害关系者对项目的要求。

总结以上三点含义，工程经济学是一门研究分析如何在工程经济活动的成本尽可能小的情况下，寻求实现目标的最有效方案，设计和选择最佳实施方案的科学。通过对工程项目的有效分析，寻找技术与经济最佳的融合点。工程经济学可以说是经济和工程技术的交叉边缘学科，它是在现代科学技术和经济发展过程中，各学科互相交叉、互相促进、互相渗透，逐渐形成和发展起来的。

1.2 工程技术与经济的关系

工程经济学是将工程技术与经济结合在一起的一门学科，是建立在技术与经济辩证统一关系上的、研究工程技术和经营活动中多方案经济合理性的一门学问。

技术与经济是人类一切生产活动中的两个最基本因素。技术具有强烈的应用性和明显的经济目的性。技术与经济间存在紧密的相互联系，二者相互促进、相互制约、共同发展。正确处理技术与经济的关系是研究工程经济的出发点。

（1）经济的发展是推动技术进步的动力，也为技术进步提供物质基础。任何一项新技术的开发，需要相应的人力、财力和物力才能保证其正常进行。缺少经济支持的技术开发是一时的、缺乏后劲的、失去方向的，甚至是不可能完成的。具体而言，技术研发需要足够的资金支持，经济发展是技术进步的动力和方向，当经济发展落后，资金投入不足，科技发展的需要就难以满足，技术则难以进步。另外，技术发展的目的是促进经济系统更有效地运作，任何技术的开发都取决于经济发展的需要。

（2）技术进步促进经济发展，它也是提高经济效益的手段和方法。技术的突破会对经济发展产生巨大的推动作用，经济发展必须依靠一定的技术手段。从企业层面来看，具备投资能力是企业应用科技成果的重要条件，提高经济效益是企业采用先进技术的动因和目的。从国家层面来看，技术的创新和有效性决定了一个国家的兴衰，为使经济持续稳定发展，必须以经济效益为中心，以科技进步为动力，不断增强综合国力，改善人民生活质量，实行注重效益、稳定增长的经济发展战略。从世界层面来看，科技革命引领产业革命，产业革命引起的经济高涨又对技术提出更高需求和更好的经济支持。每一轮技术革命都会引发新兴产业的形成与发展。

（3）技术与经济相互制约。技术进步不仅取决于经济上的需要，还要考虑采用某项技术相应的物质条件和经济条件。任何新技术的应用都要从实际出发，因地制宜，经济性太差的先进技术在生产中是难以推广的。新技术的推广又要以传统技术为依托，离开了对传统技术的改造，新技术的应用也就失去了生命力。经济性差的技术通过改造和创新，可转变为经济性好的技术；经济性好的技术如果停滞不前，随着时间推移也会逐渐变为并不经济的落后技术。解决好技术与经济的相互对立又相互制约的矛盾，就要把技术的先进性与经济的合理性结合起来。

（4）技术与经济的统一。任何生产项目从设计到成品都要应用科学技术，同时也要耗费人力、物力、财力。技术与经济统一于生产项目的全过程。过去人们常常将技术和经济的统一关系割裂开来，负责技术的不考虑经济，负责经济的不过问技术，或是认为技术上先进的经济上也是合理的。这种片面性的认识，既影响技术进步，又影响经济发展。任何方案的取舍，应以技术先进、经济合理为决策的标准。在技术先进的条件下经济合理，在经济合理的基础上技术先进，技术先进性和经济合理性的统一要贯穿于工程经济分析的始终。

总之，技术与经济既相互促进、相互依赖又相互制约，随着环境和条件的变化，两者的关系也在不断变化。如何化解技术与经济的矛盾，达成两者的统一，正是工程经济学研究的着眼点所在。

1.3 工程经济学的产生与发展

工程经济学诞生于近代的美国，其最早的思想萌芽可以追溯到19世纪80年代，但工程经济学作为一门完整的、系统的科学体系出现，则是在20世纪30年代以后。

1.3.1 国外工程经济学的产生与发展

自亚当·斯密（A. Smith）1776年出版《国富论》（*The Wealth of Nations*）起，至

今已经有200多年，而工程经济学诞生至今才短短100来年的历史。这主要是由于在资本主义发展的早期，科学技术进步比较缓慢。以引发英国产业革命的蒸汽机为例，自1782年瓦特发明带有连杆、飞轮和离心调速器的双向蒸汽机后的半个多世纪，蒸汽机的结构几乎没有变化，而效率也仅从3%提高到8%。当时的资本主义世界扩大生产力主要依靠外延的扩张，即增加机器设备的数量和投入更多的劳动力。一种机器或设计施工技术发明出来以后，往往沿用数十年。因此在很长一段时间里，工程师们只关注工程的设计、建造和使用等方面的技术问题，很少考虑工程的经济问题。

19世纪后半叶，美国的技术和经济状况发生了变化。1860年之前，美国处在南北方制度不统一、落后的经济状态。南北战争结束后，其工业生产飞速发展，从1860年到1890年的30年间，工农业总产值增长了9倍，一跃成为资本主义世界的第一位。美国经济之所以能够后来居上，依靠的是蓬勃的技术革命和创新。在技术的快速发展中，各种新的机器设备、生产加工工艺和工程新设计、新施工方法，在美国如雨后春笋般源源不断地涌现，这使从事投资项目设计的工程师们面临一种从未有过的新局面。如果说过去工程师们从事的设计是实施某种标准程序，那么，面对汹涌而来的各种新技术，工程师们必须进行分析、比较，做出选择，甚至进行创新，最终采用经济效益最高的方案。

最早探索工程经济问题的学者是美国建筑工程师惠灵顿（A. M. Wellington），他于1887出版的《铁路布局的经济理论》（*The Economic Theory of the Location of Railways*）一书被公认为是第一部工程经济学著作，该书开创性地论述了工程领域中的经济评价工作。惠灵顿发现许多工程师在做铁路布局决策时，往往忽视了铁路工程所需要的投资和将来可能带来的经济收益，因此，首次提出将资本化的成本分析方法应用于铁路最佳长度或路线曲率的选择中，并提出了工程利息的概念。惠灵顿将工程经济学粗略的定义为"一门少花钱多办事的艺术"。惠灵顿的见解，被认为是工程经济学思想的萌芽。

其他工程经济学家承袭了惠灵顿的见解，进一步做了大量的研究工作。1915年，美国斯坦福大学的菲什（J. C. L. Fish）教授出版的第一部直接以《工程经济学：基本原理》（*Engineering Economics: Basic Principles*）命名的著作，系统地阐述了与债券市场相联系的工程投资模型，其分析内容包括投资、利率、初始费用与运营费用、商业组织与商业统计、估价与预测等。1920年，美国的戈尔德曼（O. B. Goldman）在《财务工程学》（*Financial Engineering*）一书中提出："有一种奇怪而遗憾的现象，就是许多作者在他们的工程学书籍中没有或很少考虑成本问题。实际上，工程师最基本的责任是分析成本，以达到真正的经济性，即赢得最大可能数量的货币，获得最佳的财务效率"。戈尔德曼还做出了一项重要的贡献，就是把原来只用于金融存贷业务的复利计算方法，引入工程经济效益的分析中。过去对工程项目效益的分析，采用的是静态分析方法，即认为发生在不同时间的等量资金都保持相同的价值。戈尔德曼认为这不符合实际，在现实中，资金具有随时间增值的性质，因此，在计算发生于不同时间的投资或成本的资金流时，应把这一性质考虑在内。由此，他倡导在工程经济的分析中引入金融计息的复利程序。戈尔德曼的这一贡献，使工程经济学的发展迈出了重要的一步，为后来形成占主导地位的动态分析方法奠定了基础。

真正使工程经济学成为一门独立的、系统化科学的学者，是美国工程经济学家格兰特（E. L. Grant）教授。1930年，格兰特在他的《工程经济原理》（*Principle of Engineering Economy*）中指出了古典工程经济的局限性，提出了以复利计算为基础，讨论了判别因子和短期投资评价的重要性以及资本长期投资的一般比较。同时，他还指出人的经验判断在投资决策中具有重要作用。所谓工程经济即指某些经济上的比较方法，运用数学技巧，采用合理的步骤，从经济观点出发，衡量为达到某一特定目的而采用的各种不同手段的优劣。格兰特对工程经济分析理论的重大贡献得到了社会的普遍认同，因此被誉为"工程经济学之父"。

20世纪30年代，美国在田纳西河流域的综合开发中，运用了工程经济学的原理和方法，首创工程项目的可行性研究，把技术与项目的经济问题研究提高到了一个新的阶段，通过总结完善，逐步形成了一套比较完整的理论、工作程序和评价方法。此后工程经济学在各国得到了很大发展，工程经济学从理论走向了实践。

工程经济学的创建并未完成，第二次世界大战的爆发使这一领域的探讨暂时中断。战争结束之后，随着西方社会经济的逐渐复兴，工业投资项目急剧增加，人们面临资金短缺的问题。因此如何使有限的资金得到更有效的利用成为投资者与经营者普遍关心的问题。在这种背景下，受到凯恩斯主义经济理论的影响，工程经济学的研究内容从单纯的工程费用效益分析扩大到市场供求和投资分配方面，从而取得了重大进展。1951年，乔尔·迪安（J. Dean）教授出版的《管理经济学》（*Management Economics*）开创了应用经济学新领域，计算现金流的现值方法逐渐应用到资本支出的分析上，在投资收益与风险分析上起了重要作用。更重大的转折发生于1961年，乔尔·迪安教授的《投资预算》（*Investment Budget*）一书，不仅发展了现金流量的贴现方法，而且开创了资本限额分配的现代分析方法，进一步创立了工程经济分析的现值法，这是整个动态分析方法的核心。20世纪50年代，工程经济学的基本理论从美国传播到其他发达国家，相继涌现出一批内容相近的学科。

20世纪下半叶，工程经济学逐渐成熟和完善起来。首先，学术界对静态分析方法和动态分析方法的各种形式进行了更深入的研究，到20世纪60年代末，动态分析方法已成为工程经济学分析采用的主要方法。此后，工程经济学的研究范围进一步扩展到盈亏平衡分析、敏感性分析以及概率分析等领域；对于工程项目投资决策的研究，则扩展到公用事业投资决策、固定资产更新决策、多阶段投资决策及多目标决策等方面。美国的三位教授德加莫（Degamo）、卡纳达（Canada）和塔奎因（Taquien）都为这一时期工程经济学的发展做出了巨大的贡献。德加莫偏重于研究企业的经济决策分析，他于1968年出版的《工程经济学》（*Engineering Economics*）对投资形态和决策方案的比较研究，开辟了工程经济学对经济计划和公用事业的应用研究途径；卡纳达则重视外资经济因素和风险性投资分析，他的代表作是1980年出版的《工程经济学》（*Engineering Economics*）；塔奎因等人则强调投资方案的比选，他们提出的多种经济评价原则已经成为美国工程经济学教材中的主要理论。1978年，布西（L. E. Bussey）出版的《工程项目的经济分析》（*Economic Analysis of Engineering Projects*）全面系统地总结了工程项目的资金筹措、经济评价、优化决策以及项目的风险和不确定性分析等基本方法与理论。

1982年，曾任世界生产力科学联盟主席的里格斯（J. L. Riggs）出版的《工程经济学》（*Engineering Economics*）则系统地阐明了货币的时间价值、货币管理经济决策、风险和不确定性分析等内容，将工程经济学的学科水平向前推进了一大步。这些发展使工程经济学的理论体系逐渐趋于完善。20世纪80年代以后，西方工程经济理论出现了宏观化的研究趋势，工程经济中微观经济效益分析正逐渐与国家或社会的宏观效益研究、环境效益分析结合在一起，国家的经济政策等宏观经济问题成为当代工程经济学研究的新内容。

在不断成熟和完善的过程中，工程经济学的基本观念和分析方法在全世界逐渐得到公认和普及。不论是政府还是民间企业，在从事投资活动时都采用了工程经济学的指标和方法，先对拟建项目的效益进行分析、评价和方案优选，然后再做出决策。任何投资项目，要想获得政府部门或公司董事会的认可或希望取得银行的贷款，都必须提交具有说服力的可行性研究报告，这已成为标准的程序。联合国工业发展组织在1977年、1978年先后编写了《工业可行性研究手册》《工业项目评价手册》，这标志着工程经济学成果的应用，已从少数发达国家扩展到全世界。

将以上工程经济学的诞生和发展历程与时代背景相联系会发现，工程经济学本身就是技术加速进步的产物。第二次世界大战以后，各国政府的投入促使科技进步的速度一日千里，由于科技对生产的超前性等因素的影响，科技已成为第一生产力。在一些发达国家，技术进步对经济增长的贡献已从20世纪初的5%～10%上升到20世纪80年代的70%左右。到了20世纪80年代，在发达国家科技已取代劳动力和资本的地位，成为经济增长的主要源泉。正是由于工程经济学问题在投资活动中如此重要，必须对它进行细致的分析，从而实现工程方案的优选。

近年来，随着数学和计算机技术的飞速发展与普及，特别是运筹学、概率论和数理统计等方法的应用，以及系统工程、计量经济学、最优化技术的飞跃发展，工程经济学的研究无论是在分析评价或者是技术方案的比较选择上都有了新的突破，且与相关学科的交流与发展也在逐步加强。同时，工程经济学的内容也更加丰富，理论体系更为完善。随着科学技术的发展和人类社会的进步，工程经济学的研究方法还会不断创新，其理论体系也会不断完善，以满足人们对工程项目和技术方案进行科学决策的新要求。

1.3.2 我国工程经济学的产生与发展

我国于20世纪50年代"一五"期间，从事156项重点建设工程的过程中，从苏联引进了工程经济学的分析方法，同时将技术经济分析和论证的方法，以及"方案研究""建设建议书""技术经济分析"等类似可行性研究的方法广泛应用于计划工作、基本建设工作和企业管理中，并取得了较好的效果。这些重点工程的立项不仅依据当时国家的需要，而且符合当时国家的人力、物力和财力状况。这一时期的项目建设采用苏联的一套基本建设程序，在项目投资前期引入技术经济分析与论证。对项目从布局到技术选择等宏观方面进行了实事求是、周密细致的论证，并且在微观方面对项目具体的选址、产品、规模、材料供应、工艺流程及设备等也都做了可靠的经济分析和论证。由于历史和内外部条件的限制，这些方法虽然比较简单和粗糙，还没有形成系统的理论和方法，但为当时的项目投资决策提供了依据，并且这些项目的投资都获得了较好的经济效益，为新中国成立初期中国工业发展打下了较好的基础。

在我国，工程经济学最早被称为技术经济学。20 世纪 60 年代初，我国学者建立了中国特色的技术经济学学科，它的实际内容相当于西方的工程经济学。20 世纪 60 年代初是我国国民经济调整时期，比较注意技术和经济相结合的正面经验，深感生产技术和发展必须考虑经济规律，技术和经济必须结合。为此有必要建立一门专门研究技术和经济相结合的科学，研究技术经济问题的科学。这就是我国技术经济学产生的历史背景。

1962 年 5 月，国务院先后颁布了关于加强基本建设计划设计管理等内容的三项决定，在中国第二部科技发展规划中提出了"技术经济"的概念，并把技术经济视为与其他六大科学技术学科地位相当的学科。工程经济学获得了初步发展。

从党的十一届三中全会以后，技术经济学获得了新生，进入历史上最好的发展时期。1978 年改革开放以后，中国在《1978—1985 年全国科学技术发展规划纲要》中，将技术经济和生产管理现代化理论和方法的研究列为 108 项重大研究课题之一。在 1978 年 11 月召开的全国技术经济和管理现代化科学规划工作会议上，通过了《技术经济和管理现代化理论方法的研究规划（1978—1985）》，并成立了中国技术经济研究会。1980 年中国社会科学院成立了全国第一个技术经济研究所。随后，许多部门也相继成立了技术经济研究机构，不少理工科大学和文科大学都开设了技术经济课程，甚至专门设立大学或研究机构用于培养技术经济专业博士生、硕士生和本科生。1981 年，国务院成立了技术经济研究中心。1983 年，国家计划委员会要求重视投资前期工作，明确规定把项目可行性研究纳入基本建设程序。1984 年，交通运输部组织编制了《运输船舶技术经济论证名词术语》的行业标准（JT 0013—1985）已经出现了若干工程经济学的基本概念。1985 年，中国政府决定对项目实行"先评估、后决策"的制度，规定建设项目，特别是大中型重点建设项目和限额以上技术改造项目，都必须经过有相应资格的咨询公司的评估。随着经济建设的发展，中央、省市主管部门和大中型企业相继成立了技术经济研究机构，一批国内成长起来的科技哲学和经济及管理学者加入技术经济学科队伍中，技术经济的研究队伍不断壮大，学科体系得以不断发展和完善。在社会主义市场经济条件下，技术经济这门学问越来越重要，研究工作正向深度和广度发展。技术经济学在实际中应用越来越广泛，技术经济学分支学科越来越多。

20 世纪 90 年代以来，随着中国建立社会主义市场经济体制目标的逐步确立，政府管理经济及配置经济资源的方式发生变化，国家投资体制改革进程加快，工程经济学的理论与方法普遍应用于各类建设项目的经济评价中，同时也推动了中国工程经济学学科的发展。工程经济学的研究范围不断丰富，完善了微观层次的理论和方法，还将研究领域扩展到中观和宏观的层次，同时借鉴了国外工程经济学、价值工程、可行性研究、预测和决策理论方法，丰富了工程经济学的内容，促进了学科的进一步发展。目前，在项目投资决策分析、项目评估和管理中，工程经济学的原理和方法已经得到广泛应用。

随着管理科学的发展，运筹学、概率论、计算机技术的应用，原来的对比分析方法，发展到随机过程、数学规划、最佳化等方法，使分析评价技术经济效果及选择最佳技术方案的方法有了质的飞跃。过去无法用数学计量的经济因素、变量可借助于数学模型加以计量，过去用统计、对比、计算选择方案的方法已被大量连续变量计算最优化的方法所代替。我国的工程经济学就是在此基础上，不断吸收国外工程经济学科的内容而形成的一门学科。如今，政府管理经济及配置经济资源的方式发生变化，国家投资体制改革进程加快，工程经济学的理论与方法普遍应用于各类建设项目的经济评价中，同时也推动了我国工程经济学学科的发展。目前，经过不断充实完善，工程经济学的原理方法已经普遍应用于项目投资决策分析、项目评估以及项目管理的工作中。

1.4 工程经济学的研究对象、研究方法和基本原则

1.4.1 工程经济学的研究对象和范围

工程经济学是一门由工程技术科学与经济科学相互交叉和渗透而形成的边缘学科。工程经济学本质上是研究不同方案在投资效益上的差异，研究如何有效利用工程技术资源，以较少的资源投入追求尽可能大的方案产出，寻求工程技术方案与经济效益的最佳结合点。工程经济学的研究对象是工程项目，包括工程项目的技术方案分析、财务评价、国民经济评价、工程项目的风险与不确定性分析等内容。因此，可以说工程经济学是以工程项目的经济性为对象的技术经济学。这里所说的项目是指投入一定资源的计划、规则或方案，并具有相对独立功能的，可以进行分析和评价的单元。因此，工程项目的含义是很广泛的，可以是一个报建中的工厂、车间，也可以是一项技术革新或改造的计划；可以是设备，甚至设备中某部件的更换方案，也可以是一项巨大的水利枢纽或交通设施。任何工程项目都可以划分成更小的、便于进行分析和评价的子项目。通常，一个项目需要有独立的功能和明确的费用投入者。例如，报建的汽车工厂，采用的是通用轮胎，轮胎可以由本厂制造，也可以向其他工厂购进甚至进口，这样轮胎可以作为一个独立项目进行专门研究。但是，如某水利工程，其水坝和引水渠道等在规划、设计和效益发挥上密不可分，把它们分成两个项目就不合适了。工程项目具有整体性、目的性、一次性、固定性、结果的不可逆转性和投资巨大等特点，其建设过程具有单件性、流动性、区域性、高空作业、露天作业和高风险性等特点，与一般的工业产品相比有很大差别。因此，其分析方法和指标等也与一般工业产品不完全相同。

工程经济学的研究范围包含以下几个方面。

1. 工程经济要素

工程经济要素是进行工程项目评价不可缺少的基本数据和资料，具体内容包括工程经济要素的构成、工程项目投资的构成与估算、产品成本和费用的构成与估算、现行税金的构成等。

2. 现金流量与资金的时间价值

现金流量是拟建项目在整个项目计算期内各个时间点上实际发生的现金流入量与现

金流出量的统称。资金的时间价值是进行工程经济分析的基础。其具体内容包括现金流量和现金流量图的概念、资金的时间价值的内涵、资金的时间价值复利计算的方法、名义利率和有效利率等。

3. 工程项目的财务评价

工程项目的财务评价是在国家现行财税制度和市场价格体系下，分析预测项目的财务效益与费用，判断项目财务可行性的方法。其具体内容包括财务评价目的与内容、财务评价方法、财务评价基本步骤、项目财务预测、工程项目投资估算方法、项目财务评价基本报表、项目财务评价指标体系等。

4. 工程项目的国民经济评价

工程项目的国民经济评价是按照合理配置稀缺资源和社会经济可持续发展的要求，从国民经济全局的角度出发，考察工程项目的经济合理性。其具体内容包括国民经济评价必要性与内容、费用与效益的识别与计算、国民经济评价的参数、影子价格的确定、国民经济评价指标及报表等。

5. 工程项目经济评价基本方法

经济评价是工程项目经济分析的核心内容，目的在于确保决策的正确性和科学性，最大限度地降低工程项目投资的风险。其基本方法包括工程项目经济评价（静态评价与动态评价）指标方法、工程项目方案比选方法（互斥、独立和混合型方案比选）等。

6. 不确定性与风险分析

工程项目经济评价采用的数据大部分来自估算和预测，具有一定的不确定性和风险性。工程项目的不确定性与风险分析是为了弄清和减少不确定因素对经济效果评价的影响。其具体内容包括盈亏平衡分析、敏感性分析、概率分析和风险决策等。

7. 工程项目的可行性研究

工程项目的可行性研究是工程经济分析的重要内容，可行性研究是工程项目经济分析理论在工程项目前期的具体应用，是对工程项目前景进行科学预测和项目方案细化的必要过程。其具体内容包括工程项目建设程序、可行性研究的程序、可行性研究的依据、作用与内容、可行性研究报告、可行性研究中的市场研究和技术可行性分析等。

8. 价值工程原理与方法

价值工程以最低的寿命周期成本，可靠地实现研究对象的必要功能，能够使工程项目资源得到合理有效的利用。其具体内容包括价值工程基本概念、寿命周期成本和功能的概念、价值工程的实施步骤和方法、价值工程在工程项目方案评选中的应用等。

9. 设备更新的经济分析

设备更新经济分析是对固定资产在使用过程中发生的磨损、效率降低与老化等问题的应对方式的研究，掌握设备更新方法对保证生产系统的正常运行及企业获利至关重要。其具体内容包括设备的磨损及补偿、设备经济寿命的概念与确定、设备更新经济分析、不同设备更新方案的比较分析等。

1.4.2　工程经济学的研究方法

工程经济学是一门自然科学与社会科学相互交融的综合科学，也是一门与生产建设、经济发展有着直接联系的应用性学科。工程的建设、运行和管理涉及不同的领域，对社会、经济、环境生态会产生多方面的影响，为了全面、正确评价其效果，在进行工程经济分析时主要采用以下基本方法。

1. 对比分析法

对工程项目方案进行比较、选优是工程经济分析的基本内容，方案对比分析贯穿工程经济分析的始终。对同一个工程项目需设计出多种实施方案，工程经济学运用了方案的可比性原则及方案比较的具体方法，在对多种方案的技术、经济和社会效果进行计算、分析和评价的基础上，根据项目发展的目标，比较项目的优劣关系，从中选出最优方案。对比分析法包括"有无对比"和"前后对比"，经济分析时一般应遵循"有无对比"的原则。正确识别和估算"有项目"和"无项目"状态的效益和费用。

"有无对比"是指"有项目"相对于"无项目"的对比分析，"无项目"是指不对该项目进行投资时，在计算期内，与项目有关的资产、费用与收益的预计发展情况的预期情况。"有项目"是指对项目进行投资后，在计算期内，资产、费用与收益的预计情况。"有无对比"求出项目只对该项目进行投资后，在计算期内资产、费用与收益的增量效益，排除了项目实施以前各种条件的影响，突出项目活动的效果。"有项目"与"无项目"两种情况下效益和费用的计算范围与计算期应保持一致，具有可比性。

"前后对比"是指项目建设前和建设后对有关的资产、费用与收益的实际发展情况的对比分析。与"有无对比"相比，前后对比法是基于实际的发生情况，因而更加符合实际。但为了在资产费用与收益方面前后保持一致，应排除项目以外的影响。例如，在灌溉工程评估中，农作物的增产效益可能也包括农药、化肥、作物品种等投入量的增加所产生的效益，而这些投入并不是灌溉工程的投入。

2. 定量分析和定性分析相结合的方法

工程经济学对工程项目的经济分析采取以定量分析为主、定性分析为辅的方式。定性分析是通过文字、声像等综合描述工程投入、产出和影响及其相互关系的方法。工程项目系统中存在大量无法完全定量化的因素，在很大程度上只能采用定性方法加以描述和分析，如运用定性分析方法对项目评价、项目可行性研究中的资源评价、建设规模与产品方案、实施进度、无形效果等非经济效果内容进行分析研究。而定量分析则是通过量化的数据及其变化规律反映投入、产出和影响及其相互关系的方法。工程项目的经济分析与评价是一项系统工程，对方案的描述及分析、评价，涉及技术、经济和社会等多个复杂的层面，对其中可以定量描述的内容采用定量分析方法，如运用定量分析方法进行工程项目的经济评价、项目不确定性分析、项目财务评价与国民经济评价、设备更新的经济分析等。许多工程尤其是大型建设工程，影响范围大，涉及的问题多且复杂，有许多费用与效益不能用货币表示，甚至不能量化，进行综合经济评价时应采用定量分析与定性分析相结合的方法，以全面反映其费用、效益和影响。

3. 动态分析与静态分析相结合的方法

动态分析和静态分析是工程经济学对工程项目进行经济分析常用的两种方法。动态分析是在考虑资金时间价值的前提下，对事物整个发展历程或某发展阶段的全面系统的评价；静态分析是对事物发展在某个确定时间下的状态进行的分析和评价。这两种分析方法各有侧重点，能够从不同角度反映项目状况，将二者结合起来对工程项目展开综合分析，是工程经济学常用的方法。这不仅发展和完善了动态分析的内涵和方法，而且实现了动态分析方法与静态分析方法的良好结合。

4. 系统分析法

从系统工程角度看，工程项目由一系列既相互联系又相互区别的相对独立的子系统组成。通过系统地分析这些子系统之间以及子系统与外界环境之间的关系，即可确定工程项目系统的目标与分析边界。在用系统分析法分析工程项目时，首先，须明确项目发展的主要目标，即技术目标、微观经济效益目标、宏观国民经济效益目标与社会发展目标。其次，分析工程项目系统内部的技术子系统、经济子系统、社会子系统结构及其相互之间的关系。最后，确定工程项目的技术、经济与社会各子系统的发展目标，项目总目标以及相互之间的作用关系，评价和优化项目的技术、经济和社会子系统，达到工程项目总体效果的最优。在系统分析工程项目时，不但要分析项目本身的效益，还要评价项目产生的社会效益和环境效益，以实现工程项目和社会环境与国民经济和谐发展。

5. 多目标协调与主目标优化相结合的方法

许多工程具有多种功能与用途，为不同的目的与部门服务。如大型综合利用水利工程具有防洪、筑堤、发电、航运、水产、旅游等综合功能，其综合经济效益由各功能的效益所组成。但大型综合利用工程往往只有一两个是其主要目标，它对大型综合利用水利工程的兴建起关键性的作用。例如，长江三峡工程主要是为解决长江中下游的防洪问题兴建的，20世纪五六十年代兴建丹江口、三门峡工程，是因为汉江、黄河的防洪问题很突出，防洪也是其主要目标。因此，对大型综合利用水利水电工程的综合经济分析与评价应采取多目标协调和主导目标优化相结合的方法。通过协调平衡，从宏观上拟定能正确处理各部门之间、各地区之间关系的合理方案，通过计算分析选出综合效益最大和主导目标最优的方案。

6. 多维经济评价方法

工程建设往往涉及技术、经济和社会等多方面的问题，对大型工程应实行多维经济评价方法，要在充分研究工程费用及其效益的基础上，高度重视工程与地区、国家社会经济发展的相互影响，从微观、宏观上分析与评价工程建设对行业地区甚至全国社会经济发展的作用和影响。

7. 统计预测与不确定性分析方法

对工程项目进行经济分析时，投资、成本、收益等数据只有依靠预测来获得。评价结论的准确性与预测数据的可靠性有着密切关系。统计预测方法包括因果关系分析以及时间序列分析来推算相应的数据指标。由于影响未来的因素众多，许多因素在不断地变化发展，因此还需要对项目的经济指标做不确定性分析。

8. 逆向反证法

逆向思维是人们重要的一种思维方式，它是对司空见惯的似乎已成定论的事物或观点反过来思考的一种思维方式。让思维向对立面的方向发展，从问题的相反面进行更深入的探索。人们习惯于沿着事物发展的正方向去思考问题并寻求解决办法。其实，对于某些问题，尤其是一些特殊问题，从结论往回推，倒过来思考，从求解回到已知条件，反过去想可能会使问题简单化，使解决它变得轻而易举，甚至因此而有所发现。而反证法是从反面的角度思考问题的证明方法。它先假设"结论"不成立，然后把"结论"的反面当作已知条件，进行正确的逻辑推理，得出与已知的结论相矛盾的结论，从而说明假设不成立。在工程经济学中，逆向反证法就是从与工程方案的合理性、期望效果相反的观点中思考问题、寻求答案，重新判别方案的合理性，以使选定的方案更加完善，或者放弃已有的方案，寻找新的方案。

1.4.3 工程经济分析的基本原则

通过合理的方法对工程技术方案进行分析、比较和评价，是工程经济分析的基本目的。对特定的工程项目，能够列举出多种技术方案，从经济分析的角度考察，这些方案未必都能满足技术上先进、经济上合理、生产上适用的要求。各方案由于所要考虑和解决的问题侧重点不同，有时会带来技术、经济、资源、环境和社会等多方面的问题。处理这些问题所带来的影响，需要对项目方案依据一定的基本分析原则进行合理取舍与评价，进而确定最优方案。在工程经济分析中，对工程项目或技术方案进行经济分析的基本原则主要有以下几点。这些基本原则分别从不同的角度对项目或方案进行评价，从而得到科学、合理的评价结果。

1. 技术与经济相结合的原则

之前介绍过技术和经济是辩证统一的关系，既相互统一，又相互矛盾。技术是经济发展的重要手段，技术进步是推动经济前进的强大动力，同时技术也是在一定的经济条件下产生和发展的，技术的进步要受经济情况和条件的制约，经济上的需求是推动技术发展的动力。技术与经济之间的这种相互依赖、相互促进和相互制约的关系构成了工程经济评价，但由于各种因素的影响，技术先进性与经济的合理性之间存在一定矛盾。例如，有不少技术反映了技术的先进水平，其经济效果却不如其他技术，那么这种技术就不能在生产实践中广泛使用。所以在应用工程经济学理论来评价工程项目或技术方案时，既要分析其技术上的先进性，评价其技术能力和技术意义，同时也要分析经济上的合理性，评价其经济特性和经济价值，力求做到二者统一，寻找符合国家政策，满足发展方向需要又能给企业带来发展的项目或方案，使之能够最大限度地创造效益，促进技术进步与经济发展。

2. 以定量分析为主，定量分析与定性分析相结合原则

定量分析与定性分析从不同评价角度反映了决策方式。定量分析以客观、具体的计算结果为依据，得出项目的各项经济费用效益分析指标为尺度，对项目进行数字指标的评价。这种评价方法的优点是能够使评价结构更加精确，减少了工程经济分析工作中的经验决策成分，有利于在定量分析中发现研究对象的实质和规律。定性分析是依据国家的法律法规、国家发展布局及发展方向、该项目对国家发展所起的作用和该项目的发展趋势等进行的基于经验的评价。在实际评价工作中，由于问题的复杂性，很多内容难以用数量方式表达。此情况下，定量分析不适用，定性分析就显得十分必要。定性分析以主观判断为基础，属于经验型决策，在很大程度上依赖于评价人员的经验积累。

工程项目的经济分析坚持采取定量分析与定性分析相结合的原则，有助于发挥两种分析方法的优势，形成补充。以定量分析为主，可以使分析结果科学、准确，有利于决策者在对项目总体有较全面了解的基础上，进行科学决策。

3. 以动态分析为主，动态分析与静态分析相结合原则

动态分析是在项目决策分析与评价时考虑资金的时间价值，对项目整个计算期内的费用与效益进行折现现金流量分析。动态分析方法将不同时点的现金流入和流出换算成同一时点的价值，可以对不同方案和不同项目进行比选。静态分析又称非折现现金流量分析，是在项目决策分析与评价时不考虑资金的时间价值，把不同时点的现金流入和流出看成等值的分析方法。静态分析方法指标计算简便、易于理解，但不能准确反映项目费用与效益的价值量。资金的时间价值分析是项目经济评价的核心，所以分析评价要以动态指标为主。静态指标与一般的财务和经济指标内涵基本相同，一般作为辅助指标。因此，在项目或方案决策分析与评价中应遵循以动态分析为主，动态分析与静态分析相结合的原则，根据工作阶段和深度要求的不同，选择动态分析指标与静态分析指标。

4. 效益与费用计算口径对应一致的原则

在经济评价中，将项目的效益与费用限定在同一个范围内是方案比选的基础，计算的净效益才是项目投入的真实回报。财务分析只计算项目本身的直接效益和直接费用，国民经济分析还应计算项目的间接效益和间接费用，即项目的外部效果。间接效益在经济评价中有时是很重要的，尤其是当间接效益比较高或直接效益虽然好，但妨碍了其他相关部门的发展及效益的提高时，在这种情况下更需要考虑间接效益，以得到全面、正确的评价结论。为简化计算，有时可将外部效果"内部化"，即把那些效益和费用紧密相关、不统一计算就难以正确考察真实经济效益的"项目群"，视为一个项目（联合体）进行国民经济分析。

5. 收益与风险权衡原则

工程项目的投资总是伴随着一定程度的风险，风险为工程的最终收益增加了不确定性。通常，项目的投资人关心的是效益指标，对于可能给项目带来风险的因素考虑得不全面，对风险可能造成的损失估计不足，结果导致项目失败。收益与风险权衡的原则提

醒投资者，在进行投资决策时，不仅要看到效益，也要关注风险，权衡得失利弊后再行决策。

6. 近期利益与长远利益相一致、局部利益服从整体利益原则

我国实行社会主义市场经济，生产的目的是满足人们日益增长的物质文化生活需要，近期的经济效益和长远的经济效益从根本上说是一致的，但有时两者之间也会出现矛盾。从一个企业、一个部门来看是有利的，但从整个国民经济的角度考察是不利的，或者从整个社会来看有利，而对一个企业或一个部门的利益不大。这时进行经济评价不仅要考虑近期的效益，还需要局部利益服从整体利益。从整个国民经济的利益出发，选择宏观经济效益好的方案，还要分析和考察长远效益。同时还要注意项目的经济能力和影响，不要因为项目采纳的技术给全局性的经济问题带来诸如资源、环保等方面的负面影响。

7. 财务分析与国民经济分析相结合的原则

财务分析是在国家现行财税制度和价格体系的条件下，从项目财务角度分析，计算项目的财务盈利能力和清偿能力，据以判别项目的财务可行性。国民经济分析是从国家整体角度分析，计算项目对国民经济的净贡献，据以判别项目的经济合理性。项目的财务分析和国民经济分析都是项目的盈利性分析，但两种分析方法的基本出发点不同。财务分析是站在项目的角度，从项目经营者和投资者的角度分析项目在财务上的可行性，属于微观经济效益的分析。而国民经济分析则是站在国民经济的宏观角度上，从全社会的角度分析项目的国民经济费用和效益。另外，财务分析只根据项目直接发生的财务收支计算项目的费用和效益，而国民经济分析则从全社会角度考察项目的费用和效益，这与财务分析不同，因为其中有些收入和支出从全社会角度考虑不能作为社会费用或效益。

工程经济分析应坚持财务分析与国民经济分析相结合的方式对项目进行取舍。当财务分析与国民经济分析的结果不一致时，应对其进行深入分析。一般来说，财务分析与国民经济分析结论均可行的项目，应予通过；国民经济分析结论不可行而财务分析可行的项目应予否定。对于一些国计民生必需的项目，国民经济分析结论可行，但财务分析的结论却不可行，通常应进一步优化方案。

8. 可比性原则

工程经济学研究的主要任务是对各种工程技术方案进行经济比较，从中选择经济效果最好的方案。在进行方案评价比较时，必须使各方案具有可比条件，遵循可比性原则。可比性原则是进行定量分析时所应遵循的重要原则之一，可确保所有的备选方案在统一口径下进行比较评价。一般情况下，备选方案需在满足需要、消耗费用、时间和价格上均具有可比性。

（1）满足需要的可比原则。任何一个项目或方案实施的主要目的都是满足一定的社会需要，不同项目或方案在满足相同的社会需要的前提下也能进行比较。满足需要的可比性应在产品的品种、产量、质量三个方面具有可比性。品种可比是产品品种的名称、

规格和数量可比，反映的是企业在产品品种方面满足社会需要的情况。产量可比是项目或技术方案满足社会需要的产品的数量。质量可比是不同项目或技术方案的产品质量相同时，直接比较各项相关指标；质量不同时，则需经过修正计算后才能比较。在进行满足需要的比较时，能够满足多方面需要的方案可与满足单一需要方案的联合方案进行比较；方案规模不同时，应以规模小的方案乘以适当的系数与规模大的方案进行比较；对产品可能涉及其他部门或造成某些损失的方案，应将该方案本身与消除其他部门损失的方案组成联合方案进行比较。

(2) 消耗费用可比原则。工程项目的经济效果是投入和产出之比，所以方案比选除了满足需要上的可比性以外，还需要进行消耗费用方面的可比性分析。由于备选方案的技术特性和经济特性的不同，所需要的人力、物力和财力各不相同，为了使各个方案能够进行经济效果上的比较，应用从项目建设到产出产品及产品消费的全过程中整个社会的消耗费用来比较，而不是用某个国民经济部门或个别环节的部分消耗来进行比较。消耗费用的可比原则是：在计算和比较费用指标时，不仅要计算和比较方案本身的各种费用，还应考虑相关费用，并且应采用统一的计算原则和方法来计算各种费用。相关费用是指实现本方案而引起生产上相关的环节所增加（或节约）的费用。为了使技术方案具有消耗费用方面的可比性，必须从整个社会和整个国民经济的观点、社会的总消耗、系统的观点出发进行综合考虑。采用统一的原则是指计算技术方案的消耗费用时，各方案的费用构成项目和计算范围必须一致。当项目涉及行业众多，难以从根本上保证消耗费用上的可比性时，可只考虑与项目或方案有直接关系的环节，对这些环节的消耗费用进行比较分析，而省略其他间接环节的费用比较。

(3) 价格可比原则。价格是影响工程项目或技术方案比较的重要因素之一，因此价格的可比性是分析比较项目或技术方案经济效益的一个重要原则。价格可比是项目或技术方案所采用的价格指标体系应该相同。对每个技术方案，无论是消耗品还是产品，均应按其相应的品目价格计算投入或产出。价格水平本身的合理性和恰当性直接影响到工程经济分析的正确性。价格可比的原则是：在对技术方案进行经济计算时，必须采用合理和一致的价格。

"合理的价格"是指价格必须正确反映产品价值，各种产品之间的比价合理。由于我国目前价格的制定不够合理，价格体系不够完善，许多产品的价格与价值相背离的现象很严重，如果采用这种价格进行经济分析，常给经济评价带来假象，以致得出错误结论。其解决方法是采用影子价格代管现行市场价格，或是采取计算相关费用的办法代替实际价格。

"一致的价格"是指价格种类的一致。由于科学技术的进步，劳动生产率的不断提高，产品成本的不断下降，各种技术方案的消耗费用也随之逐渐减少，产品价格也要发生变化。要求在对不同技术方案进行比较和评价时，必须采用相应时期的价格，即在分析近期技术方案时，应统一使用现行价格，而在分析远景技术方案时，则应统一使用远景价格。

(4) 时间可比原则。资金的时间价值是动态经济分析的基础，所以在对备选方案进行比选时，必须考虑时间因素，采用相等的计算期作为比较基准，然后才能进行经济效果比较。对于投资、成本、产品质量、产量相同的两个项目或方案，其投入时间不同，经济效益显然不同。而在相同的时间内，不同规模的项目或方案，其经济效益也不同。所以时间因素对方案经济效益有直接的影响。时间可比原则主要考虑两方面的问题，一方面是经济寿命不同的技术方案进行比较时，应采用相同的计算期作为基础；另一方面技术方案在不同时期内发生的效益与费用，不能直接相加，必须考虑时间因素。

对经济寿命不同的技术方案做经济效益比较时，必须采用相同的计算期作为比较的基础。关于采用相同计算期的问题，有三种情况：当相比较的各技术方案的经济寿命周期有倍数关系时，应采用它们的最小公倍数作为各技术方案的共同计算期；当相比较的各技术方案的经济寿命周期没有倍数关系时，一般可采用20年为统一的计算期；当相互比较的各技术方案由于投入期、服务期和退役期不一致，而使它们的寿命周期有所不同应采用约定的计算期作为共同基础，进行相应的计算和比较。

技术方案在不同时期内发生的效益和费用，不能直接简单地相加，必须考虑时间因素。资金与时间有着密切的关系。如果资金放着不用，造成资金积压，就不会产生利润，并且还要付出利息，因而就等于损失资金。所以在流动资金实行全额信贷、目的资产实行有偿使用的情况下，如果投资使用时间与数量不同，最后的投资总和就会有较大差别。

一、单项选择题

1. 工程经济学中"经济"的含义主要是指（　　）。
   A. 经济基础　　　　　　　　B. 经济制度
   C. 生产力　　　　　　　　　D. 合理分配有限资源
2. 工程经济学遵循有条理的工程经济分析程序，运用科学技术，以（　　）为主体，以技术经济为核心。
   A. 工程项目　　　　　　　　B. 国民经济
   C. 生产关系　　　　　　　　D. 劳动工具
3. 工程经济学采用定量分析与定性分析相结合原则，以（　　）为主。
   A. 静态分析　　　　　　　　B. 动态分析
   C. 定性分析　　　　　　　　D. 定量分析
4. 工程经济学研究的主要任务是对各种工程技术方案进行经济比较，从中选择（　　）效果最好的方案。
   A. 技术　　　　　　　　　　B. 经济
   C. 劳动力　　　　　　　　　D. 工程项目
5. 工程经济学的研究对象是（　　），包括工程项目的技术方案分析、财务评价、国民经济评价、工程项目的风险与不确定性分析等内容。

A. 工程项目 B. 投资项目
C. 工程建设 D. 技术经济

二、多项选择题

1. 工程技术与经济的关系是（　　）。
A. 相互促进 B. 相互制约
C. 独自发展 D. 共同发展
2. 工程经济学的研究方法（　　）。
A. 对比分析法 B. 次目标优化法
C. 逆向反证法 D. 单维经济评价法
E. 定性分析与定量分析相结合法
3. 工程经济学的可比性原则包含（　　）。
A. 满足需要的可比原则 B. 消耗费用可比原则
C. 价格可比原则 D. 时间可比原则
E. 技术可比原则
4. 工程项目财务评价具体内容包括（　　）。
A. 财务评价目的与内容 B. 财务评价方法
C. 财务评价基本步骤 D. 项目财务预测
E. 工程项目投资估算方法

三、简答题

1. 工程经济学的基本研究方法有哪些？
2. 工程经济分析的原则有哪些？

在线答题

拓展习题

第 2 章 资金的时间价值

知识结构图

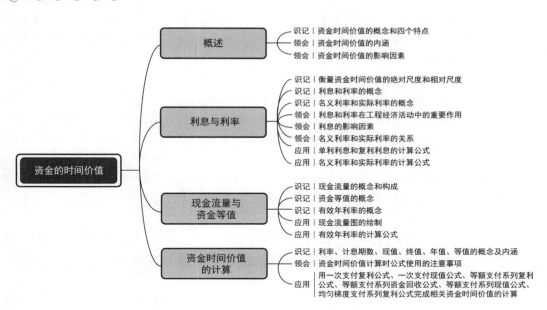

2.1 概 述

2.1.1 资金时间价值的概念

第2章概述

资金时间价值是指资金在使用过程中由于时间的因素产生的差额价值。本杰明·弗兰克说，钱生钱，并且所生之钱会生出更多的钱，这就是货币时间价值的本质。货币通过投资在一定时期内能获得一定利息，每一元钱在将来和现在相比，其价值就不一样。正是由于利息和时间的这种关系，得出了"货币的时间价值"这一概念。货币的时间价值意味着相等量的货币，在不同的时点，具有不同的价值。

在工程经济计算中，无论是技术方案所发挥的经济效益还是所消耗的人力、物力和自然资源，最后都是以价值形态，即资金（货币）的形式表现出来的。资金运动反映了物化劳动和活劳动的运动过程，而这个过程也是资金随时间运动的过程。因此，在工程经济分析时，不仅要着眼于方案资金量的大小（资金收入和支出的多少），而且也要考虑资金发生的时间。资金的价值是随时间变化而变化的，是时间的函数，随时间的推移而增值，其增值的这部分资金就是原有资金的时间价值。

理解资金时间价值应把握以下四个特点。

（1）资金具有时间价值必须是一种要素资本。这种要素资本可能是以借贷的形式存在的，也可能是以投资与被投资的形式存在的。如果以借贷的形式存在，资金的时间价值表现为利率或利息；如果以投资与被投资形式存在，资金的时间价值表现为投资报酬率或股息。

（2）资金必须参与社会资本的周转与循环。如果资金不能参与社会资本的周转与循环，资金的时间价值就无法实现，资金剩余者就不能从资金需求者那里获得利息或股息。

（3）资金具有时间价值是资金所有者决策选择的结果。资金所有者之所以将资金贷出，是因为他认为贷出资金可以获得比消费更大的效用，这是消费与投资两个方案决策比较的结果。

（4）资金时间价值是在没有风险和没有通货膨胀条件下的社会平均资本利润率。在选择投资项目时，社会平均资本利润率是投资者的最基本要求。

2.1.2 资金时间价值的影响因素

影响资金时间价值的因素很多，其中主要有以下四点。

（1）资金的使用时间。在单位时间的资金增值率一定的条件下，资金使用时间越长，则资金的时间价值就越大；资金使用时间越短，则资金的时间价值就越小。

（2）资金数量的大小。在其他条件不变的情况下，资金数量越大，资金的时间价值就越大；反之，资金的时间价值则越小。

（3）资金投入和回收的特点。在总投资一定的情况下，前期投入的资金越多，资金的负效益越大；反之，后期投入的资金越多，资金的负效益越小。而在资金回收额一定的情况下，离现在越近的时间回收的资金越多，资金的时间价值就越大；反之，离现在越远的时间回收的资金越多，资金的时间价值就越小。

（4）资金周转的速度。资金周转越快，在一定的时间内等量资金的时间价值越大；反之，资金的时间价值越小。

2.2 利息与利率

衡量资金时间价值的尺度有两种：一是绝对尺度，即利息、盈利或纯收益；二是相对尺度，即利率、盈利率或收益率。

绝对尺度。它包括利息、盈利或纯收益。这些都是使用资金的报酬，是投入资金在一定时间内的增值。一般银行存款获得的资金增值称为利息；把资金投入生产建设产生的增值称为盈利或纯收益。

相对尺度。它包括利率、盈利率或收益率。它是一定时间（通常为一年）的利息或收益占原投入资金的比率，或称为使用资金的报酬率。它反映了资金随时间变化的增值率。

利息和利率在工程经济活动中有着重要作用。

（1）利息和利率是以信用方式动员和筹集资金的动力。以信用方式筹集资金的一个重要特点是自愿性，而自愿性的动力在于利息和利率。比如，一个投资者首先要考虑的是投资某一项目所得到的收益（或利润）是否比把这笔资金投入其他项目所得的收益（或利润）多。如果多，投资者就可能给这个项目投资；反之，投资者就可能不投资这个项目。

（2）利息促进企业加强经济核算，节约使用资金。企业借款需付利息，增加支出负担，这就促使企业必须精打细算，把借入资金用到刀刃上，减少借入资金的占用来少付利息，同时可以使企业自觉压缩库存限额，减少各环节占用资金。

（3）利息和利率是国家管理经济的重要杠杆。国家在不同的时期制定不同的利率政策，对不同地区不同部门规定不同的利率标准，就会对整个国民经济产生影响。如对于限制发展的部门和企业，利率规定得高一些；对于提倡发展的部门和企业，利率规定得低一些，从而引导部门和企业的生产经营服从国民经济发展的总方向。同样，资金占用时间短，收取低息；资金占用时间长，收取高息。对产品适销对路、质量好、信誉高的企业，在资金供应上给予低息支持；反之，收取较高利息。

（4）利息与利率是金融企业经营发展的重要条件。金融机构作为企业，必须获取利润。由于金融机构的存放款利率不同，其差额成为金融机构业务收入。此差额扣除业务费后就是金融机构的利润，以此刺激金融企业的经营发展。

2.2.1 利息

利息是货币在一定时期内的使用费,指货币持有者(债权人)因贷出货币或货币资本而从借款人(债务人)手中获得的报酬。其包括存款利息、贷款利息和各种债券发生的利息。利息通常用 I 表示。

在工程经济学中,利息常常被看成资金的一种机会成本。这是因为如果一笔资金投入在某一工程项目中,就失去了在银行产生利息的机会,也放弃了现期消费的权利,而牺牲现期消费又是为了能在将来得到更多的消费。从投资者的角度来看,利息体现为对放弃现期消费的损失所作的必要补偿,为此,债务人就要为占用债权人的资金付出一定的代价。所以,利息就成为投资分析中平衡现在与未来的杠杆,投资这个概念本身就包含着现在和未来两方面的含义。事实上,投资就是为了在未来获得更大的回收而对目前的资金进行某种安排,很显然,未来的回收应当超过现在的投资,正是这种预期的价值增长才能刺激人们从事投资。因此,在工程经济学中,利息是指占用资金所付的代价或者放弃近期消费所得的补偿。

2.2.2 利率

利率是指单位时间内资金产生的增值,即利息额与借贷资金额(本金)的比率。利率是决定企业资金成本高低的主要因素,同时也是企业筹资、投资的决定性因素,对金融环境的研究必须注意利率现状及其变动趋势。利率通常用 i 表示,那么利率可以表示成式(2-1):

$$i = \frac{I}{P} \times 100\% \qquad (2\text{-}1)$$

式中 I——利息;

i——利率;

P——本金(投资的现值)。

用以表示利率的时间单位,称为利息周期。利息周期通常为一年,也有以半年或一个季度、一个月为周期的。

利率的高低主要由以下因素决定:

(1)社会平均利润率。利率随社会平均利润率的变化而变化,在通常情况下,社会平均利润率是利率的最高界限。利率高于社会平均利润率,无利可图时,大部分企业不会去贷款。

(2)借贷资本的供求情况。在社会平均利润率不变的情况下,借贷资本供过于求,利率便下降;借贷资本供不应求,利率便上升。

(3)借贷风险。借出资本要承担一定的风险,风险越大,利率也就越高。

(4)通货膨胀。通货膨胀对利息的波动有直接影响,资金贬值往往会使利息无形中成为负值。

(5)借出资本的期限长短。借款期限长,不可预见因素多,风险大,利率也就高;反之,利率就低。

2.2.3 单利利息计算方法

单利利息计算方法是仅用本金来计算利息，不计算利息的利息，即利息不再生利。利息与本利和的计算如式（2-2）和式（2-3）所示：

$$I = P \times i \times n \tag{2-2}$$

$$F = P \times (1 + i \times n) \tag{2-3}$$

式中 I——利息；
  i——利率；
  n——利息周期数；
  P——本金（投资的现值）；
  F——本利和（投资的未来值）。

【例2-1】 如某工程项目建设贷款2000万元，合同规定四年后偿还，年利率为5%，单利计息，问四年后应还贷款的本利和共多少？

【解】 $F = P \times (1 + i \times n) = 2000 \times (1 + 0.05 \times 4) = 2400$（万元）

2.2.4 复利利息计算方法

复利利息的计算方法就是除要计算本金的利息之外，还要计算利息的利息，即利息还要生利。即在计算下一期利息时，要将上一期的利息加入本金中去重复计息，这就是通常所说的"利生利"或"利滚利"。

现仍以【例2-1】为例，如果按复利计息，则四年后应偿还的本利和，如表2-1所列。

表2-1　例1的复利计算　　　　　　　　　　　单位：万元

利息周期	年初借款（A）	年末利息（B）	年末借款总额（A+B）	年末偿还
1	2000	2000×0.05=100	2000+100=2100	0
2	2100	2100×0.05=105	2100+105=2205	0
3	2205	2205×0.05=110.25	2205+110.25=2315.25	0
4	2315.25	2315.25×0.05=115.76	2315.25+115.76=2431.01	2431.01

银行进行工程项目投资贷款时，有的是一次贷款，一次偿还（见图2.1）；有的是一次贷款，分期等额偿还（见图2.2）；有的是分期等额贷款，一次偿还（见图2.3）。现对其复利利息的计算方法，分别介绍如下。

图2.1　一次贷款，一次偿还现金流量图

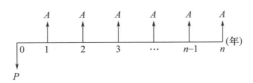

图 2.2 一次贷款，分期等额偿还现金流量图

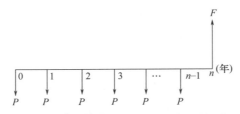

图 2.3 分期等额贷款，一次偿还现金流量图

2.2.5 名义利率与实际利率

在前面的分析计算中，都是假设计算利息的时间和利率的时间单位相同，即均为一年。但如果计算利息的时间与利率的时间单位不同时，情况会怎样呢？例如，利率的时间单位为一年，而每个月计算一次利息，其计算结果会怎样呢？这就涉及名义利率和实际利率的问题。

名义利率与实际利率

名义利率指计息周期利率乘以一个利率周期内的计息周期数所得的周期利率，如利息周期利率为每月1%，则每年名义利率可以用12%表示（即每月1%×每年12个月）。由此可见，计算名义利率时，忽略了利息的时间价值，正如计算单利时一样，仅用本金来计算利息，不计入在先前利息周期中所累加的利息（即利息不再生利息）。

实际利率是以计息周期利率复利来计算的周期利率，也就是考虑了利息的时间价值（利息再生利息）。

为了说明名义利率和实际利率的不同，现以两种利率来计算1000元存款一年后的未来值。

如某项存款按复利计息，利息周期为半年，年利率8%。以名义利率每年8%计算，1000元存款一年后的未来值为

$$F = P \times (1+i)^n = 1000 \times (1+8\%)^1 = 1080(元)$$

因为利息周期为半年，即利息半年复利一次，其一年后的未来值将包括第一个利息周期中所得利息的利息。年利率8%半年复利一次，表示存款每年可得4%利息两次（每6个月一次）。

很明显，在上式计算中忽略了第一个利息周期中所得的利息。考虑到半年复利一次，则1000元存款一年后的未来值实际上为

$$F = 1000 \times (1+4\%)^2 = 1000 \times 1.0816 = 1081.6(元)$$

其中 4% 为实际半年利率，由 8%÷2 计算得出，因为每一年中有两个利息周期。所以实际年利率是 8.16%，而不是 8%。

由名义利率求实际利率的计算公式如式（2-4）所示。

$$i = \left(1 + \frac{r}{t}\right)^t - 1 \qquad (2-4)$$

式中　　i——实际利率；

　　　　r——名义利率；

　　　　t——复利周期数。

之所以会出现名义利率和实际利率之分，主要原因就是各自的计息期不同。由于存在不同的计息期，而计息期可长可短，实际利率最长的计息期是一年，这也是名义利率的单位。实际利率较短的计息期可以为一小时、一分钟、一秒，甚至更小。计息期与计息次数成反比关系。在名义利率的时间单位里，计息期越长，计息次数就越少；计息期越短，计息次数就越多。每年计息期越多，年实际利率与年名义利率相差越大。所以在工程经济分析中，如果各方案的计息期不同，就不能简单地使用名义利率来评价，而必须换算成实际利率进行评价，否则会得出不正确的结论。当利息周期为一年时，名义利率就等于实际利率。

名义利率与实际利率存在下列关系。

（1）当实际计息周期为 1 年时，名义利率与实际利率相等。实际计息周期短于 1 年时，实际利率大于名义利率。

（2）名义利率不能完全反映资金的时间价值，实际年利率才真实地反映了资金的时间价值。

（3）实际计息周期相对越短，实际年利率与名义利率的差值就越大。

由此可以看到，同一笔资金在占用总时间相同的情况下，所付的利息会有明显的差别。结算次数越多，给定利率产生的利息就越多。因此，在进行方案的经济比较时，必须把各方案中的名义利率，全部换算成实际利率，然后再进行比较。在复利计算中，对于名义利率有两种处理方法：其一是将名义利率换算成实际利率，再计算复利；其二是将周期利率代入复利公式。

2.3　现金流量与资金等值

2.3.1　现金流量

任何一项投资活动都离不开资金活动，而在这个资金活动中必然要涉及现金流量的问题。明确现金流量的概念、弄清现金流量的内容、正确估算现金流量是进行方案效益分析的前提，也是进行科学决策的基础。

现金流量是一个综合概念，从内容上看，它包括现金流入、现金流出和净现金流量三个部分，从形式上看，它包括各种形式的现金交易，如货币资金的交易和非货币（货物、有价证券等）的交易。

为了便于说明现金流量的概念，我们把项目看作一个系统，这个系统有一个寿命周期，即从项目发生第一笔资金开始一直到项目终结报废为止的整个时间称为项目的寿命周期。但在不同的项目之间进行比较时，不一定都用项目的寿命周期进行比较，而是选用一个计算期来比较，因此，考察项目系统的经济效益时，常常用计算期。每个项目在其计算期中，各个时刻点都会有现金交易活动，或者是流入、或者是流出，这个现金流入、流出就称为现金流量。

具体地讲，现金流入是指在项目的整个计算期内流入项目系统的资金，如销售收入、捐赠收入、补贴收入、期末固定资产回收收入和回收的流动资金等。现金流出包括固定资产投资、流动资金、经营成本和税金。净现金流量是指在项目的整个计算期内每个时刻的现金流入与现金流出之差。当现金流入大于现金流出时，净现金流量为正，反之为负。

从以上关于现金流量概念的分析中，我们不难看出，现金流量的计算不仅有本身的计量单位，还有一个时间单位。一般情况下，现金流量本身的计量单位为"元""万元""美元"等。但时间单位是什么呢？这就需要根据利息的计算时间单位来确定了。如果利息的计算时间单位为一年，那么现金流量的计算时间单位也为一年；如果利息的计算时间单位为一个月，那么现金流量的计算时间单位也为一个月。现金流量的计算时间单位为计息期。

简言之，在进行工程经济计算时，可把所考察的对象视为一个系统，在这个系统中投入的资金、花费的成本和获取的收益，都可以看成以资金形式体现的该系统的资金流入和资金流出。这种经济系统在一定时期内各时间点 t 上实际发生的资金流入或资金流出称为现金流量。现金流量是衡量企业资产变现能力、经营状况是否良好、是否有足够的现金偿还债务的重要指标。其中，流出系统的资金称为现金流出，流入系统的资金称为现金流入，在同一时点上现金流入与现金流出之差，称为净现金流量。

其中，"现金"的含义是广义的，是指各类货币资金或非货币资产的变现价。为便于分析，通常将整个计算期分成若干期，并假定现金流入和现金流出是在期末发生的，常以一年为一期，即把一年中所有产生的现金流入和流出累计到相应年末。

1. 现金流量的构成

在项目工程经济分析与评价中，现金流量主要由投资、成本、销售收入、税金和利润等构成。具体来说，现金流入包括销售收入、固定资产残值的回收、流动资金的回收等，现金流出包括固定资产投资、流动资金、经营成本和税金等。

2. 现金流量图

一个工程项目的建设和运营都要经历很长一段时间，在这个时间内，现金流量的发生次数非常多，且不同的时间点上发生的现金流量是不尽相同的。例如，在项目的建设期，有自有资金的投入、银行贷款的获得、贷款还本付息的支出等；在生产期，有销售收入的获得、利息补贴返还、经营成本的支出、利息的偿还、税金的缴纳、固定资产余值的回收及流动资金的回收等。这些现金流量种类繁多，发生的时间不同、大小各异、属性不同，有的属于现金流入，有的属于现金流出。因此，为了便于分析，通常用图的形式来表示各个时间点上发生的现金流量。

在评价不同方案的经济效果时，常利用"现金流量图"把各个方案的现金收支情况表示出来，以便于计算。所谓"现金流量图"，就是将现金流量绘入一时间坐标中。绘图时先画一条横线作横坐标，上面记有利息的时间单位（年或月）；某期的现金收入（现金的增加），以垂直向上箭头表示；某期的现金支付（现金的减少），以垂直向下箭头表示，箭头的长、短与收、支的大小成比例。图2.1所示为银行的现金流量图。对借款人来说，由于立足点不同，绘成的现金流量图和图2.1大小相等，方向相反如图2.4所示。

图2.4　现金流量图（借款人）

作图规则应注意：

（1）以横轴为时间轴，越向右延伸表示时间越长，将横轴分成相等的时间间隔，间隔的时间单位以计息期时间单位为准，通常以年为时间单位；时间坐标的起点通常是资金开始流动的时间点。

（2）凡属收入、借入的资金等，视为正的现金流量；凡是正的现金流量，用向上的箭头表示，可按比例画在对应时间坐标处的横轴上方。

（3）凡属支出，归还贷款的资金等，视为负的现金流量；凡是负的现金流量，用向下的箭头表示，可按比例画在对应时间坐标处的横轴下方。

（4）垂直线与时间轴的交点即为现金流量发生的时间。现金流量的大小（资金数额）、方向（资金流入或流出）和时间点（资金流动发生的时间点）是现金流量的三要素，也是正确绘制现金流量图的关键。

若不按比例绘制，可在箭头旁标注具体的现金流量值，且一般现金流量大的箭头长度大于现金流量小的。现金流量图绘制与资金分析的角度有关系，即对于同个现金流量站在不同的角度分析，现金流入或流出方向不同。

2.3.2　资金等值

在进行经济分析时，为了比较方案的经济效益，需对方案寿命周期内不同时点发生的现金流量进行计算和分析。由于资金具有时间价值，不同时点上发生的现金流入或现金流出，不能直接进行数值上的加减，应该将其等值换算到同一时点上进行分析。

资金等值是指特定利率下，在不同时点上的绝对数值不等的若干资金具有相等的经济效益的现象。在工程经济分析中，资金等值是一个十分重要的概念，利用等值的概念，可以把一个时间点发生的资金额折算成另一个时间点的等值金额，这一过程被称为等值计算。例如，现在将 100 元存入银行，银行的年利率为 10%，则一年后价值 110 元，两年后价值 121 元。由此可知，一年后的 110 元和两年后的 121 元与现在的 100 元是等值的。资金的等值计算，是以资金的时间价值为依据，以利率为杠杆，结合资金的使用时间及增值能力，对工程项目和技术方案的现金进行折算，以期找出共同点上的等值资金额来进行比较、计算和流量选择。

影响资金等值的因素有三个：金额的大小、金额发生的时间、利率或贴现率的高低。其中，利率是关键因素。等值计算以同一利率为基准。利用等值概念，可把某一时点的资金按一定利率换算为与之等值的另一时点的资金，这一过程称为等值计算。

2.3.3 有效年利率

有效年利率（Effective Annual Percentage Rate）是指在按照给定的计息期利率和每年复利次数计算利息时，能够产生相同结果的每年复利一次的年利率，也被称为等价年利率，在计算时用其缩写 EAR 表示。

有效年利率并非实际利率，二者有所差别。有效年利率是产生相同结果每年复利一次的年利率，而实际利率则是剔除通货膨胀率后储户或投资者能够得到利润回报的真实利率。

计算有效年利率的公式见式（2-5）

$$EAR = \left(1 + \frac{r}{n}\right)^n - 1 \quad (2\text{-}5)$$

其中，EAR 为有效年利率；r 为名义利率；n 为一年内计息次数。

【例 2-2】 如年初投资 1000 万元，名义年利率是 12%，按季度计算复利，问有效年利率为多少？

【解】 $EAR = \left(1 + \frac{12\%}{4}\right)^4 - 1 = 12.55\%$

2.4 资金时间价值的计算

2.4.1 基本参数及其含义

利用资金等值的概念，把不同时点上发生的资金金额换算成同一时点的等值金额，这一过程称为资金等值计算。资金等值的计算方法与利息的计算方法相同，根据支付方式不同，可以分为一次支付系列、等额支付系列、等差支付系列和等比例支付系列。

在资金等值计算中，常涉及以下基本参数。

（1）利率（i）。利率又称折现率。在工程经济分析中，如不做其他说明，概指年利率，其意义是在一年内投资所得利润或利息与原投资额之比。

（2）计息期数（n）。计息期数是指资金在计算期内计息次数，其单位通常用"年"。

（3）现值（P）。现值表示资金发生在某一特定时间序列起始点上的价值，它代表本金。在资金等值计算中，将一个（一系列）时点上的资金"从后往前"折算到起点上都是求其现值，通常情况下是折算到 0 时点上。求现值的过程称为折现（或贴现），折现计算是工程经济分析时常采用的一种基本方法。而且，在工程经济分析计算中，一般都约定 P 发生在起始时刻点的初期，如投资发生在第 0 年（第 1 年年初）。在资金的等值计算中，求现值的情况是最常见的。在工程经济的分析计算中，折现计算是基础，许多计算都是在折现计算的基础上衍生的。

（4）终值（F）。终值表示资金发生在某一特定时间序列终点上的价值，它代表本利和。在资金等值计算中，将一个（一系列）时点上的资金"从前往后"折算到某个时点上都是求其终值，通常情况下是折算到终点上，求资金的终值就是求其本利和。它发生在特定时刻终点以前所有时刻的现金流量的最后面。在工程经济分析计算中，一般约定 F 发生在期末，如第 1 年末、第 2 年末等。

（5）年值（A）。年值是指各年等额收入或支出的金额，通常以等额序列表示，即在某一特定时间序列期内，每隔相同时间收支的等额款项。其意义是在利率 i 的条件下，在 n 次等额支付中，每次支出或收入的金额。在工程经济分析计算中，如无特别说明，我们一般约定 A 发生在期末，如第 1 年末、第 2 年末等。

（6）等值。等值没有特定的符号表示，因为等值相对于现值、终值和年值来说是一个抽象的概念，它只是资金的一种转换计算过程。等值既可以是现值、终值，也可以是年值。资金的等值计算非常重要，资金的时间价值计算核心就是进行资金的等值计算。

2.4.2 基本公式

1. 一次支付复利公式

资金一次性支付（又称整付），是指支付系列中的现金流量，无论是流出或是流入，均在一个时点上一次性全部发生。如果有一笔资金 P，以年利率 i 进行投资，按复利计息，到第 n 年年末其本利和 F 应为多少？其现金流量图如图 2.1 所示。

第 n 年年末的本利和见式（2-6）

$$F = P \times (1+i)^n \tag{2-6}$$

为了计算方便，我们可以按照不同的利率 i 和利息周期 n 计算出的值 $(1+i)^n$，列成一个系数表。这个系数称作"一次支付复利系数"，查普通复利表可得出，通常用 $(F/P, i, n)$ 表示。

这样，公式可写成：$F = P \times (F/P, i, n)$

【例2-3】 如某企业在第一年年初以年利率5%投资2000万元，按复利计息，到第四年年末的本利和是多少？

【解】 $F = 2000 \times (F/P, 5\%, 4) = 2000 \times 1.216 = 2432$（万元）

2. 一次支付现值公式

从以上的复利计算可以看出，如年利率为5%，四年后的资金2432万元，仅相当于现在的2000万元。这种把将来一定时间所得收益（或应支付费用）换算成现在时刻的价值（现值）就叫"折现"或"贴现"。

由 $F = P \times (1+i)^n$ 可得式（2-7）

$$P = \frac{F}{(1+i)^n} = F \times (1+i)^{-n} \tag{2-7}$$

式中，$\frac{1}{(1+i)^n}$ 称作"一次支付现值系数"，并用 $(P/F, i, n)$ 表示，利用这个系数查普通复利表可以求出未来金额的现值。

【例2-4】 为了在四年后得到2432万元，按复利计息，年利率为5%，现在必须投资多少？

【解】 $P = 2432 \times (P/F, 5\%, 4) = 2432 \times 0.8227 = 2000.81$（万元）

3. 等额支付系列复利公式

如某工程项目建设，在 n 年内，每年年末由银行获得贷款金额为 A，年利率为 i，到年末按复利计息，共需偿还本利和为多少？

其现金流量图（借款人）如图2.5所示。

资金现值的计算

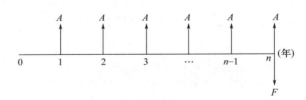

图2.5 等额支付终值现金流量图（借款人）

由现金流量图可以看出：

$$F = A + A \times (1+i) + A \times (1+i)^2 + \cdots + A \times (1+i)^{n-1}$$

根据等比数列前项和的公式，得出式（2-8）

$$F = A \times \frac{(1+i)^n - 1}{i} \tag{2-8}$$

式中 N——n次等额支付系列中的一次支付，在各个利息周期末实现；

$\frac{(1+i)^n - 1}{i}$ ——称作"等额支付系列复利系数"，通常用 $(F/A, i, n)$ 表示。

【例2-5】 某工程项目计划5年建成，每年年末投资3亿元，假设其年利率为7%，求 5 年末其实际累计总投资额为多少？

【解】$F = A \times \dfrac{(1+i)^n - 1}{i} = 3 \times \dfrac{(1+7\%)^5 - 1}{7\%} = 17.25$（亿元）

4. 等额支付偿债基金公式

这一公式用来计算为了在 n 年后，得到一笔未来资金 F，从现在起每年年末必须存储若干资金。从等额支付系列复利公式可得式（2-9）

$$A = F \times \dfrac{i}{(1+i)^n - 1} \quad (2-9)$$

式中 $\dfrac{i}{(1+i)^n - 1}$ ——称作"等额支付偿债基金系数"，通常用 $(A/F, i, n)$ 表示。

【例 2-6】 某企业借用资金到期（第 5 年年末）本息和将偿还负债 500 万元，在折现率 5% 的情况下，采用等额偿还的方式，问企业今后 5 年内每年年末偿还多少资金？

【解】$A = 500 \times (A/F, 5\%, 5) = 500 \times 0.1810 = 90.5$（万元）

5. 等额支付系列资金回收公式

若以年利率 i，按复利计息，投入一笔资金 P，希望在今后 n 年内，把本利和以在每年末提取等额 A 的方式回收，其 A 值应为多少？其现金流量图如图 2.6 所示。

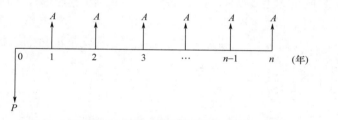

图 2.6 等额支付系列资金回收现金流量图（银行）

先用现值 P 计算出未来值 F。

$$F = P \times (1+i)^n$$

已知等额支付系列偿债基金公式为

$$A = F \times \dfrac{i}{(1+i)^n - 1}$$

将已计算出的未来值代入上式可得式（2-10）

$$A = P \times \dfrac{i \times (1+i)^n}{(1+i)^n - 1} \quad (2-10)$$

式中 $\dfrac{i \times (1+i)^n}{(1+i)^n - 1}$ ——称作"等额支付系列资金回收系数"，又称"资金回收系数"，通常用 $(A/P, i, n)$ 表示。

【例 2-7】 如某企业现在以年利率 8%，按复利计息投资 100 万元，希望分 8 年以等额收回，问每年年末可收回多少？

【解】$A=100×(A/P,8\%,8)=100×0.1740=17.4$（万元）

6. 等额支付系列现值公式

已知等额支付系列资金回收公式为

$$A = P \times \frac{i \times (1+i)^n}{(1+i)^n - 1}$$

现已知等额支付系列中的 A，求现值 P，见式（2-11）。

$$P = A \times \frac{(1+i)^n - 1}{i \times (1+i)^n} \qquad (2-11)$$

式中 $\frac{(1+i)^n - 1}{i \times (1+i)^n}$ ——称作"等额支付系列现值系数"，通常用 $(P/A,i,n)$ 表示。

【例2-8】 如某人今后8年每年年末可以支付309.4元，按年利率5%，复利计息，其现值是多少？

【解】$P=309.4×(P/A,5\%,8)=309.4×6.463=2000$（元）

7. 均匀梯度支付系列复利公式

当投资随着时间的增长，每年（或某单位时间）以等额递增（减）的方式进行时，便形成一个均匀梯度支付系列。若第一年年末支付 A_1，第二年年末支付 A_1+G，第三年年末支付 A_1+2G，…，第 n 年年末支付 $A_1+(n-1)G$。其现金流量图，如图2.7所示。

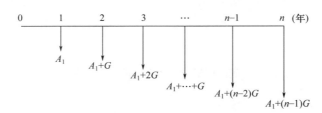

图 2.7 均匀梯度支付系列现金流量图

对于这样一个均匀梯度支付系列的复利计算，比较简便的方法是把它看作由两个系列组成，如图2.7所示。一个是等额支付系列，其每年年末的等额支付为 A_1；另一个是由 0，G，$2G$，…，$(n-1)G$ 组成的梯度支付系列，即从第二年年末起，每年递增（减）一个 G，G 称为梯度量（见图2.8）。

由图2.8可知，第一个系列即等额支付系列，A 为已知。如果能将第二个系列即梯度支付系列，也转换成每年年末等额支付的等额支付系列，则两个系列都是等额支付系列了。

设 $A=A_1+A_2$，为两个系列每年年末的等额支付之和。这样，得出 A 后，均匀梯度支付系列的复利计算就可应用等额支付系列复利公式求出。

为了将梯度支付系列转换为等额支付系列，首先将图2.8中的系列二，分解成

(n–1) 个年末支付为 G 的等额支付系列，如图 2.9 所示。

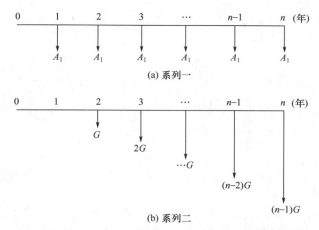

图 2.8 均匀梯度支付系列分解为两个系列的现金流量图

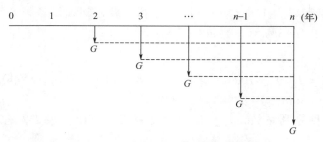

图 2.9 (n–1) 个等额支付系列现金流量图

由等额支付系列复利公式，求出各个系列的未来值，将其汇总后就得出系列二的未来值（本利和）F_2。

$$F_2 = G \times \left[\frac{(1+i)^{n-1}-1}{i}\right] + G \times \left[\frac{(1+i)^{n-2}-1}{i}\right] + \cdots + G \times \left[\frac{(1+i)^2-1}{i}\right] + G \times \left[\frac{(1+i)^1-1}{i}\right]$$

$$= \frac{G}{i} \times \left[(1+i)^{n-1} + (1+i)^{n-2} + \cdots + (1+i)^2 + (1+i) - (n-1) \times 1\right]$$

$$= \frac{G}{i} \times \left[(1+i)^{n-1} + (1+i)^{n-2} + \cdots + (1+i)^2 + (1+i) + 1\right] - \frac{nG}{i}$$

上式中方括弧内各项之和，正是 n 年的等额支付系列复利系数。所以有

$$F_2 = \frac{G}{i} \times \left[\frac{(1+i)^n - 1}{i}\right] - \frac{nG}{i}$$

求出 F_2 后，由等额支付偿债基金公式即可求出 A_2，即

$$A_2 = F_2 \times \left[\frac{i}{(1+i)^n - 1}\right]$$

将 F_2 值代入，得式（2-12）

$$A_2 = \frac{G}{i} \times \left[\frac{(1+i)^n - 1}{i}\right]\left[\frac{i}{(1+i)^n - 1}\right] - \frac{nG}{i} \times \left[\frac{i}{(1+i)^n - 1}\right]$$

$$= \frac{G}{i} - \frac{nG}{(1+i)^n - 1} = G \times \left[\frac{1}{i} - \frac{n}{(1+i)^n - 1}\right]$$
（2-12）

式中 $\left[\dfrac{1}{i} - \dfrac{n}{(1+i)^n - 1}\right]$ ——称作"均匀梯度支付系列复利系数"，通常用 $(A/G,i,n)$ 表示。

A_2 求出后，将 A_1 和 A_2 相加即可得出值 A。然后由等额支付系列复利公式，即可求出均匀梯度支付系列的复利本利和 F。

【例 2-9】 某企业购买设备，收益额第一年为 10 万元，此后直至第 8 年年末逐年递减 3000 元，在年利率为 15% 情况下按照复利计算，问该设备第 8 年的总收益现值为多少？[已知系数（P/G,15%,8）=12.48]

【解】

$$P = P_1 - P_2 = 10000 \times (P/A, 15\%, 8) - 3000 \times (P/G, 15\%, 8)$$
$$= 448730 - 37442 = 411288（元）$$

以上介绍的各种复利系数，均可在普通复利表中查出。表 2-2 是复利利率为 5% 时的普通复利表。

表 2-2 5% 普通复利表

期数	一次支付		等额支付系列				均匀梯度支付系列
	复利系数	现值系数	复利系数	偿债基金系数	资金回收系数	现值系数	复利系数
	已知 P 求 F (F/P,i,n)	已知 F 求 P (P/F,i,n)	已知 A 求 F (F/A,i,n)	已知 F 求 A (A/F,i,n)	已知 P 求 A (A/P,i,n)	已知 A 求 P (P/A,i,n)	已知 G 求 A (A/G,i,n)
1	1.050	0.9524	1.000	1.00000	1.05000	0.952	0.0000
2	1.103	0.9070	2.050	0.48780	0.53780	1.859	0.4878
3	1.158	0.8638	3.153	0.31721	0.36721	2.723	0.9675
4	1.216	0.8227	4.310	0.23201	0.28201	3.546	1.4391
5	1.276	0.7835	5.526	0.18097	0.23097	4.329	1.9025
6	1.340	0.7462	6.802	0.14702	0.19702	5.076	2.3579
7	1.407	0.7107	8.142	0.12282	0.17282	5.786	2.8052

续表

期数	一次支付		等额支付系列				均匀梯度支付系列
	复利系数	现值系数	复利系数	偿债基金系数	资金回收系数	现值系数	复利系数
	已知P求F (F/P,i,n)	已知F求P (P/F,i,n)	已知A求F (F/A,i,n)	已知F求A (A/F,i,n)	已知P求A (A/P,i,n)	已知A求P (P/A,i,n)	已知G求A (A/G,i,n)
8	1.477	0.6768	9.549	0.10472	0.15472	6.463	3.2445
9	1.551	0.6446	11.027	0.09069	0.14069	7.108	3.6785
10	1.629	0.6139	12.578	0.07950	0.12950	7.722	4.0991
11	1.710	0.5847	14.207	0.07039	0.12039	8.306	4.5144
12	1.796	0.5568	15.917	0.06283	0.11283	8.863	4.9219
13	1.886	0.5303	17.713	0.05646	0.10646	9.934	5.3215
14	1.980	0.5051	19.599	0.05102	0.10102	9.899	5.7133
15	2.079	0.4810	21.579	0.04634	0.09634	10.380	6.0973
16	2.183	0.4581	23.657	0.04227	0.09227	10.838	6.4736
17	2.292	0.4363	25.840	0.03870	0.08870	11.274	6.8423
18	2.407	0.4155	28.132	0.03555	0.08555	11.690	7.2034
19	2.527	0.3957	30.539	0.03275	0.08275	12.085	7.6569
20	2.653	0.3769	33.066	0.03024	0.08024	12.462	7.9030

2.4.3 公式使用的注意事项

（1）计息期为时点或时标，本期末即等于下期初。0点就是第一期初，也叫零期；第一期末即等于第二期初；依此类推。

（2）P是在第一计息期开始时（0期）发生。

（3）F发生在考察期期末，即n期末。

（4）各期的等额支付A，发生在各期期末。

（5）当问题包括P与A时，系列的第一个A与P隔一期。即P发生在系列A的前一期。

（6）当问题包括A与F时，系列的最后一个A与F同时发生。不能把A定在每期期初，因为公式的建立与它是不相符的。

习 题

一、单项选择题

1. 资金时间价值是指没有风险和通货膨胀条件下的（　　）。
   A. 企业的成本利润率　　　　B. 企业的销售利润率
   C. 利润率　　　　　　　　　D. 社会平均资金利润率

2. 影响资金时间价值的因素不包括（　　）。
   A. 资金的使用时间　　　　　B. 资金数量的大小
   C. 资金投入和回收的特点　　D. 资金周转的对象

3. 已知月利率为1%，计息周期为月，则年名义利率为（　　）。
   A. 8%　　　　B. 12%　　　　C. 13%　　　　D. 10%

4. 2021年1月1日，张先生采用分期付款方式购入商品房一套，每年年初付款15000元，分10年付清。张先生每年年初的付款有年金的特点，属于（　　）。
   A. 普通年金　　　　　　　　B. 递延年金
   C. 即付年金　　　　　　　　D. 永续年金

5. 某人现借得本金2000元，1年后付息180元，则年利率是（　　）。
   A. 7%　　　　B. 8%　　　　C. 9%　　　　D. 10%

二、多项选择题

1. 现金流量图的"三要素"指现金流量发生的（　　）。
   A. 时点　　　　　　　　　　B. 大小
   C. 单位　　　　　　　　　　D. 方向　　　　E. 速度

2. 下列关于资金时间价值的论述中，正确的有（　　）。
   A. 资金时间价值是资金随时间推移产生的一种增值，因而它是由时间创造的
   B. 资金作为生产要素，在任何情况下都能产生时间价值
   C. 资金投入生产经营才能产生增值，因此其时间价值是在生产经营中产生的
   D. 利率是衡量资金时间价值的绝对尺度
   E. 在工程经济分析中，利息常常被看作是资金的一种机会成本

3. 某债券的面值为1000元，每半年发放40元的利息，那么下列说法正确的有（　　）。
   A. 半年的利率为4%　　　　　B. 年票面利率为8%
   C. 年实际利率为8%　　　　　D. 年实际利率为8.16%
   E. 半年的利率为2%

4. 按年金每次收付发生的时点不同，主要有（　　）。
   A. 普通年金　　　　　　　　B. 预付年金
   C. 递延年金　　　　　　　　D. 永续年金　　　　E. 一次性年金

5. 资金时间价值计算中应注意（ ）。
A. P 是在第一计息期开始时（0期）发生
B. 各期的等额支付 A，发生在各期期初
C. F 发生在考察期期末，即 n 期末
D. 计息期为时点或时标，本期末即等于下期初
E. 计息期为下初期，本期末为时点或时标

三、简答题

1. 单利与复利的区别是什么？
2. 什么是名义利率？什么是实际利率？
3. 影响资金的时间价值的因素有哪些？
4. 什么是现金流量？现金流量由哪些构成？
5. 什么是现金流量的现值和终值？

四、计算题

1. 张先生资助一名贫困家庭的大学生，从 2022 年起，每年年末都为这名学生支付 4000 元，一直到这名大学生 4 年后毕业，假设银行的定期存款利率为 3%，请问张先生支付的金额相当于 4 年后多少元？〔已知（F/A,3%,4）= 4.1836〕

2. 某人拟在 5 年后准备用 10000 元购买一台平板电视机，从现在起每年末等额存入银行一笔款项。假设银行利率为 10%，则每年需存入多少元？〔已知（F/A,10%,5）= 6.1051〕

3. 某项永久性奖学金，每年计划颁发 10 万元奖金。若年利率为 8%，该奖学金的本金应为多少元？

4. 某公司第一年初借款 20000 元，每年年末还本付息额均为 4000 元，连续 9 年还清。则借款利率为多少？〔已知（P/A,12%,9）= 5.3282,（P/A,14%,9）= 4.9464〕

在线答题

拓展习题

第 3 章
工程项目投资估算

知识结构图

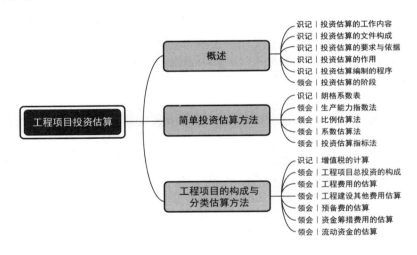

第3章 工程项目投资估算

3.1 概 述

第3章概述

工程项目投资估算是在工程项目建设前期的投资决策过程中,根据现有资料和投资估算的经验和方法,在研究项目产品方案、技术方案、设备方案、工程方案以及建设规模和实施进度等的基础上,对工程项目的总投资额以及项目建设周期内各个时间段所需要的资金进行估算。

3.1.1 投资估算的阶段

工程项目的投资估算贯穿于整个项目投资决策过程中,是投资决策和制定融资方案的主要依据,是工程项目经济评价的基础,是编制初步设计概算的依据,涉及项目规划、项目建议书、初步可行性研究和详细可行性研究等阶段。由于决策者在项目建设的不同阶段所具备的条件和掌握的项目资料有所不同,对投资估算的要求也不相同,对投资估算准确程度的要求也不相同。因此,每个阶段投资估算所起的作用也不相同。

1. 工程项目规划阶段的投资估算

工程项目规划阶段的主要目的是选择有利的投资机会,明确投资方向,提出概略的工程项目投资建议。本阶段需要根据工程项目规划的要求和内容,以及通过与已建的类似工程项目进行对比,获得工程项目所需投资额的粗略估值。这一阶段的投资估算将用在相关管理部门审批项目建议书中,以判断是否继续研究项目。作为初步选择投资项目的主要依据之一,规划阶段的投资估算对初步可行性研究起指导作用。在此阶段,由于对项目相关资料的掌握较少,投资估算精度要求最低,允许投资估算误差大于 ±30%,因此,常使用毛估法来估计投资额,这既能满足精度要求,又能够节省时力。

2. 工程项目投资机会研究阶段的投资估算

工程项目投资机会研究阶段的主要任务是根据项目建议书中的内容和要求,如产品方案、车间组成和初选的项目建设地点等,估算工程项目所需的投资额。此阶段主要是判断项目的投资潜力,是项目能否进一步推进的重要依据,需要控制投资估算误差在 ±30% 以内,通常使用生产能力指数法和资金周转率法来估计投资额。

3. 工程项目初步可行性研究阶段的投资估算

工程项目初步可行性研究阶段主要是在投资机会研究结论的基础上,确定工程项目的投资规模、原材料来源、工艺技术、厂址、组织机构和建设进度等情况,并进行工程项目的经济效益评价,判断项目的可行性,做出初步投资评价。这一阶段是决定是否进行详细可行性研究的主要依据之一,同时也是确定某些关键问题是否需要进行辅助性专题研究的重要依据之一。在此阶段,投资者已经掌握了较为详细深入的资料,因此,对投资额的估算更为精确。此阶段的投资估算误差要求控制在 ±20% 以内,通常使用比例系数法和指标估算法来估计投资额。

4. 工程项目详细可行性研究阶段的投资估算

工程项目详细可行性研究阶段又称为最终可行性研究阶段，需要利用投资估算，对项目进行全面、详细、深入的技术经济分析，并将技术经济分析结果作为评价选定拟建项目、确定最佳投资方案的重要依据，对项目的可行性提出结论性意见。这一阶段的投资估算也是编制设计文件、控制初步设计及概算的主要依据。该阶段研究内容详尽，投资估算的误差范围要求控制在 ±10% 以内，通常使用模拟概算法来估计投资额。

上述内容总述见表 3-1。

表 3-1 投资估算阶段划分及对比表

投资估算的阶段	工作性质	投资估算误差范围	投资估算作用
工程项目规划阶段	项目规划	允许 ±30% 以外	判断是否继续研究该工程项目
工程项目投资机会研究阶段	项目构想	±30% 以内	判断投资能力，给出工程项目的投资建议
工程项目初步可行性研究阶段	项目初筛	±20% 以内	广泛分析，判断项目的可行性，做出初步投资评价。确定辅助性专题研究
工程项目详细可行性研究阶段	项目拟定	±10% 以内	项目方案比选，确定工程项目可行性

但在实际生活中，由于前期工作的条件限制，存在较多的不可预见因素，工程项目的技术条件较为模糊，因此，工程项目的投资估算具有以下特点。

（1）在投资估算中，估算的假设因素较多，条件轮廓性大，并且涉及的技术条件内容粗浅。

（2）由于前期对项目信息的掌握程度有限，投资估算的误差较大，准确性较低。

（3）投资估算技术条件伸缩性大，具有一定的估算难度。随着掌握程度的加深，对投资估算所要求的误差范围在不断缩小，工作具有反复性。

（4）因为工程项目的投资估算具有较强的综合性、概括性，往往以独立的单项工程或完整的工程项目为计算对象，工作涉及面较广，因此，对从事投资估算的工作人员素养要求较高。

3.1.2 投资估算的工作内容和文件构成

工程项目的投资估算工作需要估计从建设项目前期准备开始，到项目全部建成并投入生产为止的全部费用。常根据项目总投资内容和资产法规定两种方式对投资估算的工作内容进行划分。

1. 根据工程项目总投资工作内容的投资估算分类

根据工程项目总投资工作内容的投资估算进行分类，大致可划分为建筑工程费、安装工程费、设备及工器具购置费、工程建设其他费用、预备费、建设期利息和流动资金等各类费用的估算。

1）建筑工程费

建筑工程费是指进行工程项目中土建工程所花费的费用。建筑工程费包括各类房屋的建筑工程和列入房屋工程预算的供水、供暖、卫生、通风、煤气等设备费用及其安装、油饰工程的费用，如建筑工程预算的各种管道、电力、电信和电缆敷设构成的费用；各类设备基础、支柱、工作台、烟囱、水塔、水池等建筑工程以及各种窑炉的砌筑和金属结构工程的费用。为便于施工而进行的项目所在场地的平整、工程和水文地质勘察、原有建筑物和障碍物的拆除、施工临时用水、电、气、路和完工后的场地清理、环境绿化和美化等工作的费用。还有部分项目涉及矿井开凿、露天矿剥离、油气资源的钻井、井巷工程的延伸、铁路、公路、桥梁的建设和水库、堤坝以及防洪等工程的费用。

2）安装工程费

安装工程费是指安装各类机械设备和电力设备的装配、装置等工程的安装费用。例如安装各类生产、动力、通信、起重、实验和医疗等设备，敷设与设备相连的工作台、梯子的装设工程等附属于被安装设备的管线，设备安装后的绝缘、刷油、保温和调整试用所需的费用。

3）设备及工器具购置费

设备及工器具购置费是指为工程建设项目购置的或是自制的达到了固定资产标准的设备、工具及器具所需的费用。固定资产的具体标准由各主管部门规定，常见的固定资产标准是：为了生产商品、提供劳务、出租或经营管理而持有的；使用寿命在一年以上；并且单位价值超过一定额度。

4）工程建设其他费用

工程建设其他费用是指根据有关规定应在基本建设投资中支付的，并列入工程项目总概预算或单项工程综合概预算的，除建筑工程费用、安装工程费用和设备及工器具购置费以外的费用。常见的工程建设其他费用可以大致分为三类：第一类是土地使用费和其他补偿费用，如土地、青苗等补偿费和安置补助费。第二类是与工程建设相关的其他费用，如建设单位管理费、可行性研究费用、勘察设计费、研究试验费、施工机构迁移费及引进技术和进口设备项目的费用等。第三类是与未来项目生产经营有关的其他费用，如生产职工培训费、办公和生活家具购置费、联合试运转费和生产准备费等。

5）预备费

预备费是指在工程项目建设过程中由于不确定性因素而引起的投资费用估计不足而预先准备的费用，通常分为基本预备费和涨价预备费两类。

基本预备费是指在投资估算时，由于无法预见的原因，如设计变更、自然灾害等不可抗力以及工程内容增加而需要预留的费用，是投资方需要考虑的建设费用，与施工单位的报价无关。基本预备费常在建筑工程费、安装工程费、设备及工器具购置费和工程建设其他费用四者之和的基础上，乘以基本预备费率而获得，基本预备费率需要按照国家有关规定计取。

涨价预备费又称为价差预备费，是指建设项目在建设期内由于价格变化而引起的工程造价变化所需要增加的投资额。这类费用包括人工、材料和施工机械的价差费，建筑工程费及工程建设其他费用调整和利率、汇率调整等增加的费用。涨价预备费通常按照估算年份的价格水平为基数,根据国家规定的投资综合价格指数,采用复利方法进行计算。

6)建设期利息

建设期利息是指债务资金在建设期内产生并计入固定资产原值的利息,主要是建设期内发生的支付银行贷款、出口信贷和债券等借款利息,以及手续费、承诺费、发行费和管理费等融资费用。

7)流动资金

流动资金是指生产经营类项目在投产后,用于购买生产原材料和燃料、支付员工工资和其他经营性活动所需要的周转资金。流动资金是建设投资中发生的长期占用的流动资产投资,即财务中的营运资金。生产经营类项目建成后需要一定量的流动资金保证企业正常的生产经营,维持其周转,如购置生产所需的原材料、燃料、动力、劳动对象等费用和支付职工工资,以及生产经营中产品、半成品和产成品所占用的周转资金。在周转过程中,流动资金会不断改变自身的实物形态,并将其价值转移到新产品中,通过新产品的销售实现回收。

2. 根据资产法规定的投资估算分类

按照资产法对工程项目投资估算工作内容进行分类,可以划分为形成固定资产的费用,形成无形资产的费用和形成其他资产的费用这三类费用的估算。

(1)形成固定资产的费用是指项目建成投产后直接形成固定资产的建设费用,包含了建筑工程费、安装工程费、设备及工器具购置费和固定资产其他费用。固定资产其他费用是工程建设其他费用中按照规定形成固定资产的费用,通常包括建设单位管理费、可行性研究费用、勘察设计费、研究试验费、引进技术和进口设备项目的费用和联合试运转费等。需要注意的是,建设期利息也需要计入固定资产原值中。

(2)形成无形资产的费用是指项目投资中直接形成无形资产的部分费用。无形资产是指没有实物形态的可辨认的非货币性资产,通常表现为某种法定的权利或某些技术,如金融资产、专利权和商标权等。这类费用主要包括技术转让费和技术使用费、企业的商标权和商誉等。土地使用权出让金也是计入无形资产费用中。

(3)形成其他资产的费用是指除上述固定资产和无形资产以外的部分,又称递延资产。递延资产是指本身没有交换价值,不可转让,一经发生就已消耗,但能为企业创造未来收益,并能从未来收益的会计期间抵补的各项支出。递延资产不能全部计入当年损益,并且本身没有交换价值,但一发生就会产生损耗,是在以后较长年度内摊销的除固定资产和无形资产外的其他费用支出,通过与支出年度的收入相配比,能够为企业创造未来收益。这类费用包括开办费和生产准备费等。

投资估算工作完成后,会形成一份投资估算文件,这份文件通常由封面、签署页、编制说明、投资估算分析、总投资估算表、单项工程投资估算表、主要技术经济指标等内容组成。

(1)编制说明一般需要阐述清楚以下内容:工程概况、编制范围、编制方法、编制依据、主要使用的技术经济指标、有关参数和率值选择的说明和特殊问题的说明等(如说明选用新技术、新材料、新设备或新工艺时价格的确定;进口技术、材料、设备费用的构成和计算；巨型结构或异形结构的费用估算方法等）。如果工程项目采用限额设计，还需要进一步说明投资限额和投资分解。如果工程项目选择时采用方案比选，还需要进一步说明各个方案比选的估算和经济指标。

（2）投资估算分析通常包括工程投资比例分析、建设投资分析、影响投资的主要因素分析和类似项目比较分析。在工程投资比例分析中，一般建筑工程要分析土建、装饰、给排水、电气、暖通、空调、动力等主体工程和道路、广场、围墙、大门、室外管线、绿化等室外附属工程的投资额占总投资的比例；工程项目则主要分析生产项目、辅助生产项目、公用工程项目、服务性工程、生活福利设施、厂外工程的投资额占总投资的比例。建设投资分析则需要分析建筑工程费、安装工程费、设备及工器具购置费、工程建设其他费用、预备费的占建设投资的比例，并分析引进设备费用占全部设备费用的比例等。影响投资的主要因素分析则是根据项目实际情况，综合考虑项目所处的宏观和微观条件，总结归纳影响投资的各种因素。类似项目比较分析则是需要将该项目与国内类似项目进行比较，说明投资高低的原因。

（3）总投资估算表是将建筑工程费、安装工程费、设备及工器具购置费、工程建设其他费用、预备费、建设期利息和流动资金等估算额以表格的形式进行汇总，形成工程项目总投资的估算表。

（4）单项工程投资估算表是按照工程项目划分的各个单项工程，分别计算组成工程费用的建筑工程费、设备购置费、安装工程费。

（5）主要经济技术指标是投资估算人员根据工程项目的特点，计算并分析整个建设项目、各单项工程和主要单位工程的主要技术经济指标。

3.1.3 投资估算的要求与依据

投资估算需要满足精度要求，才能发挥其重要作用，因此，在进行投资估算的时候需要遵守以下要求。

（1）投资估算工作要坚持实事求是的原则，估算要以拟建项目信息为基础，分析项目所处的环境，符合项目实际。

（2）投资估算工作要建立在完整的资料和充分的依据基础上，要保证数据来源的可靠性，所选取数据要准确和完整。

（3）估算的范围应与工程项目建设方案所涉及的范围、所确定的各项工程内容相同。估算内容的划分应符合行业规范，有利于建设项目的管理与实施阶段的过程控制。

（4）估算的工程内容和费用构成要齐全，保证计算的合理性，做到不漏算、不少算和不重复计算。并且，在估算工作过程中不能提高或者降低估算标准。

（5）投资估算方法要科学合理，即要根据工程项目的实际情况选择合适的估算方式。当出现选取指标与工程实际存在偏差的情况，要进行及时的换算和调整。同时，采用数学模型方法进行投资估算时，如使用技术参数方程、经验曲线以及技术经验模型时，都需要对这些模型方法进行明确的规定。

（6）对影响投资变动的主要因素要进行敏感性分析，时刻关注市场的变动因素，提前预估各类因素变动对工程造价产生的影响。

（7）估算工作应该满足工程建设不同阶段的精度要求，并且工作完成后的估算文档应完整归档。

投资估算的依据是指编制投资估算时需要参考的有关价格确定、工程计价参数、率值确定的基础资料。估算工作要建立在充分的依据上，才能保证其有效性。投资估算工作的依据主要有四个方面。

（1）由行业部门、项目所在地的工程造价管理机构或行业协会等编制和发布的投资估算指标、概算指标和定额、工程建设其他费用定额、综合单价、价格指数和有关的造价文件等。编制投资估算文件需要依据国家有关政策规定，选取估算所需的规费、税费以及相关收费标准。投资估算还需要参考政府有关部门、金融机构等发布的价格指数、利率、汇率、税率等有关参数。

估算指标是以概算指标和定额为基础的，需要结合现行的工程造价资料，确定每平方米建筑的投资费用或结构部分费用的标准，是设计单位开展可行性研究和编制项目设计任务书时进行投资估算的重要依据。由于项目建议书和可行性研究报告等文件编制的深度，以及估算准确度的要求有所不同，通常会选择不同的估算指标进行费用估计，常使用的估算指标有：单位生产能力的投资估算指标或经济技术指标、单项工程的投资估算指标或经济技术指标和建设项目综合指标等。建设项目综合指标是指按规定应列入建设项目总投资的从立项筹建开始至竣工验收交付使用的全部投资额，包括建设投资和流动资金等。

有关的工程造价文件，主要有两类：第一类是该项目的前期经济技术文件，如项目策划文件、项目建议书和可行性研究报告等；第二类是类似工程的各种经济技术指标和参数文件，如概算指标和概算资料等。

（2）工程所在地同期的人工、材料、机器设备的市场价格，建筑、工艺及附属设备的市场价格和有关费用，以及当地的年调价指数或季调价指数，都是投资估算的重要依据。

（3）拟建项目的工程建设内容和工程量，与此相关的文件主要是产品方案、主要设备材料表和工程项目一览表等。这些文件包含了拟建项目类型、项目所在地点、项目建设规模、项目建设时期、施工方案、建设标准和主要使用设备类型等，这些内容是投资估算的重要依据。

（4）项目的工程勘察文件和工程地质资料。项目所在地的水、电、交通、地质条件和环境条件等一切与现场有关的情况也是投资估算的重要依据。全面清晰地了解这些情况能够使估算结果更加准确。

3.1.4 投资估算的作用

投资估算具有多方面的作用，在不同的阶段，投资估算所扮演的角色和发挥的作用也都不同，涉及工程项目规划、工程项目投资机会研究、初步可行性研究和详细可行性研究等阶段。在工程项目的规划和投资机会研究阶段，投资估算贯穿整个工程项目投资决策过程，是投资决策和制定项目融资方案的重要依据；在初步可行性研究阶段，投资估算是进行工程项目经济评价的基础；在详细可行性研究阶段后，投资估算是编制初步设计概算的主要依据，对初步设计起到控制作用。投资估算是建设前期各个阶段中作为论证拟建工程项目是否可行的重要文件，其准确性不但影响可行性研究的工作质量和项目经济评价结果，还关系到下一阶段的设计概算和施工图预算的编制。因此，要全面准确地对工程项目建设的总投资进行投资估算，才能发挥其重要作用。

投资估算在工程项目决策过程中的作用主要有以下几点。

1. 对设计方案选择的作用

在工程项目规划和投资机会研究阶段，投资估算是多个投资方案选择、前期设计优化和确定项目投资的基础，是工程设计招标和方案优选的重要参考之一。工程项目主管部门也会依据投资估算的结果审批项目建议书。投资估算是工程项目规划和建设规模的重要参考，从经济上直观地反映了项目设计方案合理性，是判断工程项目能否列入投资计划之中的重要依据。

2. 对评价项目经济合理性的作用

项目可行性研究阶段的投资估算，是影响项目的投资决策的重要因素，是研究、分析和计量工程项目投资的经济收益的重要参考。投资估算能够正确地评价项目的经济合理性，估计项目的经济收益，为投资决策提供参考。当相关部门批准拟建项目的可行性研究报告后，投资估算额将作为该工程项目的最高投资限额，不能随意地更改。

3. 对控制工程设计概算的作用

工程项目投资估算作为核算建设项目建设投资所需资金的重要依据，对工程设计概算起到了控制作用。当可行性研究报告审核批准后，设计概算不能突破批准的投资估算额，即投资估算的确定将成为限额设计的重要依据，对工程项目的各个专业设计进行资金分配。

4. 对编制投资计划的作用

工程项目投资估算是编制项目建设投资计划、资金筹措和制订建设贷款计划的重要依据。建设单位可以根据批准的投资估算额，向银行申请贷款并开展工程项目的资金筹措活动。

3.1.5 投资估算编制的程序

投资估算文件是估算人员凭借其专业知识技能和经验积累，利用各种经济信息和以往类似工程资料，再结合拟建工程的信息，如项目建议书、可行性研究报告和项目描述性报告等，把握项目整体构思后编制而成的。工程项目投资估算的步骤与工程项目的投资顺序大致相同，不同的工程项目可以采用不同的估算方案，不同的估算方法也会导致不同的编制程序。如果从工程项目总投资费用的组成考虑，编制步骤大致划分如下。

1. 前期准备

在前期准备阶段，需要熟悉工程项目的特点、内容、工期和建设规模等，收集相关资料和以往类似项目数据。根据相关规定，确定使用的估算指标并选择合适的投资估算方法。

2. 估算建筑工程费

根据建筑方案和结构设计方案、建筑面积分配计划和单项工程描述，总结归纳各个单项工程的用途、结构方式和建筑面积，估计各个单项工程的工程量。将项目工程量、市场经济信息和各项经济技术指标等相结合，估算出建设项目的建筑工程费。

3. 估算设备及工器具购置费和安装工程费

根据项目可行性研究报告中的项目建设构思和工程描述，列出所需要购置的设备及工器具清单。结合市场经济信息，参照设备安装估算指标，合理估算设备及工器具购置费和安装工程费。

4. 估算工程建设其他费用

估算工程建设其他费用需要根据国家或者地方有关政策和法律法规，合理地估算土地使用费和其他补偿费用、工程建设相关的其他费用和与未来项目生产经营有关的其他费用。

5. 估算基本预备费和涨价预备费

在汇总建筑工程费、安装工程费和设备及工器具购置费的基础上，根据相关规定，选取合适的基本预备费率，估算基本预备费。涨价预备费需要根据国家规定的投资综合价格指数，参考估算年份的价格水平进行估算。

6. 估算建设期利息

根据项目的资金结构和投资计划，估算建设期利息。

7. 估算流动资金

流动资金的估算可以参考同类型项目的流动资金占有率，采用分项详细估算法来进行估算。

8. 估算工程项目投资总额

在完成以上各类费用的估算额后，汇总估算出工程项目的投资总额，并且对各项费用进行检查，及时调整不适当的费用，确定工程项目的投资估算总额。

3.2 简单投资估算方法

工程项目投资估算常用的方法有生产能力指数法、比例估算法、系数估算法和投资估算指标法等。

3.2.1 生产能力指数法

生产能力指数法是根据已建成的类似项目的投资额和生产能力，结合拟建项目预计的生产能力，通过考虑生产能力与投资额的指数关系，通过适当调整指数，得到拟建项目的投资额。该方法适用于存在已建成的同类项目，并且该项目与拟建项目工艺路线相近，生产规模不同的情况。

生产能力指数法计算公式见式（3-1）：

$$C_2 = C_1 \left(\frac{Q_2}{Q_1}\right)^n f \tag{3-1}$$

式中　C_1——已建类似项目的投资额；

　　　C_2——拟建项目的投资额；

　　　Q_1——已建成类似项目的生产能力；

　　　Q_2——拟建项目的生产能力；

　　　f——不同时期、不同地区的定额、单价以及费率等综合调整系数；

　　　n——生产能力指数。

当生产能力指数 $n=1$ 时，该计算方法被称为单位生产能力估算法。此时，我们将投资额和生产能力之间的关系视为简单的线性关系，能够大大简化计算。但是该方法估算误差较大，误差范围可能达到 ±30%，因此，该方法适用于在拟建项目和类似项目的生产能力较为接近的情况下进行粗略的估算。由于项目之间存在时空差异，生产能力和造价之间通常不是简单的线性关系，不同时间、不同地点、不同装备水平对于投资额的影响很大。在使用单位生产能力估算法时要关注拟建项目投资额和生产能力与类似项目的可比性，并且根据时间、地点和装备水平的差异进行适当的调整，否则估算结果的误差可能很大。

在实际生活中，很难找到与拟建项目完全类似的项目，因此常常将工程项目进行分解，按其下属的车间、设施和装置分别套用类似项目的车间、设施和装置的单位生产能力投资指标进行计算，最后加总得到工程项目的投资额。

【例 3-1】　假设 2025 年投资建成的生产项目年产量可达 100 万吨，根据调查研究，该地区 2020 年同类项目年产该类产品 25 万吨，其投资额为 1000 万元，该地区 2020 年到 2025 年中，每年的年平均造价指数为 1.05，采用单位生产能力估算法，该拟建项目的投资额为多少元？

【解】　根据单位生产能力估算法，计算拟建项目投资额为

$$C_2 = C_1 \left(\frac{Q_2}{Q_1}\right)^n f = 1000 \times \left(\frac{100}{25}\right)^1 \times 1.05^5 = 5105.13 \text{（万元）}$$

因此，该拟建项目的投资额为 5105.13 万元。

为了提高计算精度，生产能力指数通常将生产能力和投资额之间的关系视为非线性的指数关系，通过选取合理的生产能力指数，更加准确地估算拟建项目的投资额。若已建成项目和拟建项目的建设规模和生产规模相差不大，生产规模的比值在 0.5～2 之间，此时，生产能力指数 n 的取值近似为 1。如果已建成的类似项目相比于拟建项目，生产规模的扩大是由于生产设备规模的增加所导致时，生产能力指数 n 的取值在 0.6～0.7 之间。如果生产规模的扩大是由于生产设备数量的增加所导致

时，生产能力指数 n 的取值在 0.8～0.9 之间。并且，不同类型的生产项目，n 的取值差别也较大。如高温高压的工业性项目，n 的取值常在 0.3～0.5 之间。一般情况下，n 的平均值在 0.6 左右，因此又称为"0.6 指数法"。在使用该方法时，要注意生产规模的变动幅度不宜过大，一般认为拟建项目的生产能力增加幅度不应该超过选取已建成项目的 50 倍。

生产能力指数法

【例 3-2】 2020 年，H 市已建成的一座化肥厂一年能生产尿素 50 万吨，总投资额为 30000 万元。2025 年，该市将新建一座年产量 100 万吨的尿素工厂，尿素的生产能力指数为 0.7，假设该地五年内的年平均工程造价指数为 1.1，2025 年新建尿素工厂的投资额为多少？

【解】由上述条件，我们可以得到综合调整系数：

$$f = 1.1^5 = 1.61$$

代入生产能力指数法的计算公式，可以得到 2025 年新建尿素工厂的投资额为

$$C_2 = C_1 \left(\frac{Q_2}{Q_1}\right)^n f = 30000 \times \left(\frac{100}{50}\right)^{0.7} \times 1.61 = 78463.58 (万元)$$

因此，新建尿素工厂的投资额约为 78463.58 万元。

生产能力指数法相较于其他估算方法，计算较为简单，计算速度快，并且能够将误差控制在 ±20% 以内，主要应用在工程项目规划和投资机会研究阶段。这些阶段的项目设计深度不足，但在行业内相关资料完备，并且同地区有已建成的类似项目时，能够大致估算项目投资额。并且，该方法不要求掌握详细的设计资料，只需要了解项目的工艺流程及规模，就能对项目投资额有大致判断，承包商在投标总承包项目时，常常会用这种方法来预估金额进行报价。

3.2.2 比例估算法

比例估算法是根据统计数据资料，求出已有的同类项目中，主要设备和生产车间占项目总投资的比例，在逐项估算出拟建项目中主要设备和生产车间的投资额后，根据比例求出拟建项目的投资额。本方法适用于设计深度不足，拟建建设项目与类似建成项目的主要生产设备和生产车间投资占总投资额的比重较大，行业内相关系数等资料完备的情况。

比例估算法计算公式见式（3-2）：

$$I = \frac{1}{K} \sum_{i=1}^{n} Q_i P_i \tag{3-2}$$

式中　I——拟建项目的建设投资额；
　　　K——主要设备投资占项目总投资的比重；
　　　Q_i——第 i 种生产设备的数量；
　　　P_i——第 i 种生产设备的价格；
　　　n——主要生产设备的种类数。

【例 3-3】 H 市已建有一座食品加工厂,已知其主要生产设备和生产车间的投资占建设总投资的 75%,该地区拟新建一座食品加工厂,设计建设生产车间 3 间,每间生产车间配置 6 台生产设备。根据该地市场经济信息,建设 1 间生产车间的费用约为 10 万元,一台生产设备的价格约为 5 万元,该拟建项目的投资额为多少?

【解】 根据比例估算法的计算公式,可以得到投资额为

$$I = \frac{1}{K}\sum_{i=1}^{n} Q_i P_i = \frac{1}{75\%} \times (3 \times 10 + 3 \times 6 \times 5) = 160(万元)$$

所以,拟建项目的投资额为 160 万元。

3.2.3 系数估算法

系数估算法又称为因子估算法,是以拟建项目的投资项目方案中确定的主体工程费和设备费为基础,将其他工程费占主体工程费的百分比转化为系数来估算项目总投资的方法。系数估算法的方法较多,目前常用的主要是设备系数法、主体专业系数法和朗格系数法。

1. 设备系数法

设备系数法是以拟建项目的设备费为基础,根据已建成的同类项目中建筑工程费、安装工程费和工程建设其他费用等占设备费用的比重,逐项求出拟建项目的建筑工程费、安装工程费和工程建设其他费用,进而加和求出工程项目的总投资。

设备系数法的计算公式见式(3-3):

$$C = E(1 + f_1 P_1 + f_2 P_2 + \cdots + f_n P_n) + I \tag{3-3}$$

式中 C——拟建项目的建设投资额;

E——拟建项目的主要设备投资额;

f_n——因时间、空间等因素变化进行调整的综合调整系数;

P_n——已建成项目中建筑工程费、安装工程费和工程建设其他费用占设备投资额的比重;

I——拟建项目的其他费用。

【例 3-4】 某建设项目的设备购置费用为 1000 万元。已知该地区同类建设项目的建筑工程费、安装工程费和工程建设其他费用分别占设备购置费的 150%、75% 和 25%。根据该地的市场情况,这三类费用的调整系数分别为 1.15、1.2 和 1.1,拟建项目的其他费用约为 30 万元。试估算该建设项目的投资额。

【解】 利用设备系数法计算公式,根据上述条件,可以估算该建设项目投资额为

$$\begin{aligned}C &= E(1 + f_1 P_1 + f_2 P_2 + \cdots + f_n P_n) + I \\ &= 1000 \times (1 + 1.15 \times 1.5 + 1.2 \times 0.75 + 1.1 \times 0.25) + 30 = 3930(万元)\end{aligned}$$

所以,该建设项目的投资额为 3930 万元。

2. 主体专业系数法

主体专业系数法是以拟建项目中投资比重较大，并与生产能力直接相关的工艺设备投资额为基础，根据已建成的同类项目的有关文件资料，计算出拟建项目各专业工程（如总图、土建、采暖、给排水、管道、电气、自控等）的投资额与工艺设备投资的百分比。根据占比，求出拟建项目各专业工程的投资额，然后将各项投资额加总，即可得到拟建项目的总投资额。

主体专业系数法的计算公式见式（3-4）：

$$C = E(1 + f_1 P_1' + f_2 P_2' + \cdots + f_n P_n') + I \tag{3-4}$$

式中 P_n'——已建项目中各专业工程投资额与主要工艺设备投资的比重。

其他符号意义同设备系数法公式。

朗格系数法

【例 3-5】 某建设项目包含土建工程、给排水工程、电气工程、通信工程和管道工程。已知该地区同类建设项目的土建工程、给排水工程、电气工程、通信工程和管道工程的投资额占主要工艺设备购置费的 50%、10%、25%、10% 和 30%。根据该地的市场情况，这五项专业工程的投资额调整系数为 1.1、1.2、1.15、1.05 和 1.1。已知该建设项目主要工艺设备购置费为 200 万元，拟建项目的其他费用约为 15 万元，试估算该建设项目的投资额。

【解】利用主体专业系数法，可以估算该建设项目投资额为

$$C = E(1 + f_1 P_1' + f_2 P_2' + \cdots + f_n P_n') + I$$
$$= 200 \times (1 + 1.1 \times 0.5 + 1.2 \times 0.1 + 1.15 \times 0.25 + 1.05 \times 0.1 + 1.1 \times 0.3) + 15 = 493.5 （万元）$$

所以，该建设项目的投资额为 493.5 万元。

3. 朗格系数法

朗格系数法也是以拟建项目的设备费为基础，通过乘以适当的系数来估算项目的总投资。国内在项目投资估算中应用朗格系数法的情况较少，主要常被世界银行所采用。该方法的基本原则就是将直接成本和间接成本分开计算，再加和求出建设项目的总成本费用。

朗格系数法的计算公式见式（3-5）：

$$C = E(1 + \sum K_i) K_c = E K_L \tag{3-5}$$

式中 C——拟建项目的建设投资额；
E——拟建项目的主要设备投资额；
K_i——管线、仪表、建筑物等项费用的估算系数；
K_c——管理费、合同费、应急费等项费用的总估算系数；
K_L——朗格系数，$K_L = (1 + \sum K_i) K_c$。

根据工程项目的实际情况，不同项目会采取不同的朗格系数值，常用的朗格系数值如表 3-2 所示。

表 3-2 朗格系数值

项目		固体流程	固流流程	流体流程
朗格系数		3.10	3.63	4.74
内容	（a）包括基础、设备、绝热、油漆及设备安装费	$E \times 1.43$		
	（b）包括上述在内和配管工程费	(a)×1.1	(a)×1.25	(a)×1.6
	（c）装置直接费		(b)×1.5	
	（d）包括上述在内和间接费，总投资费用 C	(c)×1.31	(c)×1.35	(c)×1.38

由于朗格系数法较为简单，在估算时没有考虑设备规格、材质的差异，导致其精度不高。但是如果各行业能够有序收集上述各分项所占设备费的比重，及时更新系数值，能够在一定程度上提高朗格系数法的估算精度。

应用朗格系数法进行工程项目投资估算精度不高的原因主要有以下几个方面。
（1）装置规模大小发生变化产生的影响；
（2）不同地区自然地理、经济情况、气候条件、社会环境的差异；
（3）主要设备材质发生变化时，设备费用变化较大而安装费的变化不大所产生的影响。

尽管运用朗格系数法进行工程项目投资估算受到多方因素影响，精确程度受到干扰。但是对于石油、化工这类，设备费在项目总投资中所占比例较大的项目，能达到45%～55%。项目中每台设备所含的电气、管道、自控仪表、油漆、建筑和绝热等条件均存在规律性的项目，只要精准把握不同类型工程项目的朗格系数，该方法还是能够达到较高的精度水平的，其估算误差大致在10%～15%。

【例 3-6】 在我国东北地区有一座年产 50 万套汽车轮胎的轮胎工厂，已知该厂的设备费为 2500 万元，试采用朗格系数法估算该厂的投资额，并计算该项目的直接费用和间接费用。

【解】 采用朗格系数法进行工程项目投资估算时，要先对项目的类型进行分类，明确项目属于固体流程、固流流程还是流体流程。汽车轮胎生产属于固体流程，因此在计算中，全部数据应该采用固体流程的数据，具体计算过程如下。

（1）工厂的设备费 $E = 2500$ 万元
（2）计算费用（a）：
$$(a) = E \times 1.43 = 2500 \times 1.43 = 3575（万元）$$
（3）计算费用（b）：
$$(b) = E \times 1.43 \times 1.1 = 2500 \times 1.43 \times 1.1 = 3932.5（万元）$$
（4）计算费用（c）：
$$(c) = E \times 1.43 \times 1.1 \times 1.5 = 2500 \times 1.43 \times 1.1 \times 1.5 = 5898.75（万元）$$
（5）计算费用（d）：
$$(d) = E \times 1.43 \times 1.1 \times 1.5 \times 1.31 = 2500 \times 1.43 \times 1.1 \times 1.5 \times 1.31 = 7727.36（万元）$$

(6) 计算间接费用:

$$(d)-(c)=7727.36-5898.75=1828.61（万元）$$

根据朗格系数法可以估算出该轮胎工厂的投资总额为 7727.36 万元，其中直接费用为 5898.75 万元，间接费用为 1828.61 万元。

3.2.4 投资估算指标法

投资估算指标分为建设工程项目综合指标、单项工程指标和单位工程指标三种。投资估算指标法需要根据拟建项目的初步设计文件和有关资料，把项目费用划分为建筑工程、安装工程、设备及工器具购置费、其他基本建设费用项目或分解成各个单位工程。之后，根据有关部门发布的具体的投资估算指标，进行各项费用项目或单位工程投资的估算，在此基础上，可汇总成每一单项工程的投资，从而得到建设项目的投资额。

以单位工程指标估算为例，投资估算指标法的计算公式见式（3-6）

$$C = \sum_{i=1}^{n} \lambda_i m_i k_i \tag{3-6}$$

式中 C——拟建项目的建设投资额；

λ_i——单位工程的投资估算指标；

m_i——单位工程的数量；

k_i——价格浮动指数。

【例 3-7】 某小区绿化工程项目 10000m²，包含土石方工程、管道工程和草坪工程三类项目。已知土石方工程的投资估算指标为 50 元/m²，管道工程 20 元/m²，草坪工程投资估算指标为 60 元/m²，各项工程的价格浮动指数为 1.05、1.1 和 0.95，试估算该绿化工程的总投资额。

【解】根据各个单位工程投资的估算指标，得到各单位工程的投资额，将各项指标加总，得到该建设项目的投资额，具体计算过程为

$$C = \sum_{i=1}^{n} \lambda_i m_i k_i = 50 \times 10000 \times 1.05 + 20 \times 10000 \times 1.1 + 60 \times 10000 \times 0.95 = 1315000（元）$$

该绿化工程项目的总投资额为 131.5 万元。

3.3 工程项目总投资的构成

工程项目总投资主要包括建筑工程费、安装工程费、设备及工器具购置费、工程建设其他费用、预备费、建设期利息和流动资金。其中，建筑工程费、安装工程费和设备及工器具购置费又统称为工程费用。工程费用、工程建设其他费用和预备费构成了建设投资。工程项目总投资的构成如图 3.1 所示。

第3章 工程项目投资估算

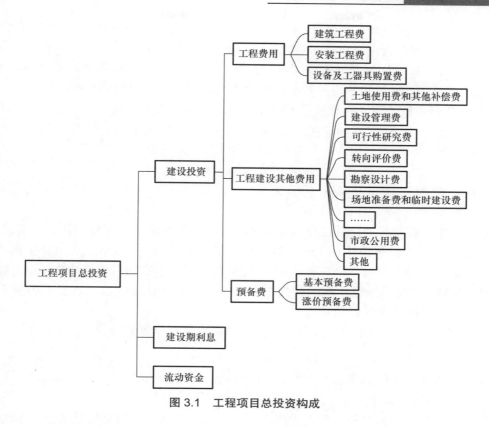

图 3.1 工程项目总投资构成

3.4 工程项目的分类估算方法

工程项目总投资按照费用种类可以分为建筑工程费、设备及工器具购置费、安装工程费、工程建设其他费用、预备费、建设期利息和流动资金。工程项目的分类估算方法就是通过分别估算各项费用，然后进行加总得到工程项目的总投资额。

3.4.1 工程费用的估算

工程费用的估算主要是指建筑工程费、设备及工器具购置费和安装工程费的估算。

1. 建筑工程费的估算

建筑工程费的投资估算常常采用以下三种估算方法：单位建筑工程投资估算法、单位实物工程量投资估算法和概算指标估算法。

1）单位建筑工程投资估算法

单位建筑工程投资估算法是以单位建筑的工程量投资额乘以建筑工程的总量进行计算的。一般情况下，民用建筑和工业建筑常以单位建筑面积（m²）的投资乘以相应的建筑工程总量计算建筑工程费。常见的工程项目，行车的道路桥梁常以单位体积（m³）的投资，行人的道路和桥梁以单位长度（m）的投资，铁路路基以单位长度（km）的投资，水库以水坝单位长度（m）的投资，矿山掘进以单位长度（m）的投资，工业窑炉砌筑以单位容积（m³）的投资乘以相应的建筑工程总量计算建筑工程费。

【例 3-8】 某民用建筑的建筑面积为 2000m²，已知每平方米建筑面积投资额为 2000 元，建筑工程的投资额占项目总投资的 40%，试估算该项目的总投资额。

【解】 根据单位建筑工程投资估算法得到建筑工程的投资额为

$$2000 \times 2000 = 4000000(元) = 400(万元)$$

根据建筑工程的投资额占项目总投资的 40%，估算投资额为

$$400 \div 40\% = 1000(万元)$$

因此，该项目的总投资额为 1000 万元。

2）单位实物工程量投资估算法

单位实物工程量投资估算法要以单位实物工程量的投资乘以实物工程的总量进行计算。如土石方工程以单位体积（m³）的投资，路面铺设工程以单位面积（m²）的投资，矿井和巷道的衬砌工程以单位长度（m）的投资乘以对应的实物工程量计算建筑工程费。

【例 3-9】 某路面铺设工程面积为 1500m²，已知每平方米实物工程量的投资为 160 元，求该铺设工程的建筑工程费。

【解】 根据单位实物工程量投资估算法，得到建筑工程费为

$$1500 \times 160 = 240000(元)$$

因此，该铺设工程的建筑工程费为 240000 元。

3）概算指标估算法

在建筑工程费占总投资比例较大的项目中，可以选择采用概算指标估算法来估算工程项目的投资额。若选择这种方法，则需要有较为详细的工程资料、建筑材料价格和工程费用的指标，花费的时间较长，工作量较大。有关专业机构会发布概算编制办法具体说明如何采用概算指标进行投资估算。

【例 3-10】 已知某项目的暖气管道工程长度为 2000m，该地区管道工程的投资估算指标为 300 元/米，其价格浮动指数为 1.05，求该项目管道工程的建设工程费。

【解】 根据概算指标估算法，得到该项目管道工程的建设工程费为

$$2000 \times 300 \times 1.05 = 630000(元)$$

因此，该项目管道工程的建设工程费为 630000 元。

2. 设备及工器具购置费估算

设备购置费要根据工程项目的主要设备表及各设备市场价格和费用资料等数据进行编制，工器具购置费用常以设备购置费为基础，按其占设备费的比例进行计取。

设备及工器具购置费主要包括设备购置费、工器具购置费、现场制作非标准设备费、生产用家具购置费和各个相应的运杂费。计算设备购置费时，对于价值较高的设备应该按照单台或单套估算购置价格；价值较小的设备则可以按种类进行估计。国内设备的设备购置费与进口设备的设备购置费差别较大，需要分别估算。

设备运杂费通常由下列各项构成。

（1）国产标准设备由设备制造厂交货地点起至工地仓库（或施工组织设计指定的需

要安装设备的堆放地点）止所发生的运费和装卸费。进口设备则由我国到岸港口、边境车站起至工地仓库（或施工组织设计指定的需要安装设备的堆放地点）止所发生的运费和装卸费。

（2）在设备出厂价格中没有包含的设备包装和包装材料器具费；在设备出厂价或进口设备价格中如已包括了此项费用，则不应重复计算。

（3）供销部门的手续费，按有关部门规定的统一费率计算。

（4）建设单位（或工程承包公司）的采购与仓库保管费。它是指采购、验收、保管和收发设备所发生的各种费用，包括设备采购、保管和管理人员工资、工资附加费、办公费、差旅交通费、设备供应部门办公和仓库所占固定资产使用费、工具用具使用费、劳动保护费、检验试验费等。这些费用可按主管部门规定的采购保管费率计算。

为了方便估算，工器具购置费、现场制作非标准设备费、生产用家具购置费和设备运杂费常常按其占设备购置费的比例进行计取。

国内设备购置费为设备的出厂费加上相应的运杂费，运杂费一般按照设备出厂价的一定比例进行计取。工器具购置费一般以设备购置费为基础，乘以相关部门规定的定额费率计取，即

$$设备购置费 = 设备出厂价 + 设备运杂费 \quad (3-7)$$

$$工器具购置费 = 设备购置费 \times 定额费率 \quad (3-8)$$

【例 3-11】 某矿泉水工厂的主要生产设备出厂价格为 25 万元 / 套，该厂共购置 24 套该生产设备，已知设备运杂费率为 3%，工器具购置费的定额费率为 2%，求该工厂的设备及工器具购置费为多少元？

【解】 该工厂设备运杂费为

$$25 \times 24 \times 3\% = 18（万元）$$

设备购置费为

$$设备购置费 = 设备出厂价 + 设备运杂费 = 25 \times 24 + 18 = 618（万元）$$

工器具购置费为

$$工器具购置费 = 设备购置费 \times 定额费率 = 618 \times 2\% = 12.36（万元）$$

因此该工厂的设备及工器具购置费为

$$设备及工器具购置费 = 设备购置费 + 工器具购置费 = 618+12.36=630.36（万元）$$

因此，该工厂的设备及工器具购置费为 630.36 万元。

进口设备购置费则由设备原价、进口从属费用和国内运杂费组成。进口从属费通常包括国际运费（海、陆、空）、国外运输保险费、银行财务费、外贸手续费、关税、消费税和进口环节增值税。进口设备购置费的计算涉及设备的原币货价或离岸价（Free on Board，FOB）、到岸价（Cost Insuramce Freight，CIF）和抵岸价，抵岸价加设备运杂费也就是进口设备的购置费，即

进口设备抵岸价 = 原币货价 + 国外运费 + 国外运输保险费 + 银行财务费 + 外贸手续费 + 进口关税 + 增值税 + 消费税 = 到岸价 + 银行财务费 + 外贸手续费 + 进口关税 +

增值税 + 消费税 （3-9）

$$国际运费 = 离岸价 \times 运费率 = 运量 \times 单位运价 \quad (3\text{-}10)$$

$$运输保险费 = \frac{(离岸价+国际运费) \times 保险费率}{1-保险费率} \quad (3\text{-}11)$$

$$到岸价 = 离岸价 + 国际运费 + 运输保险费 \quad (3\text{-}12)$$

$$银行财务费 = 离岸价 \times 银行财务费率 \quad (3\text{-}13)$$

$$外贸手续费 = 到岸价 \times 外贸手续费率 \quad (3\text{-}14)$$

$$关税 = 到岸价 \times 进口关税税率 \quad (3\text{-}15)$$

$$消费税 = \frac{(到岸价+关税) \times 消费税率}{1-消费税率} \quad (3\text{-}16)$$

$$增值税 = (到岸价+关税+消费税) \times 增值税税率 \quad (3\text{-}17)$$

【例 3-12】 某国内公司拟从国外进口一套机电设备，该设备重达 200 吨，装运港的船上提交货价，离岸价为 400 万美元，已知国际运费标准为 300 美元/吨，海上运输的保险费率为 0.25%，中国银行的手续费为 0.5%，外贸手续费为 1.5%，关税税率为 22%，增值税率为 13%，该设备无须征收消费税，美元的外汇牌价为 7.3 元/美元（2023 年 10 月价格），该设备的国内运杂费率为 2.5%，试估算该设备的购置费。（计算过程保留两位小数）

【解】 计算货价 = 400 × 7.3 = 2920（万元）

国际运费：0.03 × 200 × 7.3 = 43.80（万元）

国际运输保险费：$\frac{(2920+43.80) \times 0.25\%}{1-0.25\%} = 7.43$(万元)

到岸价：2920+43.80+7.43 = 2971.23（万元）

银行财务费：2920 × 0.5% = 14.60（万元）

外贸手续费：2971.23 × 1.5% = 44.57（万元）

进口关税：2971.23 × 22% = 653.67（万元）

增值税：(2971.23+653.67) × 13% = 471.24（万元）

抵岸价：2971.23+14.60+44.57+653.67+471.24 = 4155.30（万元）

国内运杂费：4155.30 × 2.5% = 103.88（万元）

设备购置费：4155.30+44.57 = 4259.19（万元）

因此，该进口设备的购置费为 4259.19 万元。

3. 安装工程费估算

对于工程项目中，需要安装设备的，如机电设备的装配和安装工程，与设备相连的工作台、梯子及其装设工程、附属于被安装设备的管线敷设工程，安装设备的绝缘、保温和防腐等工程以及单体试运转和联动无负荷试运转等，需要进行安装工程费的估算。

安装工程费的估算需要按照相关部门或机构发布的安装工程定额、收费标准和指标进行投资估算。具体计算可以按照安装费率、每吨设备安装费或者每单位安装实物工程

量的费用进行估算,即

$$安装工程费 = 设备原价 \times 安装费率 \quad (3-18)$$

$$安装工程费 = 设备吨位 \times 每吨安装费 \quad (3-19)$$

$$安装工程费 = 安装工程实物量 \times 安装费用指标 \quad (3-20)$$

【例 3-13】 某项目需要安装设备 200 吨,该地每吨安装费 1200 元,试求该项目的安装工程费为多少?

【解】安装工程费 = 设备吨位 × 每吨安装费 = 200 × 1200 = 240000(元)

该项目的安装工程费为 240000 元。

3.4.2 工程建设其他费用的估算

工程建设其他费用的估算,通常是按照各项费用科目的费率或者行业规定的收费标准进行估算的,然后将各项费用加和得到工程建设其他费用。需要编制工程建设其他费用估算表来明晰各项费用的情况。表格形式如表 3-3 所示。

进口设备购置费的计算

表 3-3 工程建设其他费用估算表

序号	费用名称	计算依据	费率或标准	总价
1	建设管理费			
2	可行性研究费			
3	研究试验费			
4	勘察设计费			
5	环境影响评价费			
6	劳动安全卫生评价费			
7	场地准备及临时设施费			
8	引进技术和进口设备其他费			
9	工程保险费			
10	联合试运转费			
11	特殊设备安全监督检查费			
12	生产职工培训费			
13	建设用地费			
14	专利及专用技术使用费			
15	生产准备及开办费			
……				
	合计			

注:上述表格所列项目科目仅供参考,具体的工程建设项目其他费用要根据拟建项目实际情况确定。

3.4.3 预备费的估算

预备费在进行投资估算或者概算编制的时候,需要根据其发生情况,按照建筑工程费或是设备及工器具购置费分别摊入相对应的资产。在工程决算阶段,需要按照实际发生的情况计入相应的资产。预备费的估算主要是估算基本预备费和涨价预备费。

1. 基本预备费

基本预备费是由于项目实施过程中可能会发生难以预料的支出,需要提前预留的费用,通常又被称为不可预见费。在工程项目中,最常见的预备费使用情况是由于设计变更和施工过程中工程量的增加而产生了额外的支出。基本预备费的计算公式见式(3-21):

$$\text{基本预备费} = (\text{工程费用} + \text{工程建设其他费用}) \times \text{基本预备费率} \quad (3-21)$$

其中,基本预备费的费率由政府部门或者行业主管部门规定。

【例3-14】 某项目建筑工程费为2000万元,安装工程费为24万元,设备及工器具购置费为800万元,工程建设其他费用为500万元,基本预备费率为8%,该项工程的基本预备费为多少?

【解】 基本预备费 = (工程费用 + 工程建设其他费用) × 基本预备费率
= (2000+24+800+500) × 8% = 265.92(万元)

该项工程的基本预备费为265.92万元。

2. 涨价预备费

涨价预备费是在项目建设期内,由于利率、人民币汇率、原材料价格和设备价格等因素发生改变导致投资额增加而预留的费用,通常又被称为价差预备费或是价格变动不可预见费。涨价预备费的内容主要包括人工、机械设备和材料的价差费,建筑工程费、安装工程费以及工程建设其他费用调整和利率、人民币汇率的变化而产生增加的费用。

涨价预备费的计算公式见式(3-22):

$$P = \sum_{i=1}^{n} I_t \left[(1+f)^m (1+f)^{0.5} (1+f)^{t-1} - 1 \right] \quad (3-22)$$

式中 P——涨价预备费;

n——拟建项目的建设期年限;

I_t——建设期第 t 年的投资计划额,包括工程费用、工程建设其他费用及基本预备费,即第 t 年的静态投资额;

f——投资价格指数;

t——建设期第 t 年;

m——建设期前年限(即从编制概算到开工建设所隔的年数)。

涨价预备费中的投资价格指数需要按照国家颁布的规定进行计取。计算式中的 $(1+f)^{0.5}$ 表示建设期第 t 年的建设资金是在当年内均匀投入的,若为年初投入,则该项为 $(1+f)$。为了简化计算,对于建设周期较短的项目,考虑到涨价幅度较小,可以令投

资价格指数 f 为 0。对于特殊项目、建设周期较长的项目和部分必要项目，需要进行项目未来价差分析，确定各个时期的投资价格指数，提高估算精度。

【例 3-15】 某建设项目建设期为 2 年，第一年投资额为 1000 万元，第二年投资额为 2000 万元，投资额在该年内均匀投入，预计项目投资价格年上涨率为 7%，求该项目的涨价预备费。

【解】根据公式，计算各年的涨价预备费
第一年涨价预备费：

$$P_1 = I_1 \times \left[(1+f)^{0.5} - 1\right] = 1000 \times \left[(1+7\%)^{0.5} - 1\right] = 34.41 (万元)$$

第二年涨价预备费：

$$P_2 = I_2 \times \left[(1+f)^{0.5}(1+f) - 1\right] = 2000 \times \left[(1+7\%)^{1.5} - 1\right] = 213.63 (万元)$$

因此，该项目的涨价预备费为 34.41+213.63=248.04(万元)。

3.4.4 增值税的计算

增值税是以商品及应税劳务在流转过程中产生的增值额作为计税依据而征收的一种流转税，实行价外税原则。常见的增值税应纳税额按照如下公式计算。

$$\text{增值税应纳税额} = \text{当期销项税额} - (\text{当期进项税额} - \text{进项税额转出}) \qquad (3-23)$$

$$\text{当期销项税额} = \text{销售额（不含税）} \times \text{税率} \qquad (3-24)$$

$$\text{当期销项税额} = \frac{\text{销售额（含税）} \times \text{税率}}{1 + \text{税率}} \qquad (3-25)$$

销项税额是指纳税人提供应税服务按照销售额和增值税税率计算的增值税额。进项税额是指纳税人购进货物或者接受加工修理修配劳务和应税服务，支付或者负担的增值税额。增值税进项税额转出是指那些按税法规定不能抵扣，但购进时已作抵扣的进项税额如数转出，即不能抵扣的税额。

在工程项目中，总投资构成中的建筑安装工程费、设备及工器具购置费、工程建设其他费用中所含增值税进项税额，可以根据国家增值税相关规定予以抵扣，该抵扣增值税进项税额不得计入固定资产原值。

由于建设期发生的建筑工程费、设备及工器具购置费、安装工程费和工程建设其他费用中所含的可抵扣增值税进项税额，以及生产经营期内发生的各项成本开支中，可抵扣增值税进项税额都无法在工程项目的前期经济评价阶段准确估计。因此，为了满足筹资的需要，在建设期投资估算时应该足额估算，即按照含增值税进项税额的价格估算建设投资。因此，需要将可抵扣固定资产进项税额单独列示，以便财务分析中正确计算固定资产原值和应纳增值税。

3.4.5 资金筹措费用的估算

资金筹措费用主要是指企业在筹集资金过程中所需要支付的各项费用，主要包括各类借款利息、债券利息、贷款评估费、国外借款手续费及承诺费、汇兑损益、债券发行费用及其他债务利息支出或融资费用。其中,各类借款的利息、股票的股息、债券的利息占资金筹措费的比重很大,在一般项目中高达99%左右,这部分费用在投资估算时又常被称为建设期利息。资金筹措费除上述建设期利息的部分占比较小,通常在筹集资金时一次性发生,在计算资本成本时可作为筹资金额的一项扣除。因此,资金筹措费用的估算主要是对建设期利息进行估算。

建设期利息是指工程项目的借款在建设期内发生的利息,这部分利息需要计入到固定资产当中。建设期利息的计算需要明确借款发生的时间,主要有借款在年初发生的和借款在一年内均匀发生这两种情况。当借款额是在建设期的各年年初发生的,则需要全年计算利息。

借款额在建设期各年年初发生的,建设期利息计算公式见式(3-26):

$$Q = \sum_{i=1}^{n}\left[(P_{t-1} + A_t) \times i\right] \quad (3-26)$$

式中　Q——建设期利息;

P_{t-1}——按单利计息,为建设期 $t-1$ 年年末借款累计;按复利计息,则为建设期 $t-1$ 年末年借款的本息累计;

A_t——建设期第 t 年的借款额;

i——借款利息;

t——年份。

【例3-16】 某工程项目建设期为2年,向银行贷款3000万元,第一年借入1000万元,第二年借入2000万元,年利率均为6%,若借款在各年年初发生,建设期内只计息不付息,则建设期利息为多少?

【解】第一年应计利息 =1000×6%=60(万元)

第二年应计利息 =(1000+60+2000)×6%=183.6(万元)

建设期利息 =60+183.6=243.6(万元)

该工程项目建设期利息为243.6万元。

若在项目评价中,借款额是在建设期各年的年内,按照月份或是季度均匀发生的。为了简化计算,常常假设借款发生在当年的年中,按半年计算利息,在后面的年份中按全年计算利息。

借款额在建设期各年内按照月份或季度均衡发生的,建设期利息计算公式见式(3-27):

$$Q = \sum_{i=1}^{n}\left[\left(P_{t-1} + \frac{A_t}{2}\right) \times i\right] \quad (3-27)$$

式(3-27)中各个符号意义与式(3-26)相同。

【例3-17】 某工程项目建设期为2年,向银行贷款3000万元,第一年借入1000万元,第二年借入2000万元,年利率均为6%,若借款在各年内均匀发生,建设期内只计息不付息，则建设期利息为多少？

【解】第一年应计利息 $= 1000 \times \dfrac{1}{2} \times 6\% = 30$（万元）

第二年应计利息 $= \left(1000+30+2000 \times \dfrac{1}{2}\right) \times 6\% = 121.8$（万元）

建设期利息 $= 30+121.8 = 151.8$（万元）

该工程项目建设期利息为 151.8 万元。

对比【例 3-16】和【例 3-17】可以发现，两个例题的贷款数是一样的，但是由于资金的使用方式不同，最终建设期利息也有所差异。在实际工程项目中，合理地规划资金投入方式能够有效降低工程项目的投资额。

3.4.6 流动资金的估算

流动资金是指生产经营性项目投资后，为了保证项目正常的生产运营，用于购买生产原材料、燃料和动力，支付职工工资或者其他经营费用等所需要的周转资金。流动资金的估算主要采用扩大指标估算法和分项详细估算法。其中，扩大指标法适用于建设规模较小的工程项目或某些个别情况。

1. 扩大指标估算法

扩大指标估算法是根据现有企业的实际资料，参照同类生产企业流动资金占销售收入、经营成本、固定资产的比例以及单位产量占用流动资金的比例来求得各种流动资金率指标，将各类流动资金率乘以相应的费用基数来估算流动资金。扩大指标估算法较为简单，但是准确度不高，适用于项目建议书阶段的项目投资估算。

扩大指标估算法的计算公式见式（3-28）至式（3-29）：

$$年流动资金额 = 年费用基数 \times 各类流动资金率 \qquad (3\text{-}28)$$

$$年流动资金额 = 年产量 \times 单位产品产量占用的流动资金额 \qquad (3\text{-}29)$$

2. 分项详细估算法

分项详细估算法是根据企业周转额与周转速度之间的关系，对构成流动资金的各项流动资产和流动负债分别进行估算，它是国际上最常用的流动资金估算方法。在可行性研究中，为了简化计算，通常只对存货、现金、应收账款和应付账款四项内容进行估算，计算公式见式（3-30）至式（3-33）：

$$流动资金 = 流动资产 - 流动负债 \qquad (3\text{-}30)$$

$$流动资产 = 应收账款 + 存货 + 现金 \qquad (3\text{-}31)$$

$$流动负债 = 应付账款 \qquad (3\text{-}32)$$

$$流动资金本年增加额 = 本年流动资金 - 上年流动资金 \qquad (3\text{-}33)$$

分项详细估算法的具体步骤，首先要统计各类流动资产和流动负债的年周转次数，然后再分项估算其占用的金额。

1）周转次数的估算

周转次数是用来反映一年中各项库存流动的速度的数据。在流动资金的估算中，周转次数等于360天除以最低周转天数。存货、现金、应收账款和应付账款的最低周转天数可以参考同类企业的平均周转天数并结合拟建项目的实际情况进行确定。

2）应收账款的估算

应收账款是指企业在正常的经营过程中因销售商品、产品、提供劳务等业务，应向购买单位收取但未收回的款项。为了方便估算，在可行性研究时，一般只估算应收销售款，其计算公式见式（3-34）：

$$应收账款 = 年销售收入 / 应收账款的周转次数 \qquad (3-34)$$

3）存货的估算

存货是指企业在日常活动中持有的，以备出售或者生产消耗的各种货物。其主要包括在生产过程或提供劳务过程中耗用的材料或物料、处在生产过程中的在产品、低值易耗品、委托加工物资、产成品或库存商品等。为了简化计算，只考虑存货中占比较大的外购原材料、外购燃料、在产品和产成品的费用，并进行分项估算。各项计算公式见式（3-35）至式（3-38）：

$$存货 = 外购原材料 + 外购燃料 + 在产品 + 产成品 \qquad (3-35)$$

$$外购原材料 = 年外购原材料 / 按种类分项周转次数 \qquad (3-36)$$

$$在产品 = (年外购原材料 + 年外购燃料 + 年工资及福利费 + \\ 年修理费 + 年其他制造费) / 在产品周转次数 \qquad (3-37)$$

$$产成品 = 年经营成本 / 产成品周转次数 \qquad (3-38)$$

4）现金需求量估算

项目流动资金中的现金是指货币资金，即企业在生产经营过程中持有的货币形态的部分资金，主要包括企业的库存现金和银行存款。其计算公式如见（3-39）至式（3-40）：

$$现金 = (年工资及福利费 + 年其他费用) / 现金周转次数 \qquad (3-39)$$

$$年其他费用 = 制造费用 + 管理费用 + 销售费用 - (以上三项费用中所包含的工资及 \\ 福利费、折旧费、维简费、摊销费、修理费) \qquad (3-40)$$

（5）流动负债的估算

应付账款为企业的流动负债，流动负债是指在一份资产负债表内，一年内或者超过一年的一个营业周期内需要偿还的各种债务合计，这些债务主要是短期借款、应付及预收款项、应付工资、应交税金和应交利润等。在可行性研究中，流动负债的估算只考虑了应付账款这一项，其计算公式见式（3-41）：

$$应付账款 = 年外购原材料、燃料和设备的备品备件费用 / 应收账款的周转次数 \qquad (3-41)$$

习　题

一、单项选择题

1. 工程项目初步可行性研究阶段对于投资估算的误差要求是（　　）。
   A. 略大于±30%　　　　　　　B. ±30%以内
   C. ±20%以内　　　　　　　　D. ±10%以内
2. 基本预备费又称为（　　）。
   A. 不可预见费　　　　　　　　B. 涨价预备费
   C. 价差预备费　　　　　　　　D. 价格变动不可预见费
3. 存在同类项目与拟建项目的生产能力较为接近，在项目建设前期进行粗略估算时适合采用什么方法？（　　）。
   A. 比例估算法　　　　　　　　B. 单位生产能力估算法
   C. 系数估算法　　　　　　　　D. 投资估算指标法
4. 采用朗格系数法估算汽车轮胎生产工厂的总投资额时，朗格系数取值为（　　）。
   A. 3.63　　　　B. 4.74　　　　C. 3.52　　　　D. 3.09
5. 以下哪项费用属于工程建设其他费用？（　　）。
   A. 建筑工程费　　　　　　　　B. 建筑管理费
   C. 安装工程费　　　　　　　　D. 预备费

二、多项选择题

1. 项目投资中工程费用包括（　　）。
   A. 建筑工程费　　　　　　　　B. 工程建设其他费用
   C. 安装工程费　　　　　　　　D. 设备及工器具购置费
   E. 预备费
2. 以下哪些费用属于工程建设其他费用？（　　）。
   A. 青苗补偿费　　　　B. 可行性研究费　　　　C. 建设期利息
   D. 生产职工培训费　　E. 流动资金
3. 投资估算的依据有哪些？（　　）。
   A. 项目生产职工管理文件
   B. 项目所在地的年调价指数或季调价指数
   C. 工程勘察文件
   D. 同期的人工、材料、机器设备市场价格
   E. 概算指标和概算资料
4. 以下哪些是建筑工程费的估算方法？（　　）。
   A. 生产能力指数法
   B. 单位建筑工程投资估算法

C. 单位实物工程量投资估算法

D. 系数估算法

E. 概算指标估算法

5. 资金筹措费用的估算包含以下哪些内容？（　　）。

A. 预备费的估算

B. 建设期利息的估算

C. 股票和债券的发行费的估算

D. 银行借款手续费的估算

E. 流动资金的估算

三、简答题

1. 工程项目投资估算主要分为哪几个阶段？
2. 工程项目总投资的构成是什么？
3. 工程项目投资估算常使用的方法有哪些？
4. 生产能力指数法的适用条件是什么？
5. 投资估算中常用的系数估算法有哪些？

四、计算题

1. 2025年假定某拟建项目年产某种产品200万吨。调查研究表明，2020该地区年产该产品50万吨的同类项目的固定资产投资额为2000万元，假定从2020年到2025年每年平均造价指数为1.10，则拟建项目的投资额为多少？

2. 2022年某地兴建一座20万吨尿素的化工厂，总投资为20000万元，假如5年后在该地开工兴建40万吨尿素的工厂，尿素的生产能力指数为0.7，则所需静态投资为多少（假定该5年中每年平均工程造价指数为1.15）？

3. 国外建设一座化工厂，已知设备到达工地的费用为2500万美元，该项目的朗格系数为3.09，具体包含内容为 $E \times 1.43$ ，(a) $\times 1.1$ ，(b) $\times 1.5$ ，(c) $\times 1.31$ ，求该工程的间接费用为多少万美元？

4. 某工程项目的建设期为2年，共向银行借款3000万元，其中第一年借入2000万元，第二年借入1000万元，年利率为6%，借款在各年内均匀发生，若建设期内只计息不付息，估计该项目的建设期利息。

在线答题

拓展习题

第 4 章

工程项目的财务评价

知识结构图

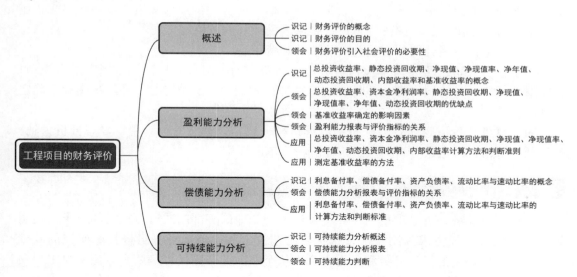

4.1 概　　述

4.1.1 财务评价的概念

第4章概述

工程项目财务评价是项目经济评价的第一步，是从企业角度，根据国家现行财政制度、税收法规和价格体系，分析、计算项目的投资、成本、收入、税金和利润等财务数据，考察项目建成投产后的盈利能力、清偿能力和财务可持续能力，据以判别工程项目的财务可行性，明了工程项目的财务可行性和财务可接受性，得出财务评价的结论，并为投资决策提供依据的经济评价方法。工程项目财务评价是工程项目经济评价中的微观层次，它主要从微观投资主体的角度分析项目可以给投资主体带来的效益以及投资风险。

在理解工程项目财务评价这一概念时，要注意以下四点。

（1）财务评价与国民经济评价的异同。财务评价和国民经济评价都是分析项目或方案实施的经济效果，分析计算方法大致相同。但是财务评价是从实施方案的部门或企业的经济利益角度出发，而国民经济评价是从国民经济利益角度出发。

（2）财务评价只计算项目效益内的效益和费用。

（3）财务评价的主要内容包括财务效益和费用的预测和分析计算；制定资金规划；编制财务报表；计算财务评价指标；进行财务盈利能力、清偿能力、外汇平衡和不确定性分析。

（4）财务评价应遵循效益和费用计算口径一致，以动态分析为主、静态分析为辅，遵循预测价格，以定量分析为主、定性分析为辅的原则。

4.1.2 财务评价的目的

工程项目经济评价是根据国民经济长远规划和地区、部门或行业规划的要求，在做好产品或服务市场需求预测及厂址选择、工艺技术和设备选择等工程技术研究的基础上，利用一些特定的经济参数和分析方法，从企业财务和国民经济两个方面考察工程项目在经济上是否可行，预计的经济收益如何，并进行多方案比较和风险分析的一项工作。它是项目可行性研究中的重要组成部分，也是投资管理中的重要环节。

工程项目财务评价是经济评价的首要内容之一，对投资者、经营者或企业而言，工程项目财务评价是企业投资决策的基础。财务评价首先从工程项目角度出发，分析投资效果，判断和明确投资所获得的实际利益，考察项目的盈利能力。另外，投资者可以根据财务评价结果，并结合自身的财务实力，确定自有资金投资额，采取资金筹集措施、制订资金来源和使用计划。此外，投资者可以利用财务分析评价方法，比较项目各方案的成本和经济效益，科学预测项目未来的获利能力，以此为依据进行项目或方案比选。

对于为工程项目投资提供贷款的金融机构而言，通过财务评价，可以确定贷款方所有的工程项目的可靠程度，掌握项目的财务状况及实施可行性，判断企业的贷款偿还能力，最终根据项目财务评价做出贷款决策。因此，财务评价也可为协调企业利益与国家利益提供依据。

4.1.3　财务评价引入社会评价的必要性

　　工程项目的社会评价的主要目的是判断项目的社会可行性，是应用社会学的一些基本理论和方法，系统地调查和收集与项目相关的社会因素和社会数据，了解项目实施过程中可能出现的社会问题，研究、分析对项目成功有影响的社会因素，提出项目与当地社会协调发展，规避社会风险，进而保证项目顺利实施和效果持续发挥。社会评价与财务评价、经济评价、环境评价相互补充，共同构成项目评价的方法体系。

　　当前社会越来越强调以人为本的重要性，一个项目是否可行，除了分析财务和经济上的可行性，还必须充分考虑社会的、人文的因素。因此，在工程项目的财务评价中有必要引入社会评价。

4.2　盈利能力分析

4.2.1　盈利能力分析概述

　　工程项目的盈利能力是指企业投资某项目后，一段时间内赚取利润的能力。对于企业而言，盈利是经营的主要目标，而盈利能力直接关系到项目建成后能否获得利润，因此，盈利能力是财务分析中的一项重要内容。盈利能力分析不仅关系到经营性项目的生存和发展，对于公益性项目、公共基础设施项目等非经营性项目，其也有助于投资方衡量其投资项目在多大程度上需要国家或地方财政给予必要的支持。

　　对项目进行盈利能力分析时不仅要分析项目在正常生产年份的盈利水平，还要考虑整个寿命期的盈利水平。另外，在分析工程项目盈利能力时，应动静态分析结合，以动态分析为主、静态分析为辅。

4.2.2　盈利能力分析指标

　　工程项目的盈利能力分析指标主要包括总投资收益率、资本金净利润率、静态投资回收期、净现值、净现值率、净年值、动态投资回收期和内部收益率。其中，总投资收益率、资本金净利润率、静态投资回收期不考虑时间因素对货币价值的影响，属于静态分析指标，特点是简单易算，主要用于技术经济数据不完备和不精确的项目初选阶段，适用于短期工程项目和逐年收益大致相等的项目。净现值、净现值率、净年值、动态投资回收期、内部收益率属于动态分析指标，考虑资金的时间价值，能够较全面地反映工程项目在整个计算期内的经济效益，但计算较复杂，适用于计算期较长的项目。

1. 总投资收益率

总投资收益率（Return on Investment，ROI）又称投资报酬率，表示总投资的盈利水平，是指投资方案达到设计生产能力时，一个正常年份的年息税前利润或运营期内年平均息税前利润（$EBIT$）与方案投资总额（I）的比率。它是评价投资方案盈利能力的静态指标，表明投资方案在正常生产年份中，单位投资每年所创造的年净收益额。对运营期内各年的净收益额变化幅度较大的方案，可计算运营期年均净收益额与投资总额的比率，计算公式为

$$ROI = \frac{EBIT}{I} \times 100\% \tag{4-1}$$

式中　ROI——总投资收益率；

$EBIT$——年平均息税前利润（年平均息税前利润 = 年均营业收入 − 年均总成本 − 年均销售税金及附加 + 年均利息支出）；

I——项目总投资（项目总投资 = 固定资产投资 + 流动资金）。

通常情况下，当计算出的总投资收益率高于行业平均投资收益率时，认为该项方案盈利能力满足要求。

总投资收益率的优点是：指标的经济意义明确、直观，计算简便，在一定程度上反映了投资效果的优劣，可适用于各种投资规模。

总投资收益率的缺点是：没有考虑资金客观存在的时间价值因素，计算结果与实际情况有一定出入；指标计算的主观性太强，换句话说，就是正常生产年份的选择比较困难，具有一定的不确定性和人为因素；不能正确反映建设期长短及投资方式不同和有无回收额对项目的影响；分子、分母计算口径的可比性较差，无法直接利用净现金流量信息。

因此，该指标主要适用于计算期较短、项目不具备综合分析所需详细的资料，尤其适用于工程项目方案选择的早期阶段，或工艺简单而生产变化不大的工程项目的投资经济效果评价。

【例4-1】　现有某工程项目，已知该项目建设投资和流动资金累计共750万元。该项目从第4年达到设计生产能力，第4年税前利润为100万元，该项目的基准投资收益率为10%。请计算本项目的总投资收益率指标，并判断该项目是否可行。

【解】根据式（4-1）计算总投资收益率

$$ROI = \frac{100}{750} \times 100\% = 13.3\%$$

该项目的总投资收益率为13.3%，由于13.3% > 10%，故该项目可行。

【例4-2】　现有两个工程项目甲和乙，甲项目共投资100万元，乙项目共投资120万元，两个工程项目都在第5年达到设计生产能力。甲项目第5年税前利润为18万元，乙项目第5年税前利润为22万元，试计算哪个项目的总投资收益率更高？

【解】根据式（4-1）分别计算甲项目和乙项目的总投资收益率

$$ROI_{甲} = \frac{18}{100} \times 100\% = 18.0\%$$

$$ROI_Z = \frac{22}{120} \times 100\% = 18.3\%$$

由于 18.0% < 18.3%，故乙项目的总投资收益率更高。

2. 资本金净利润率

资本金净利润率（Return on Equity，ROE）是项目盈利能力评价指标之一，表示项目资本金（Equity）的盈利水平，是指项目达到设计生产能力后正常年份的净利润或运营期内年平均净利润（NP）与项目资本金（EC）的比率，计算公式为

$$ROE = \frac{NP}{EC} \times 100\% \quad (4-2)$$

式中　ROE——资本金净利润率；

　　　EC——项目资本金；

　　　NP——项目达到设计生产能力后正常年份的净利润或运营期内年平均净利润。

通常情况下，当计算出的资本金净利润率高于同行业利润率参考值，认为该项目盈利能力满足要求。

资本金净利润率反映了项目资本金的获利能力，是项目投资者关心的经济评价指标。该指标不仅可以用来衡量拟建项目的获利能力，还可以作为工程项目筹资决策参考的依据。当项目资本金净利润率高于同期银行贷款利率，则项目可以适度举债；反之，资本金利润率过低，则说明项目不适宜大量贷款。

【例 4-3】　已知某技术方案的总投资为 1500 万元，其中债务资金为 700 万元，技术方案在正常年份年净利润为 300 万元，则该方案的资本金净利润率为多少？

【解】根据题意可得

$EC = 1500 - 700 = 800$（万元）

$$ROE = \frac{NP}{EC} \times 100\% = \frac{300}{800} \times 100\% = 37.5\%$$

所以，该方案的资本金净利润率为 37.5%。

【例 4-4】　某技术方案总投资 1500 万元，其中项目资本金 1000 万元，运营期平均利息和所得税共计 58.5 万元，若项目总投资收益率为 12%，则该项目资本金净利润率为多少？

【解】根据式（4-1），可求得息税前利润 = 1500 × 12% = 180（万元）

年平均净利润 $NP = 180 - 58.5 = 121.5$（万元）

$$ROE = \frac{NP}{EC} \times 100\% = \frac{121.5}{1000} \times 100\% = 12.15\%$$

所以，项目资本金净利润率为 12.15%。

3. 静态投资回收期

静态投资回收期又称投资回收期、投资返本期或投资偿还期，是反映投资回收能力的重要指标。静态投资回收期（P_t）是指在不考虑资金的时间价值情况下，以工程项目经营净现金流量抵偿原始总投资所需要的全部时间，对于投资者而言，投资回收期越短

越好。其单位通常用年表示。静态投资回收期一般从建设开始年算起,也可以从投资年开始算起,为了避免混乱,计算时应具体注明,计算公式为

$$\sum_{t=0}^{P_t}(CI-CO)_t = 0 \qquad (4\text{-}3)$$

式中　P_t——静态投资回收期;
　　　CI——现金流入量;
　　　CO——现金流出量;
$(CI-CO)_t$——第 t 年净现金流量。

静态投资回收期根据项目净现金流量表计算,其具体计算有以下两种情况。

(1)如果项目建成投产后,运营期各年的净现金流量均相同时,其计算公式可简化为

$$P_t = \frac{I}{A} \qquad (4\text{-}4)$$

式中　I——项目总投资;
　　　A——项目投产后各年净现金流量,即 $(CI-CO)_t$。

(2)如果项目建成投产后,运营期各年的净现金流量不相同时,静态投资回收期为项目累计净现金流量由负值转为 0 的时点,如图 4.1 所示。

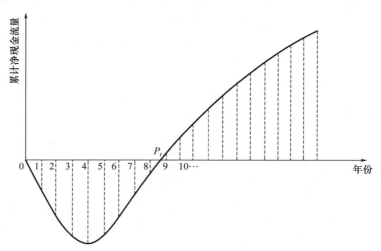

图 4.1　项目投资回收期示意图

其计算公式为

$$P_t = T - 1 + \frac{\left|\sum_{t=0}^{T-1}(CI-CO)_t\right|}{(CI-CO)_T} \qquad (4\text{-}5)$$

式中　T——项目各年累计净现金流量首次出现正值或 0 的年份;

$\left|\sum_{t=0}^{T-1}(CI-CO)_t\right|$——上年累计净现金流量绝对值。

当用静态投资回收期评价工程项目时，计算出的静态投资回收期应与项目的基准投资回收期进行比较，基准投资回收期根据同类项目的历史数据和投资者意愿确定。设基准投资回收期为 P_c，判别标准如下：

若 $P_t \leqslant P_c$，则项目可以考虑接受；

若 $P_t > P_c$，则项目应予以拒绝。

【例4-5】 某项目现金流量表如表4-1所示，已知基准投资回收期为5年，请用静态投资回收期法评价该项目是否可行。

表4-1　项目现金流量表　　　　　　　　　　单位：万元

年份	0	1	2	3	4	5	6
投资	2000						
收入		300	500	600	600	600	600

【解】根据式（4-3）计算静态投资回收期

$$\sum_{t=0}^{P_t}(CI-CO)_t = -2000+300+500+600+600 = 0$$

$P_t = 4$，$P_t < P_c$。

所以，该项目可行。

【例4-6】 某项目现金流量表如表4-2所示，已知基准投资回收期为9年，请用投资回收期法计算该项目是否可行。

表4-2　项目现金流量表　　　　　　　　　　单位：万元

年份	0	1	2	3	4	5	6	7	8
净现金流量	−5000	0	0	500	600	1000	1500	1500	1500
累计净现金流量	−5000	−5000	−5000	−4500	−3900	−2900	−1400	100	1600

【解】根据式（4-5）计算静态投资回收期

$$P_t = 7 - 1 + \frac{1400}{1500} = 6.9(年) < 9$$

所以，该项目可行。

静态投资回收期

静态投资回收期的优点如下。首先，概念清晰，反映问题直观，简单易用。其次，能够直观地反映原始总投资的返本期限。再次，该指标不仅在一定程度上反映项目的经济性，而且反映项目的风险大小，项目决策面临着未来的不确定性因素的挑战，这种不确定性所带来的风险随着时间的延长而增加，因此，离现时越远，人们所不确定的因素就越多。最后，该指标有助于对技术上更新较快、资金短缺或未来情况难以预测的项目进行评价。

静态投资回收期的缺点如下。首先，没有考虑资金的时间价值。其次，由于舍弃了回收期后面的收入与支出数据，不能全面反映项目在寿命期内的真实效益，难以对不同方案的比选做出正确的判断。

因此，静态投资回收期仅能在一定程度上反映出项目方案的资金回收能力，可作为项目评价的辅助性指标，不能单独使用。

4. 净现值

净现值（Net Present Value，NPV）是指按设定的折现率（基准收益率）将工程项目寿命周期内所有年份的净现金流量折现到计算期初的现值累加值。利用净现值来判断投资方案的动态经济效果分析法即净现值法，净现值法是工程项目财务评价中计算投资效果的一种常用的动态分析方法。该指标是反映工程项目在计算期内整体盈利能力的绝对指标。计算公式为

$$NPV = \sum_{t=0}^{n}(CI-CO)_t(1+i_c)^{-t} \tag{4-6}$$

式中 NPV——净现值；

n——项目的计算期；

i_c——基准收益率。

取基准收益率为设定贴现率时，若净现值 $NPV \geq 0$，则方案可行，且净现值越大，方案越优，投资效益越好；若净现值 $NPV < 0$，方案没有达到项目基准收益率所要求的盈利水平，则方案不可行。

【例 4-7】 某建设项目有如表 4-3 所示的两个方案，甲方案期初投资 2000 万元，乙方案期初投资 2500 万元，在 8 年中，A 方案每年收益 800 万元，B 方案则每年收益 900 万元，设项目基准收益率为 10%，请用净现值判断应选择哪个方案。

表 4-3 项目现金流量表 单位：万元

方案	年份	
	0	1～8
甲	−2000	800
乙	−2500	900

【解】 根据题意可得

$NPV_甲 = -2000 + 800(P/A, 10\%, 8) = -2000 + 800 \times 5.3349 = 2267.92 (万元)$

$NPV_乙 = -2500 + 900(P/A, 10\%, 8) = -2500 + 900 \times 5.3349 = 2301.41 (万元)$

比较方案：$NPV_乙 > NPV_甲 > 0$，甲、乙方案均可行，乙方案更佳。

【例 4-8】 现有某投资项目，投资 11000 元，在 5 年中每年净收入为 2310 元，第 5 年年末残值为 2000 元，按利率为 10% 计算，试计算该项目的净现值。

【解】 $NPV = -11000 + 2310(P/A, 10\%, 5) + 2000(P/F, 10\%, 5) = -1001.5(元)$

所以，该项目的净现值为 −1001.5 元。

净现值法的优点是经济含义明确，判别直观简便，既考虑了资金时间价值，增强了投资经济性的评价，又考虑了全过程的净现金流量，体现了流动性与收益性的统一；还考虑了投资风险，风险大则采用高折现率，风险小则采用低折现率。净现值法不仅考虑了工程项目在整个经济寿命期内的收益，还考虑了工程项目在整个经济寿命期内的更新或追加投资。此外，净现值法既能作单一方案费用与效益的比较，又能进行多方案的优劣比较，是工程项目经济评价中广泛应用的指标。

净现值法的缺点是需要先设定一个符合经济现实的基准收益率，而基准收益率的确定往往比较困难。此外，净现值法在进行方案之间比选时没有考虑投资额的大小即资金的利用效率，且不能反映项目投资的回收速度。若进行方案间比选，各方案假设寿命期不同，则不能简单地使用净现值法来进行判断。

5. 净现值率

净现值率（Net Present Value Rate，NPVR）又称净现值比、净现值指数，是指项目净现值与原始投资现值的比率。该指标反映项目单位投资的盈利水平，是一种动态投资收益指标。对于净现值相同而投资额不等的多个建设方案，可用净现值率来评价其优选顺序，计算公式为

$$NPVR = \frac{NPV}{I_p} \tag{4-7}$$

式中　$NPVR$——净现值率；
　　　NPV——净现值；
　　　I_p——项目总投资现值。

净现值率一般用于多方案的比选，当 $NPVR < 0$ 时，方案不可行；当 $NPVR \geq 0$ 时，对多方案的 $NPVR$ 进行排序，净现值率小，单位投资的收益就低，净现值率大，单位投资的收益就高。通常在方案比选时，倾向于选择资金利用率高的项目，与获取净现值最大的目标有时是不一致的。

净现值率的优点是从动态角度反映项目投资的资金投入与净产出之间的关系。净现值率的缺点是无法直接反映工程项目的实际收益率水平。

【例4-9】在【例4-7】中，如果用净现值率判断，又应该选择哪个方案呢？

【解】根据题意可得

$NPV_甲 = -2000 + 800(P/A, 10\%, 8) = -2000 + 800 \times 5.3349 = 2267.92$（万元）

$NPV_乙 = -2500 + 900(P/A, 10\%, 8) = -2500 + 900 \times 5.3349 = 2301.41$（万元）

$NPVR_甲 = \dfrac{2267.92}{2000} = 1.13$

$NPVR_乙 = \dfrac{2301.41}{2500} = 0.92$

比较方案：$NPVR_甲 > NPVR_乙 > 0$，根据净现值率，甲、乙方案均可行，甲方案更佳。

6. 净年值

净年值（Net Annual Value，NAV）或称年度等值（Annual Worth，AW）是指通过等值换算将方案计算期内各个不同时点的净现金流量分摊到计算期内各年而得到的等额年值，即以折算的方法，把方案净现值分摊到各年，计算公式为

$$NAV = NPV(A/P, i_c, n) \tag{4-8}$$

式中　NAV——净年值；
　　　NPV——净现值。

对独立项目方案而言，若 $NAV \geq 0$，说明方案在计算期内每年的平均等额收益较基准收益率有盈余或相等，则项目在经济效果上可以接受；若 $NAV < 0$，则项目在经济效果上不可接受。

净年值法主要用于寿命期（或计算期）不同的方案比选，是对净现值法的有益补充。当 $NAV \geq 0$ 的多方案进行比选时，净年值越大的方案越优。

【例4-10】 某工程项目有如表4-4所示的两个方案，基准收益率取8%，应选择哪个方案？

表 4-4　项目现金流量表　　　　　　　　　　　单位：万元

方案	投资	年收益	使用年限
甲	1500	400	7
乙	2000	500	8

【解】因项目两个方案的使用年限不同，不能简单地利用净现值法进行比较，因此，用净年值法进行比较。

方法一：

$NAV_{甲} = 400 - 1500(A/P, 8\%, 7) = 400 - 1500 \times 0.1921 = 111.9（万元）$

$NAV_{乙} = 500 - 2000(A/P, 8\%, 8) = 500 - 2000 \times 0.1740 = 152.0（万元）$

比较方案：$NAV_{乙} > NAV_{甲} > 0$，则甲、乙方案均可行，乙方案更佳。

方法二：

$NPV_{甲} = -1500 + 400(P/A, 8\%, 7) = -1500 + 400 \times 5.2064 = 582.56（万元）$

$NAV_{甲} = 582.56(A/P, 8\%, 7) = 582.56 \times 0.1921 = 111.9（万元）$

$NPV_{乙} = -2000 + 500(P/A, 8\%, 8) = -2000 + 500 \times 5.7466 = 873.3（万元）$

$NAV_{乙} = 873.3(A/P, 8\%, 8) = 873.3 \times 0.1740 = 152.0（万元）$

比较方案：$NAV_{乙} > NAV_{甲} > 0$，则甲、乙方案均可行，乙方案更佳。

【例4-11】 某工程项目净现金流量表如表4-5所示，投资主体设定的基准收益率为8%，该项目净年值为（　　）。

A.18.71 万元　　　　　　　　　B.18.50 万元
C.19.71 万元　　　　　　　　　D.19.50 万元

表 4-5 项目现金流量表 单位：万元

年份	0	1	2	3	4	5
净现金流量	−200	−200	150	150	150	150

【解】根据题意可得

$NPV = -200 - 200 \times (1+8\%)^{-1} + 150 \times (1+8\%)^{-2} + 150 \times (1+8\%)^{-3} + 150 \times (1+8\%)^{-4} + 150 \times (1+8\%)^{-5} = 74.83(万元)$

$NAV = NPV(A/P, 8\%, 5) = 74.83 \times 0.25 = 18.71(万元)$

该项目净年值为 18.71 万元，所以选择 A。

7. 动态投资回收期

动态投资回收期是指按现值计算的投资回收期，该指标在计算回收期时考虑了资金的时间价值。利用动态投资回收期评价项目经济性的方法称为动态投资回收期法，该评价方法克服了传统的静态投资回收期法不考虑货币时间价值的缺点，考虑了时间因素对货币价值的影响，使投资指标与利润指标在时间上具有可比性条件下，计算出投资回收期，计算公式为

$$\sum_{t=0}^{P_t'}[(CI-CO)_t(1+i_c)^{-t}] = 0 \quad (4\text{-}9)$$

式中　P_t'——动态投资回收期；

　　　i_c——基准收益率。

动态投资回收期更为实用的计算公式为

P_t' =（累计折现值出现正值的年份数 −1）+（上年累计折现值的绝对值 / 出现正值年份的折现值）

即

$$P_t' = T' - 1 + \frac{\left|\sum_{t=0}^{T'-1}[(CI-CO)_t(1+i_c)^{-t}]\right|}{(CI-CO)_{T'}(1+i_c)^{-T'}} \quad (4\text{-}10)$$

式中　T'——项目各年累计净现金流量折现值首次出现正值或 0 的年份。

当 $P_t' < P_c$（基准投资回收期）时，说明项目（或方案）能在要求的时间内收回投资，是可行的；当 $P_t' > P_c$ 时，则项目（或方案）不可行，应予拒绝。

【例 4-12】　某投资项目各年的净现金流量表如 4-6 所示。基准收益率为 10%，试计算该项目的静态投资回收期和动态投资回收期。

表 4-6 项目现金流量表 单位：万元

年份	净现金流量	累计净现金流量	折现净现金流量	累计折现净现金流量
0	−260	−260	−260	−260

续表

年份	净现金流量	累计净现金流量	折现净现金流量	累计折现净现金流量
1	40	−220	36.36	−223.64
2	50	−170	41.32	−182.32
3	60	−110	45.08	−137.24
4	60	−50	40.98	−96.26
5	60	10	37.26	−59
6	60	70	33.87	−25.13
7	60	130	30.79	5.66
8	80	210	37.32	42.98

【解】根据题意可得

$$\text{静态投资回收期} = 4 + \frac{|-50|}{60} = 4.83 (\text{年})$$

$$\text{动态投资回收期} = 6 + \frac{|-25.13|}{30.79} = 6.82 (\text{年})$$

【例 4-13】 已知某项目的现金流量表如表 4-6 所示，若假设 i_c=10%，项目基准回收期为 6 年，请计算各年的折现净现金流量表填入表 4-7 中，并判断项目是否可行。

表 4-7 项目现金流量表　　　　　　　　　　　　　　　　　单位：万元

年份	现金流出	现金流入	现金流量	折现净现金流量	累计折现净现金流量
0	5000	—	−5000		
1	400	—	−400		
2	7600	—	−7600		
3	6800	8900	2100		
4	620	9800	9180		
5	400	6200	5800		
6	300	7000	6700		
7	300	6000	5700		

【解】先计算项目净现金流量折现值，如表 4-8 所示。

表 4-8 项目净现金流量折现值表　　　　　　　　　　　　　单位：万元

年份	现金流出	现金流入	现金流量	折现净现金流量	累计折现净现金流量
0	5000	—	−5000	−5000	−5000
1	400	—	−400	−364	−5364

续表

年份	现金流出	现金流入	现金流量	折现净现金流量	累计折现净现金流量
2	7600	—	−7600	−6281	−11644
3	6800	8900	2100	1578	−10066
4	620	9800	9180	6270	−3797
5	400	6200	5800	3601	−195
6	300	7000	6700	3782	3587
7	300	6000	5700	2925	6512

计算项目动态投资回收期为

$$P'_t = (6-1) + \frac{|-195|}{3782} = 5.05 \text{（年）}$$

项目动态回收期 P'_t ＜基准回收期 P_c，则项目可行。

一般而言，项目方案的动态投资回收期要比静态投资回收期长，是因为动态投资回收期的计算考虑了资金的时间价值，这也正是动态投资回收期的优点。但考虑时间价值后计算比较复杂。

项目投资回收期适用于项目融资前的盈利能力分析。

8. 内部收益率

1）内部收益率的含义

内部收益率（Internal Rate of Return，IRR）又称内部报酬率，是指项目在计算期内各年净现金流量现值累计等于零时的折现率。该指标反映了项目以每年净收益归还总投资后所能获得的投资收益率，是项目整个计算期内在的、真正的收益率水平。内部收益率是最重要的经济评价指标之一，是对项目进行盈利能力分析时所采用的主要方法。

在计算内部收益率时，常使用直线内插法，直线内插法计算内部收益率的原理如图 4.2 所示。

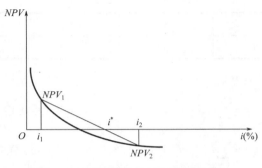

图 4.2 直线内插法计算 IRR 的原理

由图 4.2 可见，随着 i 的增大，NPV 将不断减小，当 $NPV=0$ 时，$NPV(i)$ 曲线与横轴相交，i 达到了其临界值 i^*，可以说 i^* 是净现值评价准则的一个分水岭。因此，将 i^*

称为内部收益率。NPV 的公式为

$$NPV = \sum_{t=0}^{n}(CI-CO)_t(1+IRR)^{-t} = 0 \quad (4-11)$$

2）内部收益率的求解

一般来说，内部收益率的求解有试算法与使用 Excel 求解法两种方法。试算法是利用直线内插法来近似求解内部收益率，Excel 求解法即利用 IRR 函数进行求解，其原理如图 4.2 所示。

试算法的计算步骤如下。

计算各年的净现金流量，通过试算，找到满足下列两个条件两个折现率 i_1 和 i_2：

条件一：$i_1 < i_2$ 且 $i_2 - i_1 \leq 5\%$；

条件二：$NPV(i_1) > 0$，$NPV(i_2) < 0$。

如果 i_1 和 i_2 不满足这两个条件，要重新预估，直至满足条件。

此后，用线性插值法近似求得内部收益率。

IRR 的近似求解公式为

$$IRR = i_1 + \frac{NPV_1}{NPV_1 + |NPV_2|} \times (i_2 - i_1) \quad (4-12)$$

Excel 求解法的步骤如下

第一步：选中要输入数据的单元格，将鼠标指针滑动到单元格上方，单击一下"选中"单元格，双击进入"输入状态"。

第二步：调用 IRR 函数，即输入"=IRR"，输入时 Excel 会自动匹配类似的函数，并提示函数能够实现的功能，该函数所对应的语法为"=IRR（现金流，[估计的收益率]）"。

第三步：输入或引用已知的支出和收入数据。

第四步：单击"√"按钮或按 Enter 键查看结果，即求出的内部收益率。

【例 4-14】某项目净现金流量如表 4-9 所示，试计算该项目的内部收益率。

表 4-9 项目现金流量表　　　　　　　　　　　　　　　　　单位：万元

年末	0	1	2	3	4
净现金流量	−1000	200	300	400	500

内部收益率

【解】设 $i_1=12\%$，$i_2=13\%$，分别计算其 NPV。

$$NPV(i_1) = \sum_{t=0}^{4}(CI-CO)_t(1+12\%)^{-t} = 20.20(万元) > 0$$

$$NPV(i_2) = \sum_{t=0}^{4}(CI-CO)_t(1+13\%)^{-t} = -4.19(万元) < 0$$

利用式（4-12）计算

$$IRR = 12\% + 4.19 \div (4.19 + 20.10) \times (13\% - 12\%) = 12.17\%$$

所以，该项目的内部收益率近似解是 12.17%。

【例 4-15】 某投资项目在建设起点一次性投资 25 万元，当年完工并投产，投产后每年可获现金流量 5 万元，运营期为 15 年，试计算该项目的内部收益率。

【解】设 $i_1=18\%$，$i_2=19\%$，分别计算其 NPV。

通过查年金现值系数表可知，$(P/A,18\%,15)=5.091$；$(P/A,19\%,15)=4.876$。

$NPV(i_1) = -25 + 5(P/A,18\%,15) = 2.875(万元) > 0$

$NPV(i_2) = -25 + 5(P/A,19\%,15) = -0.62(万元) < 0$

利用式（4-12）计算

$IRR = 18\% + 2.875 \div (2.875 + 0.62) \times (19\% - 18\%) = 18.82\%$

所以，该项目的内部收益率近似解是 18.82%。

3）内部收益率的判断准则

当 $IRR \geq i_c$ 时，则表明项目的收益率已达到或超过基准收益率水平，项目可行；

当 $IRR < i_c$ 时，则表明项目不可行。

例如，在例 4-14 中，若该项目的基准收益率 i_c 为 10%，则该例题中的项目可行。

以上判断准则只是对单一方案而言。多方案比选时，内部收益率最大的准则不总是成立，应根据具体情况分析。

4）内部收益率的优缺点

内部收益率被普遍认为是项目投资的盈利率，由项目内生决定。该指标可以反映项目投资收益能承受通货膨胀的能力，以及项目操作过程中的抗风险能力。

内部收益率指标具有以下优点：

（1）该指标不仅考虑了资金的时间价值，还全面考虑了整个项目计算期内的费用与收益情况。

（2）该指标能够把项目寿命期内的收益与其投资总额联系起来，反映项目的收益率，以便进行项目决策。

（3）内部收益率完全由项目内部的现金流量确定，不受外部参数影响，避免了像财务净现值之类的指标需要事先确定基准收益率这个难题。

内部收益率指标具有以下缺点：

（1）该指标表现的是比率，不是绝对值，一个内部收益率较低的方案，可能由于其规模较大而有较大的净现值，因而更值得建设，所以在各个方案比选时，必须将内部收益率与净现值结合起来考虑。

（2）对于具体非常规现金流量的方案来讲，其内部收益率可能存在多个解或无解的情况。

（3）该指标计算较为麻烦。

5）内部收益率的存在性讨论

由内部收益率的定义式知，它对应于一个一元高次多项式（IRR 的定义式）的根。容易证明，常规工程项目若累计净现金流量大于零，一般会有一个正实数根，则其应当是该项目的内部收益率。而非常规工程项目无论一元高次多项式的解有多少，其内部收益率则有可能不存在。

对于非常规建设项目，如有以下情况，则可能出现内部收益率无解或存在多个解的情况：

（1）只有现金流入或现金流出的项目（见图4.3）；

（2）项目投资不连续，或出现了追加投资（见图4.4）。

一般情况下，如果在生产期大量追加投资，或在某些年份集中偿还债务，或经营费用支出过多等，都有可能导致净现金流量序列的符号正负多次变化，构成非常规工程项目。非常规工程项目内部收益率方程的解显然不止一个。对这类工程项目，内部收益率法已失效，不能用它来进行项目的评价和选择。

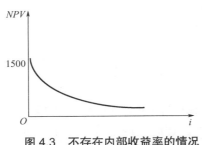

图4.3 不存在内部收益率的情况

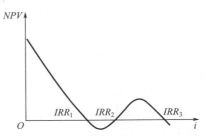

图4.4 存在多个内部收益率的情况

9. 基准收益率（i_c）的确定

基准收益率（Benchmark Yield）又称基准折现率，是企业或行业或投资者以动态的观点所确定的投资方案最低标准收益水平，即最低可接受收益率。它表明投资决策者对项目资金时间价值的估价，是投资资金应当获得的最低盈利率水平，是评价和判断投资方案在经济上是否可行的依据，是一个重要的经济参数。

恰当地确定基准折现率是十分重要同时也是相当困难的。它不仅取决于资金来源的构成和未来的投资机会，还要考虑项目风险和通货膨胀等因素的影响。

1）基准收益率确定的影响因素

（1）资金成本与投资机会成本（i_1）。资金成本是为取得资金使用权所支付的费用，主要包括资金的使用费和筹资费。资金的使用费是指因使用资金而向资金提供者支付的报酬，如使用发行股票筹集的资金，要向股东们支付红利；使用发行债券和银行贷款借入的资金，要向债权人支付利息等。筹资费是指在筹集资金过程中发生的各种费用，如委托金融机构代理发行股票、债券而支付的注册费和代理费等，向银行贷款而支付的手续费等。

投资机会成本是指投资者将有限的资金用于拟建项目而放弃的其他投资机会所能获得的最好收益。凡是技术经济活动都含有机会成本，如建厂占用耕地的代价是减少农业收入。机会成本虽不是实际支出，但在进行项目经济分析时，应作为一个因素加以认真考虑，有助于选择最优方案。

（2）风险补贴率（i_2）。在整个项目计算期内，存在着发生不利于项目的环境变化的可能性，这种变化难以预料，即投资者要冒着一定的风险作决策。在确定基准收益率时，常以一个适当的 i_2 来提高 i_c 值。即以一个较高的收益水平补偿投资者所承担的风险。风险越大，贴补率越高。

（3）通货膨胀率（i_3）。由于货币（这里指纸币）的发行量超过商品流通所需要的货币量而引起的货币贬值和物价上涨的现象。在通货膨胀影响下，各种材料、设备、房屋、土地的价格以及人工费都会上升。在确定基准收益率时，应考虑这种影响。

2）基准收益率（i_c）的确定

投资者自行测定基准收益率的公式为

$$i_c = (1+i_1) \times (1+i_2) \times (1+i_3) - 1 \approx i_1 + i_2 + i_3 \qquad (4-13)$$

式中　i_1——单位投资的资金成本和机会成本中较大者；

　　　i_2——风险补贴率；

　　　i_3——通货膨胀率。

盈利能力指标汇总见表4-10。

表4-10　盈利能力指标汇总

指标类型	评价指标	计算方法	判断准则
静态指标	总投资收益率	$ROI = \dfrac{EBIT}{I} \times 100\%$	$ROI >$ 行业参考值
	资本金净利润率	$ROE = \dfrac{NP}{EC} \times 100\%$	$ROE >$ 行业参考值
	静态投资回收期	$P_t = \dfrac{I}{A}$ $P_t = T - 1 + \dfrac{\left\|\sum\limits_{t=0}^{T-1}(CI-CO)_t\right\|}{(CI-CO)_T}$	$P_t \leq P_c$
动态指标	净现值	$NPV = \sum\limits_{t=0}^{n}(CI-CO)_t(1+i_c)^{-t}$	$NPV \geq 0$
	净现值率	$NPVR = \dfrac{NPV}{I_p}$	$NPVR \geq 0$
	净年值	$NAV = NPV(A/P, i_c, n)$	$NAV \geq 0$
	动态投资回收期	$P_t' = T' - 1 + \dfrac{\left\|\sum\limits_{t=0}^{T'-1}[(CI-CO)_t(1+i_c)^{-t}]\right\|}{(CI-CO)_{T'}(1+i_c)^{-T'}}$	$P_t' \leq P_c$
	内部收益率	$NPV = \sum\limits_{t=0}^{n}(CI-CO)_t(1+IRR)^{-t} = 0$	$IRR \geq i_c$

4.2.3 盈利能力分析报表

为了正确判断项目的盈利能力，需要将项目寿命周期内每年的现金流入量和现金流出量及两者之间的差额列成表格，这种表格就称为现金流量表。

现金流量表编制的前提是识别现金流入量与现金流出量，即收益和费用。对于投资项目财务分析来说，主要目标是分析其盈利能力，因此凡是削弱盈利能力的就是现金流出，凡是增加盈利能力的就是现金流入，对于那些由项目实施所引起但不为企业所支付或获取的费用或收益，则不予计算。

现金流量表具体可以分为项目投资现金流量表、项目资本金现金流量表、投资各方现金流量表，另外利润与利润分配表也可用来分析项目的盈利能力。

1. 项目投资现金流量表

项目投资现金流量表主要用于项目融资前分析，只进行盈利能力分析。融资前分析是针对项目基本方案所进行的现金流量分析，仅从项目投资总获利能力角度考察项目的合理性，而不考虑债务融资情况，根据需要，融资前分析可从所得税前或者所得税后两个角度进行考虑和考察，选择计算所得税前或者所得税后分析指标。项目投资现金流量分析，以动态评价为主，静态评价为辅。项目投资现金流量表可用来计算财务净现值、财务内部收益率、投资回收期等指标。

2009年执行新的增值税条例后，增值税进项税额抵扣导致企业应纳增值税降低，进而产生了增加净现金流量的作用，为了体现这一变化，应在现金流量表中反映增值税情况，项目投资现金流量表的具体格式见表4-11。

表4-11 项目投资现金流量表

序号	项目	合计	第0年	第1年	第2年	…	第n年
1	现金流入						
1.1	营业收入						
1.2	补贴收入						
1.3	销项税额						
1.4	回收固定资产余值						
1.5	回收流动资金						
2	现金流出						
2.1	建设投资						
2.2	流动资金						
2.3	经营成本						
2.4	进项税额						
2.5	应纳增值税						
2.6	税金及附加						

续表

序号	项目	合计	第0年	第1年	第2年	…	第n年
2.7	维持运营投资						
3	所得税前净现金流量						
4	累计所得税前净现金流量						
5	调整所得税						
6	所得税后净现金流量（3-5）						
7	累计所得税后折现净现金流量						

1）现金流入

现金流入由销售收入、补贴收入、回收固定资产余值、回收流动资金构成，当需要在现金流量表中反映增值税情况时，还包括销项税额。

销售收入是指项目建设完成后对外销售产品或提供劳务所取得的收入，在技术经济分析中，一般假设产量等于销售量，即生产的产品全部销售出去。补贴收入是指企业从政府或某些组织得到的补贴，一般是企业履行了一定的义务后得到的定额补贴。回收固定资产余值是指回收报废的或者不使用的固定资产销售金额，常发生在项目计算期的最后一年。流动资金回收是指项目在计算期结束时，收回原来投放在各种流动资产上的营运资金，通常也发生在项目计算期的最后一年。

回收固定资产余值有两种计算方法。

当固定资产使用年限等于项目计算期时，此时固定资产折旧已经计提完，在项目计算期末剩余的是固定资产的账面价值，那么其计算公式为

$$回收固定资产余值 = 固定资产原值 \times 预计净残值率 \quad (4\text{-}14)$$

当固定资产使用年限长于项目计算期时，此时因固定资产折旧尚未提完，在项目计算期末剩余的是固定资产的账面剩余值，那么其计算公式为

$$回收固定资产余值 = 固定资产原值 - 累计计提的固定资产折旧 \quad (4\text{-}15)$$

2）现金流出

现金流出由建设投资、流动资金、经营成本、税金及附加、维持运营投资组成，当需要在现金流量表中反映增值税情况时，还包括进行税额和应纳增值税。

建设投资是指技术方案按拟定建设规模、产品方案、建设内容所需的投入资金。流动资金投资额来自投资计划与资金筹措表中的有关项目。经营成本是项目评估中总成本费用中扣除折旧、摊销和利息以后的余额。税金及附加是项目所缴纳的流转税及其附加、资源税和土地增值税等。维持运营项目投资是指某些项目在运营期需要投入一定的固定资产投资才能得以维持正常运营，例如设备更新费用、油田开发费用等。

经营成本计算公式为

$$经营成本 = 总成本费 - 折旧费 - 摊销费 - 利息支出 \quad (4\text{-}16)$$

3）所得税前净现金流量

所得税前净现金流量是指本年度的税前净现金流量。其等于现金流入量减去现金流出量。

4）累计所得税前净现金流量

累计所得税前净现金流量等于各年所得税前净现金流量相加。

5）调整所得税

调整所得税只发生在运营期各年。各年调整所得税等于各年息税前利润与所得税的税率相乘。

6）所得税后净现金流量

所得税后净现金流量等于所得税前净现金流量减去调整所得税后的数值。

7）累计所得税后净现金流量

累计所得税后净现金流量等于各年所得税后净现金流量相加。

2. 项目资本金现金流量表

项目资本金现金流量表主要用于融资后分析，它从项目权益投资者的角度，计算项目资本金财务内部收益率，考察项目给权益投资者所带来的收益水平，也是融资决策的重要依据。在拟定的融资方案基础上，进行息税后分析，进而判断项目方案在融资方案条件下的合理性，有助于投资者在其可接受的融资方案下最终作出决策。同样，在执行新的增值税条例后，为体现固定资产进项税额抵扣对净现金流量的影响，现金流量表应反映增值税情况，其具体形式如表 4-12 所示。

表 4-12 项目资本金现金流量表

序号	项目	合计	第 0 年	第 1 年	第 2 年	…	第 n 年
1	现金流入						
1.1	营业收入						
1.2	补贴收入						
1.3	销项税额						
1.4	回收固定资产余值						
1.5	回收流动资金						
2	现金流出						
2.1	项目资本金						
2.2	借贷本金偿还						
2.3	借款利息支付						
2.4	经营成本						
2.5	进项税额						
2.6	应纳增值税						
2.7	销售税金及附加						

序号	项目	合计	第0年	第1年	第2年	…	第n年
2.8	维持运营投资						
2.9	所得税						
3	净现金流量（1–2）						

1）现金流入

现金流入组成部分与项目投资现金流量表相同。现金流入主要包括营业收入、补贴收入，在计算期的最后一年，还包括回收固定资产余值及回收流动资金，当需要在现金流量表中反映增值税情况时，还包括销项税额。该部分各项基础数据的来源也与项目投资现金流量表中相同。

2）现金流出

现金流出主要包括项目资本金（权益资金）、借款本金偿还、借款利息支付、经营成本、销售税金及附加、所得税以及维持运营投资，当需要在现金流量表中反映增值税情况时，还包括进项税额和应纳增值税。

其中，项目资本金是指在建设项目总投资中由投资者认缴的出资额，对于建设项目来说是非债务性资金，项目法人不承担这部分资金的任何利息和债务。借款本金偿由两部分组成，一部分是借款还本付息表中的本年还本额，另一部分为发生在计算期最后一年的流动资金借款本金偿还。借款利息支付可使用总成本费用估算表中的利息支出项的具体数值。所得税是指国家对法人、自然人和其他经济组织在一定时期内的各种所得税征收的一类税收，该项所得税等于利润与利润分配表等财务报表中的所得税，与前述调整所得税有所区别。剩余部分基础数据的来源也与项目投资现金流量表中相同。

所得税计算公式为

$$所得税 = 应纳税所得额 \times 所得税税率 \tag{4-17}$$

3. 投资各方现金流量表

由多方投资的项目，为了了解各投资方的具体收益，还需要编制投资各方现金流量表。该表从各方投资者的角度出发，考虑各方实际收入和支出，确定其现金流量，按各方角度分别编制其现金流量表，计算各投资方财务内部收益率，考察其收益水平。该表可用于判断投资各方收益率是否均衡或不均衡，有助于在合作洽谈中达成平等互利的目标。

投资各方现金流量表见表4-13。

表4-13 投资各方现金流量表

序号	项目	合计	第0年	第1年	第2年	…	第n年
1	现金流入						
1.1	实分利润						
1.2	资产处置收益分配						

续表

序号	项目	合计	第0年	第1年	第2年	…	第n年
1.3	租赁费收入						
1.4	技术转让或使用收入						
2	现金流出						
2.1	实缴资本						
2.2	租赁资产支出						
2.3	其他现金流出						
3	净现金流量（1-2）						
4	累计净现金流量						

1）现金流入

现金流入是指出资方因该项目的实施将实际获得的各项收入。

其中，实分利润是指投资者由项目获取的利润。资产处置收益分配是指对有明确的合营期限或合资期限的项目，在期满时对资产余值按股比或者约定的比例分配。租赁费收入是指出资方将自己的资产租赁给项目使用所获得的收入，此时应将资产价值作为现金流出，列为租赁资产支出科目。技术转让或使用收入是指出资方将专利或专有技术转让或允许该项目使用所获得的收入。

2）现金流出

现金流出是指出资方因该项目的实施将实际投入的各项支出。

该表中各科目应根据具体情况调整。

4. 利润与利润分配表

利润与利润分配表主要反映项目计算期内各年的利润总额、所得税及税后分配情况。该表格与损益表性质一致，但增加显示了利润的分配方法。利润与利润分配表见表4-14。

表4-14 利润与利润分配表

序号	项目	合计	第0年	第1年	第2年	…	第n年
1	营业收入						
2	销售税金及附加						
3	总成本费用						
4	补贴收入						
5	利润总额（1-2-3+4）						
6	弥补以前年度亏损						
7	应纳税所得额（5-6）						
8	所得税						

续表

序号	项目	合计	第0年	第1年	第2年	…	第n年
9	净利润（5−8）						
10	期初未分配利润						
11	可供分配的利润（9+10）						
12	提取法定盈余公积金						
13	可供投资者分配的利润（11−12）						
14	提取任意盈余公积金						
15	应付优先股股利						
16	应付普通股股利						
17	各投资方利润分配						
18	未分配利润（13−14−15−16−17）						
19	息税前利润（利润总额+利息支出）						
20	息税折旧摊销前利润（19+折旧费+摊销费）						

在表 4-14 中，利润总额是指项目在一定时期内实现的盈亏总额，即利用营业收入扣除销售税金及附加、总成本费用，若有补贴收入则加上。其计算公式为

$$利润总额 = 营业收入 - 销售税金及附加 - 总成本费用 + 补贴收入 \qquad (4-18)$$

求得利润总额后，首先应弥补上年度的项目亏损（如有），当年所得税前利润不足以弥补的，则可在五年内用所得税前利润继续弥补。

所得税应以弥补上年度亏损后的利润额作为计算基数，即

$$应纳税所得额 = 利润总额 - 弥补以前年度亏损 \qquad (4-19)$$

缴纳所得税后的利润即净利润，连同上年度未分配利润，构成本期可供分配利润。按以下顺序进行分配。

1）提取法定盈余公积金

法定盈余公积金按照税后净利润的 10% 提取。法定盈余公积金已达注册资本的 50% 时可不再提取。提取的法定盈余公积金用于弥补以前年度亏损或转增资本金。但转增资本金后留存的法定盈余公积金不得低于注册资本的 25%。

2）提取任意盈余公积金

任意盈余公积金计提标准由股东大会确定，如确因需要，经股东大会同意后，也可用于分配。

3）向股东（投资者）支付股利（分配利润）

支付优先股股利、普通股股利，以及向各投资方分配利润。分配比例按投资者签订

的协议或公司章程有关规定来确定。企业上年度未分配利润可并入一并分配。

分配利润后,余下的利润为未分配利润,其计算公式为

$$未分配利润 = 可供投资者分配的利润 - 任意盈余公积金 - 应付优先股股利 - 应付普通股股利 - 各投资方利润分配额 \quad (4\text{-}20)$$

盈利能力报表与评价指标的关系如表 4-15 所示。

表 4-15 盈利能力报表与评价指标的关系

评价内容	基本报表	静态评价指标	动态评价指标
盈利能力	项目投资现金流量表	静态投资回收期	动态投资回收期 财务净现值 净现值率 净年值 财务内部收益率
	资本金现金流量表		动态投资回收期 财务净现值 净现值率 资本金财务内部收益率
	投资各方现金流量表		投资各方内部收益率
	利润与利润分配表	投资利润率 资本金利润率 投资利税率	

4.3 偿债能力分析

4.3.1 偿债能力分析概述

偿债能力是指在一定期限内清偿各种到期债务的能力,对于多数企业而言,资金除来自于股东权益外,还有相当一部分来自债权人权益。偿债能力强弱是衡量一个企业经营绩效的重要指标,不仅关系到企业本身的生存发展,同时也与债权人、投资者的利益密切相关。对于企业内部而言,测定偿债能力有利于企业科学合理地进行筹资决策与投资决策;从企业外部来看,债权人会根据企业的偿债能力强弱来作出贷款决策。

项目偿债能力分析是项目投资财务状况分析的主要方法之一,用以观察投资项目贷款的还本付息能力及其资金来源。一个使用投资贷款的生产项目,必须具有足够的还款能力。项目借款的偿还能力常常通过编制相关报表,计算利息备付率、偿债备付率等比率指标来进行考察。

4.3.2 偿债能力分析指标

1. 利息备付率

利息备付率（Interest Coverage Ratio，ICR）又称已获利息倍数、利息保障倍数，是指项目在借款偿还期内各年可用于支付利息的息税前利润（EBIT）与当期应付利息费用（PI）的比值。该项指标从付息资金来源的充裕性角度反映项目支付债务利息的能力。其计算公式为

$$ICR = \frac{EBIT}{PI} \quad (4\text{-}21)$$

式中　ICR——利息备付率；

　　　EBIT——年平均税前利润（年平均税前利润＝年均营业收入－年均总成本－年均销售税金及附加＋年均利息支出）；

　　　PI——应付利息。

利息备付率应分年计算，分别计算在债务偿还期内各年的利息备付率。

通常情况下，ICR＞1，表示企业有偿还利息的能力，一般不宜低于2，应结合债权人的要求确定；ICR＜1，表示企业没有足够的资金支付利息，偿债风险很大。

【例4-16】 现有一项目甲，该项目第三年的应付利息额为1000万元，该项目第三年的息税前利润为2700万元，试计算该项目第三年的利息备付率，并据此判断该项目第三年偿还利息的能力。

【解】根据题意可得

第三年的利息备付率＝$2700 \div 1000 = 2.7$

该项目第三年的利息备付率大于2，所以该项目第三年具有较好的偿还利息的能力。

【例4-17】 某项目当年的应付利息额为2453万元，当年的息税前利润为5500万元，则该项目这一年的利息备付率是（　　）。

A.1.98　　　　　B.2.24　　　　　C.2.78　　　　　D.3.24

【解】根据题意可得

利息备付率＝$5500 \div 2453 = 2.24$

该项目这一年的利息备付率为2.24，所以选择B。

2. 偿债备付率

偿债备付率（Debt Service Coverage Ratio，DSCR）又称偿债覆盖率，是指项目在借款偿还期内，各年可用于还本付息的资金与当期应还本付息金额的比值。该指标从偿债资金来源的充裕性角度反映项目偿付借款本息的能力与保障性。其计算公式为

$$DSCR = \frac{EBITDA - T_{AX}}{PD} \quad (4\text{-}22)$$

式中　DSCR——偿债备付率；

　　　EBITDA——息税折旧摊销前利润；

T_{AX}——所得税；

PD——应还本付息，包括当期应还贷款本金额及计入总成本费用的全部利息。

融资租赁费用可视同借款偿还；运营期内的短期借款本息也应纳入计算；如果项目在运维期内有维持运营的投资，可用于还本付息的资金应扣除维持运营的投资。

通常情况下，$DSCR$ 应当大于1，且越高越好。指标越高，表明项目可用于还本付息的资金保障性越大；指标越低，表明项目还本付息资金不充足，偿债风险大。当 $DSCR$ 小于1时，表示当年资金来源不足以偿付当期债务，需要通过短期借款偿付已到期债务。参考国际和国内经验来看，一般情况下，$DSCR$ 不宜低于1.3。

【例4-18】 现有一项目，其第三年到第五年与备付率指标相关的数据见表4-16，试计算该项目第三年到第五年的利息备付率与偿债备付率。

表4-16 备付率指标相关数据

序号	项目	运营期		
		3	4	5
1	应还本付息额	33246	33245	33246
1.1	还本	22091	23648	25316
1.2	付息	11155	9597	7930
2	应付利息额	11595	10069	8402
3	息税前利润	20015	28905	31980
4	折旧	36455	36455	36455
5	摊销	700	700	700
6	所得税	1770	3690	3867

【解】根据式（4-21），该项目利息备付率=息税前利润÷应付利息额，根据式（4-22），该项目偿债备付率=（息税前利润+折旧+摊销－所得税）÷应还本付息额。

偿债备付率

第三年利息备付率=20015÷11595=1.73

第三年偿债备付率=（20015+36455+700－1770）÷33246=1.67

第四年利息备付率=28905÷10069=2.87

第四年偿债备付率=（28905+36455+700－3690）÷33245=1.88

第五年利息备付率=31980÷8402=3.81

第五年偿债备付率=（31980+36455+700－3867）÷33246=1.96

3. 资产负债率

资产负债率（Liability on Asset Ratio, LOAR）又称举债经营比率，是指各期末负债总额和资产总额的比率。该指标用来衡量企业利用债权人提供资金进行经营活动的能力，反映债权人发放贷款的安全程度。其计算公式为

$$LOAR = \frac{TL}{TA} \times 100\% \tag{4-23}$$

式中 $LOAR$——资产负债率；

TL——期末负债总额；

TA——期末资产总额。

资产负债率反映在总资产中有多大比例是通过借债来筹资的，也可衡量企业在清算时保护债权人利益的程度，也是评价公司负债水平的综合指标。

适度的资产负债率表明企业经营安全、稳健，具有较强的筹资能力，也表明企业和债权人风险较小。在企业管理中，资产负债率的高低也不是一成不变的，它要看从什么角度分析，还要看经济大环境，没有统一的标准。对于企业来说：一般认为，资产负债率的适宜水平是 40%～60%。如果 $LOAR \geq 100\%$，说明公司已经没有净资产或资不抵债。

【**例 4-19**】 2023 年 3 月末，国有企业资产总额 1054875.4 亿元，负债总额 685766.3 亿元。其中中央企业资产总额为 554658.3 亿元，负债总额为 363304 亿元；地方国有企业资产总额 500217.1 亿元，负债总额 322462.3 亿元。试分别计算国有企业、中央企业和地方国有企业的资产负债率。

【**解**】根据题意可得

$$国有企业资产负债率 = \frac{685766.3}{1054875.4} \times 100\% = 65.0\%$$

$$中央企业资产负债率 = \frac{363304}{554658.3} \times 100\% = 65.5\%$$

$$地方国有企业资产负债率 = \frac{322462.3}{500217.1} \times 100\% = 64.5\%$$

4. 流动比率

流动比率是企业流动资产与流动负债的比率，主要反映企业的偿债能力。其计算公式为

$$流动比率 = \frac{流动资产}{流动负债} \tag{4-24}$$

生产性行业的流动比率平均值为 2。需要注意的是，行业平均值仅是一个参考值，并不是要求企业的流动比率指标必须维持在这个水平，但若数值偏离过大，则应注意分析企业的具体情况。如果流动比率过高，需要考虑是否为企业资产结构不合理或是募集的长期资金没有尽快投入使用等原因；如果流动比率过低，则要注意企业近期可能会有财务方面的困难，偿债困难会使企业的风险加大。

【**例 4-20**】 某企业 2021 年年末的流动资产为 2100 万元，流动负债为 1000 万元，试计算该企业 2021 年年末的流动比率。

流动比率和速动比率

【**解**】根据题意可得

2021 年年末的流动比率 = 2100÷1000 = 2.1

该企业 2021 年年末的流动比率为 2.1。

5. 速动比率

速动比率是企业速动资产与流动负债的比率,主要反映企业对短期债务的偿债能力。其计算公式为

$$速动比率 = \frac{速动资产}{流动负债} \quad (4-25)$$

其中,速动资产是指能够迅速变现为货币资金的各类流动资产,通常有两种计算方法:

(1) 将流动资产中扣除存货后的资产统称为速动资产,即速动资产 = 流动资产 − 存货。

(2) 将变现能力较强的货币资金、交易性金融资产、应收票据、应收账款和其他应收款等加总作为速动资产,即速动资产 = 货币资金 + 交易性金融资产 + 应收票据 + 应收账款 + 其他应收款。

在企业不存在其他流动资产项目时,这两种方法的计算结果应一致;否则,用第二种方法要比第一种方法准确,但比第一种方法复杂。

由于速动资产的变现能力较强,因此,经验认为,速动比率等于 1 就说明企业有偿债能力,低于 1 则说明企业偿债能力不强。该指标越低,企业的偿债能力越差。

【例 4-21】 某企业 2021 年年末的流动资产为 2100 万元,其中存货为 900 万元,流动负债为 1000 万元,试计算该企业 2021 年年末的速动比率。

【解】 根据题意可得

速动资产 = 2100 − 900 = 1200(万元)

2021 年年末速动比率 = 1200 ÷ 1000 = 1.2

该企业 2021 年年末的速动比率为 1.2。

偿债能力指标汇总见表 4-17。

表 4-17 偿债能力指标汇总

评价指标	计算方法	判断标准
利息备付率	$ICR = \dfrac{EBIT}{PI}$	$ICR > 1$
偿债备付率	$DSCR = \dfrac{EBITDA - T_{AX}}{PD}$	$DSCR > 1$
资产负债率	$LOAR = \dfrac{TL}{TA} \times 100\%$	$LOAR < 100\%$
流动比率	$流动比率 = \dfrac{流动资产}{流动负债}$	流动比率一般维持在 2
速动比率	$速动比率 = \dfrac{速动资产}{流动负债}$	速动比率一般维持在 1

4.3.3 偿债能力分析报表

1. 借款还本付息计划表

借款还本付息计划表和资产负债表都反映了项目的偿债能力。借款还本付息计划表主要反映借款偿还期内，借款支用和还本付息的情况，是进行偿债能力分析的表格。可以用以计算利息备付率和偿债备付率等指标。

借款还本付息计算表包括借款及还本付息和偿还借款本金的资金来源两大部分。在借款尚未还清的年份，当年偿还本金的资金来源等于本年还本的数额；在借款还清的年份，当年偿还本金的资金来源等于或大于本年还本的数额。

借款还本付息计划表的编制依据是借款人与债权人商定的，或预计的债务资金条件和计算方式。借款还本付息计划表格式参见表4-18。

表4-18 借款还本付息计划表

序号	项目	利率（%）	建设期		运营期			
			0	1	2	3	…	n
1	借款及还本付息							
1.1	年初借款本息累计							
1.1.1	本金							
1.1.2	建设期利息							
1.2	本年借款							
1.3	本年应计利息							
1.4	本年偿还本金							
1.5	本年支付利息							
2	偿还借款本金的资金来源							
2.1	利润							
2.2	折旧							
2.3	摊销							
2.4	其他资金合计							

在项目的建设期，"年初借款本息累计"等于上年度借款本金和建设期利息之和；在项目的运营期，"年初借款本息累计"等于上年度尚未还清的借款本金。

"本年借款"和建设期的"本年应计利息"按照投资总额与资金筹措表填列。运营期的"本年应计利息"可以根据当年的年初借款本息累计与贷款年利率的乘积求得。

"本年偿还本金"根据当年偿还借款本金的资金来源填列。

"利润"根据利润表填列。

"折旧"和"摊销"根据总成本估算表填列。

2. 资产负债表

资产负债表是反映企业在某一特定日期（如月末、季末、年末）全部资产、负债和所有者权益情况的会计报表，是企业经营活动的静态体现，根据"资产＝负债＋所有者权益"这一平衡公式，依照一定的分类标准和一定的次序，将某一特定日期的资产、负债、所有者权益的具体项目予以适当的排列编制而成。

在工程项目财务分析中，资产负债表的科目可以适当简化，反映项目各年年末的财务状况。

根据项目资产负债表，可以计算项目的资产负债率、流动比率、速动比率等指标。资产负债表见表 4-19。

表 4-19　资产负债表

序号	项目	建设期			运营期		
		0	1	2	3	…	n
1	资产						
1.1	流动资产总额						
1.1.1	应收账款						
1.1.2	存货						
1.1.3	现金						
1.1.4	累计盈余资金						
1.2	在建工程						
1.3	固定资产净值						
1.4	无形及递延资产净值						
2	负债及所有者权益						
2.1	流动负债总额						
2.1.1	应付账款						
2.1.2	流动资金借款						
2.1.3	其他短期借款						
2.2	长期借款						
	负债小计						
2.3	所有者权益						
2.3.1	资本金						
2.3.2	资本公积金						
2.3.3	累计盈余公积金						
2.3.4	累计未分配利润						

4.4 可持续能力分析

4.4.1 可持续能力分析概述

可持续能力包括核心知识技术能力、协调整合能力、生产运营能力、营销能力、战略管理能力、创新能力等。在财务上表现为盈利能力、偿债能力、营运能力、资本结构、成长能力等。对于工程项目，只考虑盈利能力或者偿债能力是不够的，要想项目得以顺利实施，还需要对资金进行时间上的安排，制定资金筹措方案，保证资金的平衡并保证有足够的资金偿还债务。财务可持续能力分析是通过考察项目计算期内各年的投资活动、融资活动和经营活动等所产生的各项资金的流入和流出，针对项目在实施和运营期间是否有足够的净现金流量来维持正常生产活动的一种分析。

4.4.2 可持续能力分析报表

财务计划现金流量表是进行项目可持续能力分析的基本报表，以财务分析辅助报表和利润与利润分配表为编制基础，反映项目计算期内各年的投资、融资及经营活动的现金流入流出，同时分析项目是否有足够的净现金流量以维持正常运营，其具体形式如表 4-20 所示。

表 4-20 财务计划现金流量表　　　　　　　　　单位：万元

序号	项目	计算期 1	2	3	4	5	—
1	经营活动净现金流量						
1.1	现金流入						
1.1.1	营业收入						
1.1.2	增值税销项税额						
1.1.3	回收流动资金						
1.2	现金流出						
1.2.1	经营成本						
1.2.2	增值税进项税额						
1.2.3	税金及附加						
1.2.4	增值税						
1.2.5	所得税						
2	投资活动净现金流量						
2.1	现金流入						
2.2	现金流出						

续表

序号	项目	计算期					
		1	2	3	4	5	—
2.2.1	建设投资						
2.2.2	流动资金						
3	筹资活动净现金流量						
3.1	现金流入						
3.1.1	项目资本金投入						
3.1.2	建设投资借款						
3.1.3	流动资金借款						
3.2	现金流出						
3.2.1	各种利息支出						
3.2.2	偿还债务本金						
3.2.3	应付利润						
4	净现金流量						
5	累计盈余资金						

根据表4-20中的年度盈余资金，可以考察项目的年资金平衡情况，如年度盈余小于零，则表明项目维持需要进一步借贷，或通过其他年利润补充。累计盈余需为正值，若累计盈余小于零，则项目无法进行下去。

财务计划现金流量表主要包括经营活动净现金流量、投资活动净现金流量、筹资活动净现金流量、净现金流量和累计盈余资金。

经营活动净现金流量包括现金流入和现金流出两部分。其中，现金流入包括营业收入、增值税销项税额和回收流动资金；现金流出包括经营成本、增值税进项税额、税金及附加、增值税、所得税。经营活动期的现金流量的财务数据取自项目资本金现金流量表。

投资活动净现金流量包括现金流入和现金流出两部分。其中，现金流出包括建设投资、流动资金。

筹资活动净现金流量包括现金流入和现金流出两部分。其中，现金流入包括项目资本金投入、建设投资借款、流动资金借款；现金流出包括各种利息支出、偿还债务本金和应付利润。筹资活动期的现金流量的财务数据取自借款还本付息计划表、利润和利润分配表等。

4.4.3 可持续能力判断

财务可持续能力即投资方是否有足够的现金流维持项目正常运营的能力，财务可持续的基本条件是有足够的经营净现金流量。可以通过以下两方面判断财务可持续能力。

第一，分析是否有足够的净现金流量维持项目正常运营。在项目运营期间，只有能够从各项经济活动中得到足够的净现金流量，项目才能持续生存。财务可持续能力分析中应根据财务计划现金流量表，考察项目计算期内各年的投资活动、融资活动和经营活动所产生的各项现金流入和现金流出，计算净现金流量和累计盈余资金，分析是否有足够的净现金流量维持项目正常运营。拥有足够的经营净现金流量是财务可持续的基本条件，特别是在运营初期。一个项目具有较大的经营净现金流量，说明项目方案比较合理，实现自身资金平衡的可能性较大，不会过分依赖短期融资来维持运营；反之，一个项目不能产生足够的经营净现金流量，或经营净现金流量为负值，说明维持项目正常运行会遇到财务上的困难，实现自身资金平衡的可能性较小，有可能要靠短期融资来维持运营，有些项目可能需要政府补助来维持运营。通常因运营前期的还本付息负担较重，故应当特别注重运营期前期的财务可持续能力分析。如果拟安排的还款期过短，致使还本付息压力过大，导致为维持资金平衡必须筹措的短期借款过多，可以设法调整还款期，甚至寻求更有利的融资方案，减轻各年还款压力。

第二，各年累计盈余资金不出现负值是财务上可持续的必要条件。在整个运营期间，允许个别年份的净现金流量出现负值，但不能容许任一年份的累计盈余资金出现负值。一旦出现负值时应适时安排短期融资，该短期融资应体现在财务计划现金流量表中，同时短期融资的利息也应纳入成本费用和其后的计算。较大的或较频繁的短期融资，有可能导致以后的累计盈余资金无法实现正值，使项目难以持续运营。

一、单项选择题

1. 下列不是盈利能力静态分析指标的是（　　）。
   A. 总投资收益率　　　　　　B. 资本金收益率
   C. 静态投资回收期　　　　　D. 净现值率

2. 通常情况下，当计算出的资本金净利润率（　　）时，认为该项目盈利能力满足要求。
   A. 高于同行业利润率参考值　　B. 大于 1
   C. 大于 2　　　　　　　　　　D. 低于同行业利润率参考值

3. 设项目投资回收期为 P_t，基准投资回收期为 P_c，符合（　　）时，项目可以考虑接受。
   A. $P_t = P_c$　　B. $P_t > P_c$　　C. $P_t \leqslant P_c$　　D. $P_t \geqslant P_c$

4. 用净现值指标来判断项目方案是否可行时，判断标准是（　　）。
   A. $NPV \geqslant 0$　　B. $NPV = 0$　　C. $NPV < 0$　　D. $NPV \leqslant 0$

5. 下列关于利息备付率的说法中，错误的是（　　）。
   A. $ICR > 1$，表示企业有偿还利息的能力
   B. $ICR < 1$，表示企业没有足够的资金支付利息

C. 利息备付率通常按月计算

D. 利息备付率可用于分析项目的偿债能力

二、多项选择题

1. 下列指标考虑了资金的时间价值的有（　　　）。

A. 资本金净利润率　　　　　　B. 静态投资回收期

C. 净现值　　　　　　　　　　D. 动态投资回收期

E. 内部收益率

2. 下列（　　　）是静态投资回收期的优点。

A. 概念清晰，反映问题直观，简单易用

B. 能够直观地反映原始总投资的返本期限

C. 在一定程度上反映项目的经济性

D. 反映项目的风险大小

E. 考虑资金的时间价值

3. 已知基准收益率 i_c=15%，则下列单一方案项目中可行的有（　　　）。

A. 甲项目：IRR=13%

B. 乙项目：IRR=14%

C. 丙项目：IRR=15%

D. 丁项目：IRR=16%

E. 戊项目：IRR=17%

4. 基准收益率的影响因素有（　　　）。

A. 资金成本　　　　　　　　　B. 投资机会成本

C. 风险补贴率　　　　　　　　D. 通货膨胀率

E. 内部收益率

5. 下列分析报表中，主要用于分析项目的盈利能力的（　　　）。

A. 投资现金流量表　　　　　　B. 项目资本金现金流量表

C. 投资各方现金流量表　　　　D. 利润与利润分配表

E. 借款还本付息计划表

三、简答题

1. 总投资收益率指标的适用范围是什么？
2. 盈利能力分析的静态指标和动态指标分别有哪些？
3. 净现值指标的优缺点是什么？
4. 什么情况下会出现内部收益率无解或存在多个解？
5. 偿债能力分析的指标有哪些？

四、计算题

1. 某工程项目的财务现金流量表的数据如表 4-21 所示，基准收益率为 10%，计算该项目的静态投资回收期。

表 4-21　项目的财务现金流量表　　　　　　　　　　　　单位：万元

计算期	0	1	2	3	4	5
现金流量	-4000	800	1000	1100	1500	1500

2. 现有某工程项目甲，其财务现金流量表的数据如表 4-22 所示，基准收益率为 8%，计算该项目的净现值。

表 4-22　项目的财务现金流量表　　　　　　　　　　　　单位：万元

计算期	0	1	2	3	4
现金流量	-3000	1000	1000	1100	1200

3. 某投资项目的各年净现金流量如表 4-23 所示。基准收益率为 12%，试计算该项目的静态投资回收期和动态投资回收期。

表 4-23　项目的净现金流量表　　　　　　　　　　　　单位：万元

年份	净现金流量	累计净现金流量	折现净现金流量	累计折现净现金流量
0	-300.00	-300.00	-300.00	-300.00
1	50.00	-250.00	44.64	-255.36
2	70.00	-180.00	55.80	-199.55
3	80.00	-100.00	56.94	-142.61
4	80.00	-20.00	50.84	-91.77
5	80.00	60.00	45.39	-46.38
6	80.00	140.00	40.53	-5.85
7	80.00	220.00	36.19	30.34
8	80.00	300.00	32.31	62.65
9	80.00	380.00	28.85	91.50
10	90.00	470.00	28.98	120.48

4. 某项目有甲、乙两个工程方案，均能满足同样的需要，其投资及年收益数据如表 4-24 所示，在基准收益率为 10% 的情况下，请利用净年值法确定最优方案。

表 4-24　两项目的投资及年收益数据表

方案	初始投资 / 万元	年净收入 / 万元	经济寿命 / 年
甲	3000	900	6
乙	2800	800	8

5. 现有一项目，其运营期第四年和第五年与备付率指标相关的数据见表 4-25，试计

算该项目第四年和第五年的偿债备付率。

表 4-25 备付率相关指标   单位：万元

序号	项目	运营期	
		4	5
1	应还本付息额	2300	2300
2	应付利息额	479	410
3	息税前利润	2234	2355
4	折旧	1998	1998
5	摊销	200	200
6	所得税	214	214

在线答题

拓展习题

第 5 章

工程项目的国民经济评价

知识结构图

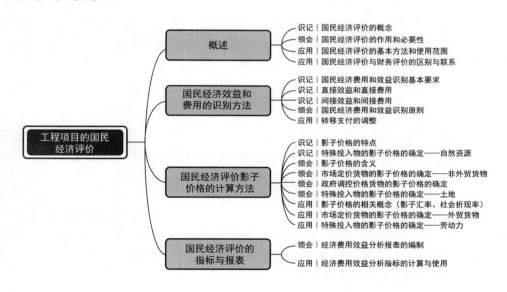

5.1 概　　述

5.1.1 国民经济评价的概念、作用、必要性

第5章概述

1. 国民经济评价的概念

国民经济评价是按照资源合理配置的原则，采用影子价格、影子汇率和社会折现率等经济分析参数，计算分析项目需要国家付出的代价和对国家的贡献，即项目的费用和效益，以考察项目宏观经济上的合理性。

对于投资项目而言，不能仅仅根据财务评价结果判断项目是否合理可行。对项目进行国民经济评价的目的，就是把国家有限的各种资源（包括劳动力、资金、土地和自然资源等）投入到最需要的项目中去，使有限的资源能够得到有效利用，从而取得最大的经济效益。

国民经济评价的主要工作包括识别国民经济的效益和费用、测算和选取影子价格、编制国民经济评价报表、计算国民经济评价指标并进行方案比选。国民经济评价可以采用经济费用效益分析或经济费用效果分析的方法，对那些能对行业、区域和宏观经济产生明显影响的项目，进行系统的经济影响分析。

2. 国民经济评价的作用

1）正确反映项目对社会经济的净贡献，评价项目的经济合理性

项目的财务评价主要是站在企业投资者的角度考虑项目的经济效益，因此，一些项目的财务评价并不一定能够全面、正确地反映项目对于国民经济的代价和贡献，特别是在国家对项目实施的征税及财务补贴、市场价格的扭曲以及项目的外部费用和效益等方面。此时需要进一步通过国民经济评价考察项目的经济合理性。另外，某些项目的投入物与产出物的市场价格并不能反映其真实的经济价值，从而会导致项目财务效益的失真，国民经济评价可以通过影子价格对其财务价格进行调整和修正，真实地反映出项目消耗社会资源对应的价值量，进而评价项目的经济合理性。

2）为政府合理配置资源提供依据

在完全的市场经济中，由市场配置资源，资源的流向由市场"看不见的手"实现调节。在非完全的市场经济中，政府在资源配置中发挥调节作用。通过项目的国民经济评价对项目的经济效益进行分析评价，可为政府进行资源配置合理决策提供参考依据。例如，从国家经济发展和社会利益角度来看，对于本身财务效益差但国民经济效益好的项目，可适当予以鼓励。

3）政府审批或核准项目的重要依据

对于主要的基础设施项目，其建设对国家及地方经济有重大影响，同时存在一定程度的垄断性，需要政府的支持和管制，此类项目投资决策需要获得政府审批。在我国新

的投资体制下，国家对项目的审批和核准重点放在项目的外部性、公共性方面。国民经济评价强调对项目的外部效果进行考察分析，可考察拟建项目是否符合社会生产的要求、是否符合社会发展的需要，而不是单纯地考虑项目本身是否具备盈利性，因此可作为政府审批或核准项目的重要依据。政府需要考虑项目的国民经济效益，从资源的配置优化角度对项目进行考察。

4）为市场化运作的基础设施等项目提供财务方案的制定依据

对部分或完全市场化运作的基础设施，例如桥梁、公路、隧道等项目，国民经济评价反映了项目消耗的社会价值和项目建成后所创造的国民经济效益，为发挥社会资源的最优效益提供了依据，为项目投资是否可行提供了保障。可通过国民经济评价来论证项目的经济价值，为财务方案的制定提供依据与补充。

5）有助于实现企业利益与全社会利益有机地结合和平衡

对政府实行审批和核准的项目，应当特别强调社会经济角度对其评价和考察。对社会经济贡献大的产业项目，政府可予以一定支持和发展。对一些国计民生急需的项目，若国民经济评价合理但财务评价不可行，应重新考虑方案，必要时可提出相应的财务政策方面的建议，调整项目的财务条件以使项目在财务上也可行，如政府给予税收、贷款优惠等。正确运用国民经济评价方法，有助于在项目决策阶段有效地察觉盲目建设、重复建设项目，有助于实现企业利益、地区利益和全社会利益的有机结合。

6）比选和优化项目（方案）的重要参考依据

对于某些市场配置资源失灵或者需要由政府进行干预的项目，当其面对多种实施方案的选择时，应考虑国民经济评价所做的分析，按照一定的准则对有限资源的配置做出合理的选择。另外，项目方案可依据国民经济评价所提供的价值信息进行优化。国民经济评价为项目（方案）比选及优化提供了重要的参考依据。

3. 国民经济评价的必要性

（1）为从宏观上合理配置国家的有限资源，需要开展国民经济评价。财务分析是预测价格，是以现行市场价格体系作为评价基础的。由于市场发育不成熟、不完善等原因，项目的投入物和产出物市场存在价格失真，不能正确反映其对国民经济的真实价值。而以这样的价格信号和价格杠杆难以从宏观上进行合理的资源配置。因此，需要通过国民经济评价明确国民经济的真实价值，从而实现对国家资源的合理配置。

（2）为反映项目对国民经济真实贡献，需要开展国民经济评价。由于企业和国家是两个不同的评价角度，企业利益并不总是与国家利益完全一致，因此，一个项目对国家和企业的费用和效益范围不完全一致。财务盈利效果仅仅是项目内部的经济效果，不包括对项目外部产生的影响。同时，不同项目的财务分析包括了不尽相同的税收、补贴和贷款条件，这使不同项目的财务盈利失去了公正的效果。因此，项目财务评价无法反映国民经济的真实贡献，需要通过国民经济评价对其进行说明。

（3）为了投资决策科学化，需要开展国民经济评价。国民经济评价能够引导投资方向，抑制投资规模，避免项目重复建设和盲目建设，因此国民经济评价能够提高决策的可靠性。

5.1.2 国民经济评价的基本方法和使用范围

1. 国民经济评价的基本方法

国民经济评价强调站在整个社会的角度，分析社会资源占用的经济效益，分析方法应根据具体情况确定。国民经济评价的主要方法包括下列四种。

（1）费用效益分析（或费用效果分析）方法，即效益（或效果）与费用比较的理论方法，寻求以最小的投入（费用）获取最大的产出（效益或效果）。

（2）"有无对比"方法，用以识别项目的效益和费用，即将"有"项目与"无"项目两种不同条件下国民经济的不同情况进行对比，识别项目的费用和效益。

（3）影子价格方法，估算各项效益和费用，即基于影子价格的思想，采取不同于财务价格的一种理论上的影子价格来衡量项目所消耗资源及其产出贡献的真实价值。

（4）费用效益流量分析方法，可实现经济费用效益分析，使用内部收益率、净现值等经济盈利指标进行定量的经济效益分析。

国民经济评价还需注意遵循效益和费用的计算范围对应一致的基本原则。国民经济评价中，需对项目的外部效益及外部费用进行计算，在对外部效益及外部费用进行计算的过程中，计算范围及边界的确定需要仔细分析，常常容易出现效益扩大化的偏差。为消除这种偏差，在衡量某项效益是否计入项目的外部效益时，可分析带来此种效益是否还需要本项目以外的其他投入或费用。

2. 国民经济评价的步骤

对项目进行国民经济评价所涉及的内容和范围较广，相关指标的测算也较为复杂。一般而言，国民经济评价可按照以下八个步骤来开展。

（1）识别项目的效益与费用。项目费用与效益的识别根据项目的类型及其评价目标不同有所区别。项目国民经济评价的开展是从整个国民经济的发展目标出发，考察项目对国民经济发展和资源合理配置的影响。国民经济评价需对项目、对国民经济所做的贡献（即效益），与由项目引起的代价（即费用），进行识别和划分，包括项目的内部效益与外部效益，还需特别注意对转移支付的处理。

（2）确定计算效益与费用所采用的影子价格和参数。国民经济评价结果的合理准确与确定项目产出物与投入物的真实价值合理准确密不可分。产出物与投入物选取的经济价格不仅能够反映资源本身真实的社会价值，还能够反映其供求关系及物资稀缺程度，并且符合国家相关经济政策的要求。在国民经济评价过程中，采用影子价格来刻画资源的经济价值，按照国家相关规定和定价原则，合理确定投入物与产出物的影子价格和参数，以作为后期鉴定和分析的基础。影子价格和参数的确定是国民经济评价的主要内容。

（3）调整项目效益和费用等经济数值。根据已确定的效益与费用的范围，把项目的效益和费用等各项经济基础数据，按照已确定的经济价格，即影子价格，进行调整，采用影子价格、影子工资、影子汇率和社会折现率等来直接测算或替代财务评价中的财务价格、工资、汇率和折现率等，重新计算项目的销售收入、投资和生产成本的支出以及项目固定资产残值的经济价值等，鉴定、分析调整的内容是否全面而合理，调整的方法与结果是否准确，是否符合国家相关规定。

（4）编制并分析项目的国民经济评价报表。在对项目效益和费用等经济数值调整的基础上，编制国民经济费用效益流量表。若项目涉及外资利用，则还应编制国民经济费用效益流量表（国内投资）和经济外汇流量表等基本报表。在评价过程中应注意复核这些国民经济评价报表的表格设置、编制内容和数据计算是否符合规定要求以及是否正确。

（5）计算项目的经济费用效益分析指标。对经济费用效益分析指标的评价是从国民经济整体的角度来考察项目给国民经济带来的净贡献。常用的经济费用效益分析指标包括经济净现值（ENPV）、经济内部收益率（EIRR）等。其大小反映了资源配置的经济效率，为项目的评价提供了依据。

（6）评价项目的社会效益。项目的社会效益评价主要是对项目对地区或部门经济发展带来的效果进行定量或定性分析，包括对收入分配、产业结构、科技水平、劳动就业、环境保护、资源利用、产品质量，以及对人民物质文化生活和社会福利等影响的分析评价。总体而言，社会效益的评价应从整个社会的角度来考察、分析和预测项目对社会整体发展所做的贡献大小，按调整后的经济价格和参数计算与分析项目的社会效果指标。

（7）比选项目的投资方案。项目投资方案的经济效益比选是寻求合理的经济和技术决策的必要手段，也是国民经济评价的重要组成部分。方案比选一般可采用净现值法或差额收益率法。而对于效益相同的方案或效益基本相同又难以具体估算的方案，可采用最小费用法（如总费用现值比较法和年费用比较法）。方案的比选应遵循宏观和微观、技术和经济相结合的原则。项目安排对工业布局、地区规划和地区经济的影响及厂址选择对项目外部条件的影响，应与项目的经济效益比选结合起来分析。项目投资方案经济效益比选的结论应通过国民经济评价和财务评价综合分析后确定。若条件允许，除方案间的比选外，还可再与国外生产同类产品的企业进行对比，以证实本项目所建议的方案技术水平和经济效益不仅是具备可行性的，而且是较好的方案。

（8）形成项目国民经济综合评价与结论建议。首先，综合考虑国家政策和项目涉及的各种经济因素，以国民经济效益评价为主，结合财务评价和社会效益评价，对主要评价指标进行分析，进而形成评价的结论。其次，对项目国民经济综合评价中所反映的突出问题及针对问题的建议加以清晰说明与阐述。项目的国民经济综合评价是从国家的总体利益出发，从更加广泛、更加全面的立场上，考虑到政治目标、经济目标、社会目标、环境保护、生态平衡、资源合理利用以及国防需要等各种因素，使宏观效果和微观效果有机结合，并用系统性、整体性和综合性的观点，从经济、技术、社会、政治和军事等多个方面，全面分析和综合评价项目的可行性。

3. 国民经济评价的适用范围

在市场经济条件下，大部分项目财务评价结论可以满足投资决策的要求，但有些项目需要通过经济分析反映投资项目的真实经济价值，从国民经济的角度评价项目是否可行。需要进行国民经济评价的项目主要包含以下几类项目：

（1）政府预算内投资用于关系国家安全、国土开发和市场不能有效配置资源的公益性和公共基础设施项目、保护和改善生态环境项目、重大战略性资源开发项目。

（2）政府各类专项建设基金投资用于交通运输、农林水利等基础设施、基础产业的建设项目。

（3）利用国际金融组织和外国政府贷款，需要政府主权信用担保的建设项目。

（4）法律、法规规定的其他政府性资金投资的建设项目。

（5）企业投资建设的涉及国家经济安全、影响环境资源、公共利益、可能出现垄断、涉及整体布局等公共性问题，需要政府核准的建设项目。

5.1.3 国民经济评价与财务评价的区别与联系

1. 国民经济评价与财务评价的区别

（1）评价角度不同。国民经济评价是按照资源合理配置的原则，在国家的层面上，从全社会的角度考虑项目需要国家付出的代价及对国家的贡献，以分析其效益和费用；财务评价是从项目的角度出发，从项目的财务主体、投资者、未来债权人的角度分析项目的可持续性及各投资方的收益及损失，计算项目直接发生的财务效益和费用。

（2）项目效益和费用的含义以及划分范围不同。国民经济评价是从全社会角度考察项目的效益和费用，要同时考虑直接和间接的效益和费用，重点关注的是资源的变动；而财务评价是站在企业的角度，凡是从企业内部流向企业外部的货币都是财务评价的支出，由外部流向内部的货币都为财务评价的收入，重点关注的是货币的流动。对一个投资项目而言，项目资源的投入减少了该资源在国民经济其他方面的可用量，从而减少了国民经济其他方面最终的产出量，则该项目对资源的使用产生了国民经济费用，即减少社会资源的项目投入将产生国民经济费用，增加社会资源的项目产出将产生国民经济效益。有些在财务评价中视为效益和费用的财务收支（如税金、国内贷款利息和补贴等），在国民经济评价中不被视为效益和费用。从国民经济系统的角度来看，这些现金流既没有使得社会最终产品减少，又没有使得其增加，只是在系统内部完成了转移环节，在国民经济评价的计算中需将之剔除。

（3）价格体系不同。国民经济评价是采用能够反映真实经济价值的影子价格计算项目的效益和费用，选取影子价格来代替不合理的市场价格，反映资源的价值、供求关系及稀缺程度，便于使有限的资源得到最佳的分配。而财务评价是要确定投资项目在财务上实现的可行性，是在现行市场价格体系中，采用实际的项目财务收支价格计算效益和费用考察项目的经济效益状况，这种价格可考虑通货膨胀的因素。两者评价过程中相关价格参数的选择也并不相同，以汇率为例，国民经济评价中采用的是影子汇率，而财务评价中采用的是官方汇率。

（4）评价依据不同。国民经济评价的主要依据是社会折现率，财务评价的主要依据是行业基准收益率或设定的折现率。财务评价所依据的行业基准收益率在不同行业是不同的，而社会折现率是统一的。

2. 国民经济评价与财务评价的联系

国民经济评价与财务评价之间的联系密切。在很多情况下，国民经济评价是在财务评价的基础之上开展的。国民经济评价可利用财务评价过程中的数据资料，以财务评价为基础进行进一步的调整计算，从而得到国民经济评价的结果。国民经济评价也可独立开展，在项目的财务评价之前进行国民经济评价。国民经济评价与财务评价的相同点为：

（1）两者均以用最小的投入获得最大的产出为评价目的。
（2）两者均使用效益和费用比较的理论方法。
（3）两者均遵循效益和费用识别的"有无对比"原则。
（4）两者均根据资金时间价值原理，采用现金流量分析方法进行动态分析，计算内部收益率和净现值等指标。

3. 国民经济评价结论与财务评价结论的关系

在大多数情况下，国民经济评价结论和财务评价结论是一致的，但两者尚存在诸多方面的区别，使得某些情况下国民经济评价结论与财务评价结论可能并不相同。可能出现的四种情况以及相应的决策情况如下：

（1）财务评价和国民经济评价均可行的项目，应予以通过；
（2）财务评价和国民经济评价均不可行的项目，应予以否定；
（3）财务评价不可行，国民经济评价可行的项目，应予以通过，但国家和相关主管部门应采取相应的优惠政策，如减免税收、给予补贴等优惠政策，以使项目在财务上具有一定生存能力；
（4）财务评价可行，国民经济评价不可行的项目，应予以否定，或者对方案进行重新考虑，对项目进行"再策划""再设计"以提高项目的可行性。

5.2 国民经济效益和费用的识别方法

5.2.1 国民经济效益和费用识别基本要求和原则

在国民经济效益和费用分析中，应尽可能全面地识别建设项目的国民经济效益和费用，并需要注意以下两点。

（1）对项目涉及的所有社会成员的有关效益和费用进行识别和计算，全面分析项目投资及运营活动耗用资源的真实价值，以及项目为社会成员福利的实际增加所做出的贡献。

① 分析体现在项目实体本身的内部效益和费用，以及项目引起的其他组织、机构或个人发生的各种外部效益和费用。

② 分析项目的近期影响，以及项目可能带来的中期、远期影响。

③ 分析与项目主要目标直接联系的直接效益和费用、各种间接效益和费用。

④ 分析具有物质载体的有形效益和费用,以及各种无形效益和费用。

(2) 国民经济效益和费用的识别应遵循以下原则。

① 增量分析原则。项目的国民经济效益和费用分析应建立在增量效益和增量费用的识别和计算的基础之上,不应考虑沉没成本和已实现的效益。应按照"有无对比"增量分析的原则,通过项目的实施效果与无项目情况下可能发生的情况进行对比分析,作为计算机会成本或增量效益的依据。

② 资源变动原则。在计算财务效益和费用时,依据的是货币的变动。凡是流入项目的货币即为直接效益,凡是流出项目的货币即为直接费用。经济资源的稀缺性也意味着一个项目的资源投入会减少这些资源在国民经济其他方面的可用量,从而减少了其他方面的国民收入。从这种意义上讲,该项目对资源的使用产生了国民经济费用。凡是减少社会资源的项目投入都意味着产生国民经济费用,凡是增加社会资源的项目产出都意味着产生国民经济效益。

③ 合理边界原则。国民经济效益和费用的识别应从国民经济的整体利益出发,其系统分析的边界不同于财务分析,国民经济效益和费用分析的边界是整个国家,而财务分析的边界是项目本身。效益和费用不仅要识别项目自身的内部效果,还需注意识别项目对国民经济其他部门和单位所产生的外部效果。

④ 关联效果原则。国民经济效益和费用的识别应考虑项目投资可能产生的其他关联效应。例如,项目的投资会对其上、下游企业产生关联效应,项目的实施可能会刺激上游企业得到发展,增加新的生产能力或使原有生产能力得到更充分的利用,项目的产品可能会对下游企业的经济效益产生影响,使其闲置的生产能力得到充分利用或使其在生产上节约成本。

⑤ 正确处理"转移支付"原则。正确处理"转移支付"是国民经济效益与费用识别的关键。对社会成员之间发生的财务收入与支出,应从是否新增加社会资源和是否增加社会资源消耗的角度出发加以识别。将不新增加社会资源和不增加社会资源消耗的财务收入与支出视作社会成员之间的"转移支付",在经济分析中不作为国民经济效益与费用。

⑥ 以本国社会成员作为分析对象原则。国民经济效益与费用的识别应以本国社会成员作为分析对象。对于跨越国界,对本国之外的其他社会成员也产生影响的项目,应重点分析项目给本国社会成员带来的效益和费用,项目对国外社会成员所产生的效果应予以单独陈述。

5.2.2 直接效益和直接费用

1. 直接效益

直接效益是指由项目产出物产生的并在项目范围内计算的经济效益,一般表现为项目为社会生产提供的物质产品、科技文化成果和各种各样的服务所产生的效益。例如,工业项目生产的产品、矿产开采项目开采的矿产品、邮电通信项目提供的邮电通信服务等满足社会需求的效益;运输项目提供运输服务,满足人流物流需要、节约时间的效益;

医院提供医疗服务满足人们增进健康减少死亡需求的效益;学校提供的学生就学机会,满足人们对文化、技能提高要求的效益等。

直接效益的确定分为以下几种情况。

(1)当项目的产出物用以增加国内市场的供应量时,其效益就是所满足的国内需求,也就等于消费者的支付意愿。

(2)当市场的供应量不变时,项目产出物顶替了原有项目的生产,致使原有项目减产或停产,其效益为原有项目减产或停产而节约的资源。

(3)当国内市场的供应量不变时,若项目产出物增加了出口量,其效益为所获得的外汇;若项目产出物减少了总进口量,即替代了进口货物,其效益为节约的外汇。

(4)当项目的产出是向社会提供公共服务时,其直接效益往往与财务评价的营业收入无关,而是体现在对社会的贡献程度。例如,交通运输项目的直接效益为节约时间和降低运输成本,文教卫生项目直接效益为疾病预防与生命延续等。

2. 直接费用

直接费用是指项目使用投入物产生,且在项目范围内计算的经济费用,一般表现为投入项目的各种物料、人工、资金、技术以及自然资源带来的社会资源消耗。项目直接费用的确定分为以下几种情况。

(1)其他部门为供应本项目投入物而扩大生产规模所耗用的资源费用。

(2)如果市场的供应量不变,减少对其他项目(或最终消费)投入物的供应而放弃的效益。

(3)增加进口(或减少出口)所耗用(或减少)国家外汇的费用。

3. 内部效果

内部效果是直接效益和直接费用的统称。内部效果与投资主体直接相关,一般在针对内部效果进行考察时,通常在财务评价的基础上进行项目的直接效益和直接费用的识别与度量。一般来说,需要对财务效益和费用进行调整。如果某些投入物和产出物的市场价格与影子价格存在偏差,则须重新估计其影子价格。另外,部分在财务评价中被排除的效益和费用可能需要重新补充到分析当中,而一些在财务评价中已经考虑到的效益和费用则可能根据其对经济的总体影响进行调整或重新归类。

5.2.3 间接效益和间接费用

1. 间接效益

间接效益是指由项目引起,在直接效益中并未得到反映的效益。例如,项目使用的非技术劳动力经训练转变为技术劳动力的效果、环境改善效果,以及项目对上下游企业带来相邻效果等。

2. 间接费用

间接费用是指由项目引起的代价,但在项目的直接费用中没有得到反映的费用。例如,项目产品大量出口而引起该种产品出口价格下降、项目对自然环境造成的污染等。

3. 外部效果

外部效果是间接效益和间接费用的统称。外部效果在财务评价中一般不会得到反映，相较于直接效益和直接费用，间接效益和间接费用的识别和计算要困难许多。一般而言，对显著的外部效果应作定量分析，应计入项目的总效益和总费用之中；外部效果不能定量的，应尽可能作定性描述。间接效益和间接费用主要包括以下几个方面。

（1）产业关联效果。例如，若建设一个水电站，一般除了带来发电、防洪、灌溉和供水等直接经济效果，还必然带来养殖业和水上运动的发展，以及旅游业的增进等间接效益，此外农业还会因为土地淹没而遭受一定的损失，产生间接费用。

（2）技术扩散和示范效果。技术扩散和示范效果是由于建设技术先进的项目会培养和造就大量的技术人员和管理人员。他们除了为本项目服务外，由于人员流动、技术交流等原因将会对整个社会经济发展带来好处。

（3）环境和生态效果。例如，造纸厂在给自身带来经济效益的同时，污水的排放也会给社会环境带来巨大损害。项目造成的环境污染和生态破坏，是项目的一种间接费用。含有环境治理工程的项目则会对环境产生有利影响，评价中也应考虑其相应的效益。

计算项目外部效果时，切忌重复计算。若已计入直接费用和直接效益之中，则外部效果不应再将其考虑在内，应将其效果予以剔除。同时还应注意所讨论的外部效果是否应归于待评价项目。例如，制约一个地区经济发展的因素往往不止一个，可能涉及交通运输、能源、通信等方面，不能将经济的发展简单归因于其中某一方面，在评价交通运输项目时，要考虑其他因素对当地发展的促进或限制作用，不能把当地经济增长都归功于项目带来的运力增加，而片面地采用当地经济增长量与运力增加量的比值来计算项目的间接效益。

计算项目外部效果时，还面临计算困难的问题。为解决这一问题，有时可采用调整项目范围的办法，将项目的外部效果进一步转化为项目内部作用。调整项目范围的一种方法是将项目的范围扩大，将几个项目合并成一个大项目后再进行国民经济评价，进而将这几个项目之间的相互支付转化至项目内部而相互抵消。例如，在评价相互关联的煤矿、铁路运输和火力发电项目时，可以考虑将这些项目合并成一个整体的综合能源项目，进而将这些项目之间的相互支付转变为大项目内部的收支而相互抵消，实现外部效果转化为内部作用以解决外部效果计算困难的问题。

5.2.4 转移支付的调整

项目的有些财务收入和支出，是社会经济内部成员之间的"转移支付"，即接受方所获得的效益和付出方所发生的费用相等。从社会经济角度看，转移支付并没有造成资源的实际增加或减少，不应计作国民经济效益或费用。经济评价中，项目的转移支付主要包括：项目（企业）向政府缴纳的大部分税费（除体现资源补偿和环境补偿的税费外）、政府给予项目（企业）的各种补贴、项目（企业）向国内银行等金融机构支付的贷款利息和获得的存款利息、项目（企业）向国外所贷款项的还本付息。

1. 税费

无论是增值税、所得税还是关税等都是政府调节分配和供求关系的手段。对于企业财务评价而言，纳税是一项费用支出，但是对于国民经济评价而言，企业纳税并未减少国民收入，它仅仅表示项目对国民经济的贡献有一部分转移至政府手中，由政府进行再分配。考察项目的国民经济评价系统是从资源增减的角度区别效益和费用的，税费作为国民收入的再分配，并不伴随资源的变动，在国民经济评价中既不能把税费列为效益，也不能把税费列为费用。项目对国民经济的贡献大小也并不随税费的多少而变化。因此，税费属于国民经济内部的转移支付。

2. 补贴

政府对项目发放的各种补贴仅表示国民经济为项目所付出的代价中，有一部分来自政府财政支出中的补贴这一项。政府如果对某些项目的投入物与产出物实行价格补贴，可能会降低项目投入的成本费用，或者将增加项目的收入，从而增加项目的净收益。这种收益的增加是国民收入从政府向企业的一种转移，它使得资源的支配权发生变动，但是既未增加社会资源，又未减少社会资源，因而补贴并不能被视为国民经济评价中的费用和效益。整个国民经济为项目所付出的代价也并不会随补贴的有无或补贴的多少而改变，因此，补贴并不是效益或费用，属于转移支付。

3. 国内存贷款利息

国内存贷款利息在项目财务评价资本金现金流量表中是一项流入或流出，即收益或费用。但对于国民经济评价而言，它仅表示项目与国内贷款机构间因放弃或占用资金所得到或付出的价值转移，仅仅代表资源支配权力的一种转移，并未减少国民经济收入。项目对国民经济的贡献大小与所支付的国内存贷款利息多少无关，因此，国内存贷款利息并不是效益或费用，属于转移支付。

4. 国外贷款与还本付息

在国民经济评价中，根据分析角度的不同针对国外贷款和还本付息采取两种不同的处理原则。

（1）全部投资效益费用流量表中的处理。在全部投资效益费用流量表中把国外贷款也视为国内投资，以项目的全部投资作为计算基础，对拟建项目使用的全部资源的使用效果进行评价。随着国外贷款的发放，国外相应的实际资源的支配权力也同时转移到了国内。这些国外贷款资源与国内资源一样，同样面临着合理配置的问题。因此，在全部投资效益费用流量表中，国外贷款和还本付息与国内贷款和还本付息一样，既不作为效益，也不作为费用。

（2）国内投资效益费用流量表中的处理。为了考察国内投资对国民经济的实际贡献程度，应以国内投资作为计算的基础。因此，在国内投资效益费用流量表中，应把国外贷款还本付息视为费用。

在进行国民经济评价时，若以项目的财务评价为基础来开展，应从财务效益和费用中剔除其中的转移支付部分，认真复核对转移支付的调整是否合理、正确。

【例5-1】（多选）在国民经济评价中，（　　）可不计入国民经济效益和费用之中。
A. 税费　　　　　　　　　　B. 劳动力影子价格
C. 折旧　　　　　　　　　　D. 补贴　　　　　　E. 国外银行借款利息

【解】本题应选AD。税费及补贴均属于社会经济内部成员之间的"转移支付"，即接受方所获得的效益和付出方所发生的费用相等。从社会经济角度看，转移支付并没有造成资源的实际增加或减少，不应计作经济效益或费用。

5.3　国民经济评价影子价格的计算方法

5.3.1　影子价格的含义和特点

1. 影子价格的含义

在财务评价中，为确定投资项目在财务上的可行性，对于投入物和产出物均采用现行的市场价格进行评价。而国民经济评价的目标是要确定投资项目对国民经济的贡献，为准确地计量项目的效益和费用，要求其价格要能正确地反映项目真实的经济价值，合乎国家对稀缺资源的充分利用，以使有限的资源达到最高效的分配和使用。然而，在我国现实经济生活中，受经济政策、经济机制、社会和经济环境以及历史等因素的影响，市场价格与实际价值往往并不相符，甚至背离。因此，国民经济评价中不能直接采用现行的市场价格来计算项目的效益和费用，而需要一种能够准确地反映项目对国民经济的贡献和国民经济为项目所付出代价的合理价格，这就是影子价格。

影子价格是指依据一定原则确定的，能够反映投入物和产出物的真实经济价值、反映市场供求状况、反映资源稀缺程度、使资源得到合理配置的价格。影子价格反映了社会经济处于某种最优状态下的资源稀缺程度和对最终产品的需求情况，有利于资源的最优配置。它表示对某种资源效用价值的估价，这种估价不是该资源的市场价格，而是根据该资源在特定的经济结构中作出的贡献所作的估价，因而称为影子价格。

影子价格，又称最优计划价格或最优计算价格，其概念是二十世纪三四十年代由荷兰数理经济学、计量经济学创造人之一詹恩·丁伯根和苏联数学家、经济学家、诺贝尔经济学奖获得者康托罗维奇分别提出来的。其概念经多年发展，后被用于国民经济计划工作中的相关研究。

从定价原则上看，影子价格可以更好地反映产品的价值，反映资源的稀缺程度，反映市场的供求状况；而从应用效果上看，影子价格也可以使资源向优化配置的方向发展。如果影子价格失真，则项目国民经济效益和费用的衡量也将失实，从而导致错误的投资决策，造成资源的浪费。

影子价格是进行项目国民经济评价、计算国民经济效益与费用时专用的价格。进行国民经济评价时，项目的主要投入物和产出物价格在原则上都应采用影子价格。确定影子价格时，对于投入物和产出物，首先要区分市场定价货物、政府调控价格货物和特殊投入物三大类别，然后根据投入物和产出物对国民经济的影响进行分别处理。

2. 影子价格的特点

（1）影子价格的高低客观地反映资源在系统内的稀缺程度。如果某种资源在系统内供大于求，尽管它在市场中存在实实在在的市场价格，但它在系统内的影子价格却为零。因此，其影子价格越高，该资源在系统内越稀缺。

（2）影子价格是一种边际价值。这与经济学中所说的边际成本的概念类似，因而影子价格在经济管理及评价中具有重要的应用价值。

（3）影子价格是对系统资源的一种最优估价。只有当系统达到最优时才能赋予该资源这种价值。因此，有人也把它称为最优价格。

（4）影子价格的取值与系统状态有关。影子价格受多种因素的影响，系统内部资源数量、技术系数和价格的任何变化，都会引起影子价格的变化。所以它又是一种动态价格。

3. 影子价格相关概念

1）影子汇率

汇率是指两种不同货币之间的比价或交换比率。而影子汇率是项目国民经济评价中统一用来计算外汇与人民币比值的国家参数，是外汇的影子价格，从国民经济角度对外汇价值进行估量以反映外汇对于国家的真实价值。当项目投入物和产出物涉及进出口时，应采用影子汇率换算系数计算影子汇率。

在国民经济评价中，影子汇率通过影子汇率换算系数计算，影子汇率换算系数是影子汇率与国家外汇牌价的比值。影子汇率的计算公式为

$$影子汇率 = 国家外汇牌价 \times 影子汇率换算系数 \qquad (5-1)$$

目前，根据我国外汇收支、外汇供求、进出口结构、进出口关税等情况，影子汇率换算系数为1.08。

影子汇率是反映外汇真实价值的汇率。影子汇率主要依据一个国家或地区一段时期内进出口的结构和市场水平、外汇的机会成本和发展趋势、外汇供需状况等因素来进行确定。一旦上述因素发生较大变化，影子汇率值需进行相应的调整。同时，影子汇率作为建设项目国民经济评价中的重要通用参数，其取值的高低会影响项目评价中的进出口选择。影子汇率可以作为杠杆，对进出口项目施加影响。当影子汇率越高时，外汇的影子价格就越高，若产品是外贸货物，则项目的经济效益就越可观；若产品为进口货物，则方案的费用较高，评价的结论将不利于引进项目。当利用影子汇率来评估项目的社会价值时，市场建设越不完善，贸易环境越不可观，市场扭曲则相对更加严重，影子汇率与名义汇率之间的差距可能会越来越大，计算影子汇率对测算项目的真实价值意义显著。

【例5-2】已知当年某银行的国家外汇牌价为1美元兑换7.3人民币，试求当年人民币对美元的影子汇率。

【解】人民币对美元的影子汇率 = 国家外汇牌价 × 影子汇率换算系数 = 7.3 × 1.08 = 7.88元/美元

2）社会折现率

社会折现率是建设项目经济评价的重要通用参数。它表明社会对资金时间价值的估量，其存在的基础是不断增长的扩大再生产，是建设项目经济可行性的主要判断依据。国家对各类工程项目进行利益分析时，对项目将来要发生的费用和效益都需按照社会折现率折算为现值。若折现率制定得太小，使得能够通过审查的项目过多，将导致国家的有限资源不能被合理开发利用，同时由于因资源的利用过于分散，也会使得各工程项目都不能达到预期的效果。

社会折现率表征社会对资金时间价值的估量，也是项目和方案相互比较选择的主要判据，其兼有判别准则参数和计算参数两种职能。适当的社会折现率有助于合理分配建设资金，引导资金投向对国民经济贡献大的项目，调节资金供需关系，促进资金在短期和长期项目间的合理配置。社会折现率的确定一般有两种思路，一种是基于资本的社会机会成本的方法，另一种是基于社会时间偏好的方法。

根据我国目前的投资收益水平、资金机会成本、资金供需情况以及社会折现率对长、短期项目的影响等因素，2006年国家发展和改革委员会、建设部发布的《建设项目经济评价方法与参数（第三版）》中将社会折现率规定为8%，供各类建设项目评价时统一采用。

社会折现率应体现国民经济发展目标和宏观调控意图。当国家需要缩小投资总规模时，可以提高社会折现率，反之则降低社会折现率。在方案或项目比选时，社会折现率越高则越不利于初始投资大而后期费用节约或收益增大的方案或项目，因为社会折现率越高即后期的效益折算为现值时其折减率则越高。而当社会折现率较低时，则情况相反。例如，对于某些特殊项目，如环境改良工程、水利工程、某些稀缺资源的开发利用项目等，一般采取较低的社会折现率。对于远期收益大的项目，一般计算时允许对远期收益计算采取较低的社会折现率。而对于永久性工程或者受益期超长的项目，宜采用低于8%的社会折现率。

【例5-3】（多选）下列关于社会折现率的叙述，正确的有（　　　）。

A. 我国目前的社会折现率取值为8%

B. 社会折现率是国民经济评价中的专用参数

C. 国家需要扩大投资规模时，可考虑降低社会折现率

D. 社会折现率的取值高低直接影响对项目经济合理性判断的结果

E. 若社会折现率较低，则不利于初始投资大而后期费用节省的方案

【解】本题应选ACD。目前，对项目进行经济评价时，一般规定的社会折现率取值为8%，A选项正确；社会折现率是建设项目经济评价的通用参数，而非专用参数，B选项错误；社会折现率可作为国家建设投资总规模的间接调控参数，当国家需要扩大投资规模时，可考虑降低社会折现率，当国家需要缩小投资规模时，可考虑提高社会折现率，C选项正确；社会折现率作为判别准则参数和计算参数，在项目可行性分析时，其取值高低将直接影响对项目经济合理性判断的结果，D选项正确；在方案或项目进行比选时，社会折现率越高，越不利于初始投资大而后期费用节约或收益增大的方案或项

目，当社会折现率较低时，情况相反，E 选项错误。

5.3.2 市场定价货物的影子价格

随着我国市场经济的发展和国际贸易的增长，大部分货物已经主要由市场主导定价，政府不再进行管制和干预。市场价格由市场形成，可以近似反映支付意愿或机会成本。进行项目国民经济评价时，应采用市场价格作为市场定价货物的影子价格的基础，另外加上或者减去相应的物流费用作为项目投入物或产出物的"厂门口"（进厂或出厂）影子价格。

在确定影子价格时，需首先将项目的投入物和产出物进行分类，以便采取不同的方法对投入物和产出物的影子价格进行测算。按照投入物和产出物是否影响进出口这一因素，可以将项目的投入物和产出物分为外贸货物和非外贸货物两类分别讨论。

1. 外贸货物的影子价格

1）外贸货物的概念

外贸货物是指其生产、使用将直接或间接影响国家进口或出口的货物，一般包括：项目产出物中直接出口（即增加出口）的货物、间接出口的货物（即不直接出口但又确实能够顶替其他产品而使其增加出口的货物）、替代进口的货物（即不直接出口但又确实能够减少进口的货物）以及项目投入物中直接进口（即增加进口）的货物、间接进口货物（即占用其他企业的投入物而使其增加进口的货物）和占用原本可用于出口的国内产品（即由国内生产但又确实有出口机会，由于项目消耗后使出口机会丧失的货物）。原则上，石油、金属材料、金属矿物、木材以及可出口的商品煤，一般都划分为外贸货物。

2）外贸货物影子价格的确定

项目使用或生产外贸货物，将直接或间接影响国家对这种货物的进口或出口。在确定项目投入物和产出物的影子价格时，对于外贸货物可以国际市场价格为基础，采用规定的结算价进行换算得到国内价格，再经过适当调整从而计算出影子价格。对于上述对进出口有不同影响的货物，应该针对不同的情况，采取不同的影子价格定价方法。

$$直接进口投入物的影子价格（到厂价）= 到岸价格（CIF） \times$$
$$影子汇率 + 进口费用 \quad (5\text{-}2)$$

$$直接出口产出物的影子价格（出厂价）=$$
$$离岸价格（FOB） \times 影子汇率 - 出口费用 \quad (5\text{-}3)$$

其中，影子汇率是指外汇的影子价格，应能正确反映国家外汇的经济价值，由国家指定的专门机构统一发布；用以计算影子价格的基础价格是指我国的口岸价格，即进口货物的到岸价格和出口货物的离岸价格；由于项目所在地、投入物的国内产地以及交通运输条件的不同，口岸价格还要用国内运输费和贸易费等加以调整，这里统称为进口费用和出口费用，进口费用和出口费用是指货物进出口环节在国内所发生的各种相关费用，既包括货物的交易、储运、再包装、短距离倒运、装卸、保险、检验等环节上的费用支出，还包括长途费用、资金占用的机会成本等。根据投入物与产出物的实际情况，可对计算进行适当调整与变式。

在计算外贸货物的影子价格时，还要考虑货物的质量差异和市场价格的变动趋势。特别是对于低质量原材料生产和落后设计生产的产品，相比于同类的高质量产品，其市场价格差别可能很大。若项目的投入物和产出物与所收集到使用的市场产品相关资料有明显的质量差异，还应对价格资料作适当的调整与修正以保证国民经济评价的合理性。此外，外贸货物还可能在某些时点或时段倾销或暂时短缺，从而造成当时的口岸价格产生高低偏离，也有可能由于技术的迅速进步、劳动生产率的大幅度提高，或是某些产品的国际生产中心从高消费水平国家或地区转移至低消费水平国家或地区，而引起产品价格的逐步降低。因此，在进行外贸货物的影子价格确定时，对项目寿命期内投入物和产出物的口岸价格进行合理、科学的预测是有必要的。

另外，在费用效益分析中还需注意，口岸价格应按本国货币进行计算，故口岸价格的实际计算公式为

$$到岸价格（人民币）=外汇结算的到岸价格 \times 影子汇率 \quad (5\text{-}4)$$

$$离岸价格（人民币）=外汇结算的离岸价格 \times 影子汇率 \quad (5\text{-}5)$$

【例 5-4】 已知某项目进口设备的到岸价格为 28800 万日元，美元对日元的比价为 132.40 日元 / 美元，若影子汇率为 7.884 元 / 美元（2023 年 10 月价格），试求进口设备的到岸价格。

【解】进口设备的到岸价格（人民币）= 外汇结算的到岸价格 × 影子汇率
$$=28800 \div 132.40 \times 7.884$$
$$=1714.95(万元)$$

【例 5-5】 已知某货物 S 进口到岸价为 120 美元 / 吨，某货物 W 出口离岸价也为 120 美元 / 吨。用影子价格估算的进口费用和出口费用分别为 60 元 / 吨和 50 元 / 吨，若影子汇率为 7.884 元 / 美元（2023 年 10 月价格）。试求货物 S 的影子价格（到厂价）和货物 W 的影子价格（出厂价）。

【解】货物 S 的影子价格（到厂价）和货物 W 的影子价格（出厂价）分别如下：
货物 S 的影子价格（到厂价）= 到岸价格（CIF）× 影子汇率 + 进口费用
$$=120 \times 7.884+60=1006.08(元/吨)$$
货物 W 的影子价格（出厂价）= 离岸价格（FOB）× 影子汇率 – 出口费用
$$=120 \times 7.884-50=896.08(元/吨)$$

【例 5-6】 已知当年煤在距离新建煤矿项目最近的口岸价格为 53 美元 / 吨，影子汇率为 7.884 元 / 美元（2023 年 10 月价格），新建煤矿项目所在地距离最近口岸 250 公里，铁路运费的影子价格为 5.4 分 / 公里，其贸易费用的影子价格规定为按照口岸价格的 6% 计算，试求出口煤的影子价格。

【解】出口煤作为直接出口的产出物，其出厂价影子价格为
煤（产出物）的影子价格（出厂价）= 离岸价格（FOB）× 影子汇率 – 出口费用
$$=53 \times 7.884-250 \times 0.054+53 \times 7.884 \times 6\%$$
$$=379.28(元/吨)$$

【例 5-7】 若例 5-6 中新建煤矿生产的煤供应给某地的项目作为燃料，煤矿生产地到项目所在地的铁路运距为 680 公里，试求此项目使用该煤的影子价格。

【解】 新建煤矿生产的煤可以出口，待供应项目也需要投入货物煤，新建煤矿供应项目后从而使出口量减少了。此时煤作为减少出口的投入物，其出厂价影子价格为

煤的影子价格 = 离岸价格（FOB）× 影子汇率 – 供应厂到口岸的运费和贸易费用 + 供应厂到项目所在地的运费和贸易费用

$= 53 \times 7.884 - 250 \times 0.054 + 680 \times 0.054 = 441.07$（元/吨）

【例 5-8】 已知某正定铝制品厂所用铝锭原由济南铝厂供应，现在太原新建一铝厂，所需铝锭改由太原铝厂供应，从而使得济南铝厂的铝锭增加出口量。当年铝锭的离岸价格为 2200 美元/吨，铝锭的铁路运费为每吨每公里 0.10 元。济南距离青岛口岸 410 公里，济南距离正定 310 公里，太原距离正定 260 公里。规定贸易费用为货价的 6%，影子汇率为 7.884 元/美元（2023 年 10 月价格）。试求太原铝厂项目铝锭的影子价格。

【解】 项目的产出物可确定为内销，以用于满足国内需求；但同时会使得其他同类产品或可替代产品得以出口，从而影响国民经济的进出口水平。本题中太原铝厂的产出物铝锭即是如此。此时铝锭作为间接出口的产出物，其影子价格为

铝的影子价格 = 离岸价（FOB）× 影子汇率 – 原供应厂到口岸的运费和贸易费用 + 原供应厂到项目所在地的运费和贸易费用 – 新项目到用户的运费和贸易费用

$= 2200 \times 7.884 - (410 \times 0.1 + 2200 \times 7.884 \times 6\%) + (310 \times 0.1 + 2200 \times 7.884 \times 6\%) - (260 \times 0.1 + 2200 \times 7.884 \times 6\%)$

$= 16268.11$（元/吨）

2. 非外贸货物的影子价格

1）非外贸货物的概念

非外贸货物是指其生产、使用将不影响国家进口或出口的货物。这其中包括了天然不能外贸的货物及服务，例如建筑物等。部分货物由于成本或运输费用过高，或是受国内外相关政策的限制，不能进行对外贸易，也被划定为非外贸货物，例如水泥。水泥并非天然不可外贸的货物，根据其性质可用于出口，但当水泥厂建在国内，考虑其生产成本及运输费用，当其生产成本加上其运抵口岸的运输费用高于口岸价格时，此时该种类水泥就不应该作为外贸货物，而应该被划定为非外贸货物。此外，其他出于政治、经济或国际等因素而被禁止进出口的货物，也都属于非外贸货物。在外贸货物和非外贸货物划分时需注意，其划分结果会因外贸政策的调整而改变。因此，在项目国民经济效益评价时，要充分考虑到项目寿命期内此类外贸政策变化对评价结果的影响。

2）非外贸货物影子价格的确定

非外贸货物影子价格的确定分为两种情况：一种是适用于国内市场没有价格管制的产品或服务，此种情况可以市场价格为基础进行影子价格的测算；另一种是适用于由政府进行价格调控的产品或服务，此种情况可以成本分解法、消费者支付意愿和机会成本

来进行影子价格的测算。

随着我国市场经济的发展和贸易范围的扩大，大部分货物或服务都处于竞争性的市场环境中，市场价格可以近似反映其支付意愿和机会成本。价格完全取决于市场的，且不直接进出口的项目投入物和产出物，按照非外贸货物定价，其国内市场价格作为确定影子价格的基础，并按下列公式换算为到厂价和出厂价：

$$投入物影子价格（投入物的到厂价）= 市场价格 + 国内运杂费 \quad (5\text{-}6)$$

$$产出物影子价格（产出物的出厂价）= 市场价格 - 国内运杂费 \quad (5\text{-}7)$$

5.3.3 政府调控价格货物的影子价格

考虑到效率优先并兼顾公平等原则，我国尚有少部分产品或服务不完全由市场机制决定价格，而是由政府调控价格，如原油价格、天然气出厂价格、粮食订购价格等。政府调控价格包括：政府定价、指导价、最高限价、最低限价等。这些产品或服务的价格不能完全反映真实的价格。在国民经济评价中，这些产品或服务的影子价格不能简单地根据市场价格确定，而要采取特殊的方法测定。这些影子价格的测定方法主要有：成本分解法、消费者支付意愿和机会成本。

1. 成本分解法

成本分解法是指对某种货物按照其成本构成要素进行分解，通过对某种货物的边际成本进行分解并用影子价格进行调整换算，进而得到该货物的分解成本。成本分解法是确定非外贸货物影子价格的一种重要方法。

非外贸货物的影子价格通常按其成本构成要素属外贸物还是非外贸物进行分解。若属于外贸货物，则基于现行价格并参照上文方法逐项计算其影子价格；若属于非外贸货物，其影子价格的计算可进行进一步分解或在现行价格基础上按规定标准换算系数计算。对于固定资产折旧、无形资产摊销和流动资金利息，可按社会折现率计算它们的投资成本。整个社会化的生产是一个有机的系统，部分非外贸货物因其自身性质虽不能直接影响进出口，但是它们生产过程中所耗用的原材料很可能与进出口存在关联。以电力为例，电力一般属于非外贸货物，由政府调控定价，但是电力生产所耗用的燃料有很大部分为外贸货物。成本的构成及要素间的关联关系影响着成本分解。

成本分解法的具体步骤如下：

（1）数据准备。列出该非外贸货物按生产费用要素计算的单位财务成本。主要要素有原材料、燃料和动力、工资、折旧费、修理费、流动资金利息支出以及其他支出。对其中重要的原材料、燃料和动力，要详细列出价格、耗用量和耗用金额。列出单位货物所占用的固定资产原值，以及占用的流动资金数额。调查确定或设定该货物生产厂的建设期各年投资比例、经济寿命期限及寿命期终了时的固定资产余值。

（2）剔除数据中可能包含的税金等转移支付。

（3）确定重要原材料、燃料和动力、工资等投入物的影子价格，计算单位经济费用。其中，有些子项可以直接使用国家发展和改革委员会组织测算的影子价格或换算系数。对于重要的外贸货物应自行测算其影子价格，对于重要的非外贸货物可再进一步进行成本分解。成本分解并不是无休止进行下去的，进行的轮次越多工作量越大。一般而言，为简化运算程序，在实践过程中仅对少数重要的要素进行第二轮分解，这种从简的处理方式一般不会影响项目国民经济评价的准确性和结论。根据测算需要及测算实际条件，也可对投资中某些占比较大的费用项目进行调整修正，以确保影子价格测算的合理性。

（4）对建设投资进行调整和等值计算。按照建设期各年投资比例，计算出建设期各年建设投资额，用式（5-8）把分年建设投资额换算到生产期初。

$$I_F = \sum_{t=1}^{n_1} I_t \times (1+i_s)^{n_1-t} \tag{5-8}$$

式中 I_F——等值计算到生产期初的单位建设投资（元）；

I_t——建设期各年调整后的单位建设投资（元）；

n_1——建设期（年）；

i_s——社会折现率（%）。

（5）用固定资金回收费用取代财务成本中的折旧费。产品固定资金回收费用也被称作产品占用固定资产投资成本。它是产品占用固定资产价值每年取得的相当于按社会折现率计算的利润所必须回收的本利。设每单位该货物的固定资金回收费用为 M_F。不考虑固定资产余值回收时，M_F 为

$$M_F = I_F \times \left(\frac{A}{P}, i_s, N_2\right) \tag{5-9}$$

考虑固定资产余值回收时，M_F 为

$$M_F = (M_F - S_V) \times \left(\frac{A}{P}, i_s, N_2\right) + S_V \times i_s \tag{5-10}$$

式中 S_V——计算期末回收的固定资产余值；

N_2——生产期。

（6）用流动资金回收费用取代财务成本中的流动资金利息。设每单位该货物的流动资金税后费用为 M_W，则有

$$M_W = W \times i_s \tag{5-11}$$

式中 W——单位该货物占用的流动资金。

（7）财务成本中的其他科目可不予调整。

（8）完成上述调整后，计算的各项经济费用总额即为该货物的分解成本，可作为其货物出厂的影子价格。

【例5-9】（多选）政府调控价格货物的影子价格的定价方法中，成本分解法是确定非外贸货物影子价格的一种重要方法，则其具体步骤包括（　　）。

A．数据提交

B．确定重要原材料、燃料和动力、工资等投入物的影子价格

C. 对建设投资进行调整和等值计算
D. 用固定资金回收费用取代财务成本中的折旧费
E. 用流动资金回收费用取代财务成本中的流动资金利息

【解】本题应选 BCDE。成本分解法的具体步骤包括：数据准备、剔除数据中可能包含的税金等转移支付、确定重要原材料、燃料和动力、工资等投入物的影子价格、对建设投资进行调整和等值计算、用固定资金回收费用取代财务成本中的折旧费、用流动资金回收费用取代财务成本中的流动资金利息、对建设投资进行调整和等值计算等。A 选项错误，B、C、D、E 选项正确。

【例 5-10】 已知某机组为 300kW 的火电厂，单位千瓦需要的建设投资为 4200 元，建设期 2 年，分年投资比例各 50%，不考虑固定资产余值回收；单位千瓦占用的流动资金为 204 元；生产期按 20 年计，年运行 6800h。发电煤耗按 330 克标准煤/千瓦时，换算为标准煤的到厂价格为 127 元/吨，火电厂自身用电率 6%，社会折现率 8%。试求单位千瓦固定资金回收费用。

【解】将各年建设投资折算到生产期初：

生产期初的单位建设投资 $I_F = \sum_{t=1}^{n_1} I_t \times (1+i_s)^{n_1-t}$

$= 4200 \times 50\% \times (1+8\%)^{(2-1)} + 4200 \times 50\% \times (1+8\%)^{(2-2)}$

$= 4368(元)$

计算单位千瓦固定资金回收费用：

固定资金回收费用 $M_F = (M_F - S_V) \times \left(\frac{A}{P}, i_s, N_2\right) + S_V \times i_s$

$= 4368 \div 6800 \times \left(\frac{A}{P}, 8\%, 20\right) = 0.642 \times 0.102 = 0.065(元/千瓦时)$

利用成本分解法计算非外贸货物影子价格时还需根据项目实际情况进行调整。若项目投入物的原有生产能力过剩，通过原有企业挖潜能够实现增加供应的，可按照可变成本即变动费用进行成本分解，计算货物出厂的影子价格，再加上运输费和贸易费用即可求得货物到项目所在地的影子价格。此类货物属于长线产品，仅需尽可能发挥原有企业的生产能力即可满足项目需求，不必再新增加投资。若当前项目投入物必须通过增加投资扩大生产规模才能满足项目需求时，计算货物出厂的影子价格应按项目的全部成本进行成本分解，再加上运输费和贸易费用以求得货物到项目所在地的影子价格。另外，在分解非外贸货物全部成本时，对成本中的固定资产折旧费、无形资产摊销以及流动资金利息应按照社会折现率来计算产品占用固定资产投资、无形资产投资和流动资产投资的成本。

利用成本分解法确定非外贸货物的影子价格是存在前提条件的，即默认项目投入物都可采用扩大生产来得到满足。从长远来看，这个观点是可以成立的。但是从短期来看，受资金短缺、资源匮乏以及其他技术限制等因素的影响，在短期内可能无法达到该前提条件，这就势必会带来挤占原有部分资源的结果。在这种情况下，选用成本分解法存在不合理性，因为投入物的价格应当反映其供求情况的影响，此时该种非外贸货物的价格可能比分解成本获得的影子价格要高。因此，对项目寿命期内无法通过扩大生产能力来实现共赢的非外贸货物的投入物，应从市场价格、协议价格中取较高者，再补充贸易费用及运输费用以作为货物到项目所在地的影子价格。

若项目产出物为非外贸货物且属于短线产品，则可选取市场价格、协议价格和同类企业产品的平均分解成本中较高者作为产出物的影子价格。若项目产出物在国内市场已经达到饱和状态，项目投产后并不能有效增加国内供给，而只能再挤占其他同类产品生产企业的市场份额，使得这些企业减产甚至停产，说明这种产出物是长线产品，且项目本身很有可能是盲目投资、重复建设得。在这种情况下，如果产出物在质量、花色以及品种等方面并无特色、无创新，则应该分解被替代企业相应产品的可变成本作为货物的影子价格；若货物的质量确有提高，具有很好的销售市场，则可取国内市场价格作为货物的影子价格。

2. 支付意愿法

支付意愿是指消费者为获得某种商品或服务所愿意付出的价格。支付意愿反映了人们对所要消费的物品或服务的偏好情况。在国民经济评价中采用支付意愿法测定影子价格也是常用的方法。当项目产出物替代国内原生产企业的部分或全部生产的情况下，其影子效益为原生产企业减产或停产向社会所释放资源的价值，等于这部分资源的消费者支付意愿。当项目投入物来自国内生产量增加的情况下，其影子费用即为增加生产所消耗资源的价值。当项目投入物来自挤占对该投入物原用户的供应量，其影子费用即为原用户因此而减少效益的价值。在完善的市场中，市场价格可以正确地反映消费者的支付意愿，但在不完善的市场中，消费者的行为有可能被错误地引导，因此，市场价格可能不能正确地反映消费者支付意愿。

3. 机会成本法

资源具有有限性的特点，项目投入物作为一种稀缺资源，可用于多种用途，并且对应不同的效益水平。当其投入到某一项目中时，也就失去了用于其他用途获得效益的机会。这种将投入物投入到某一项目中使国民经济所付出的代价，就是放弃选择其他用途机会而获得的最大效益。在国民经济评价中，机会成本是指用于项目的某种资源若不用于本项目而用于其他代替机会，在所有其他代替机会中所获得的最大效益。机会成本代表了项目所占用资源的影子费用，能够反映出资源影子价格的大小，影子价格的确定充分体现这机会成本分析的思想，在国民经济评价中采用机会成本也是测定影子价格的重要方法之一。

水、电力、铁路运输等属于政府调控价格的货物或服务，由政府统一发布指导价、最高限价和最低限价。在进行国民经济评价时，政府主要调控的电力、铁路运输、水等作为投入物和产出物时影子价格的确定方法分别如下：

（1）电价。电力作为项目的投入物时的影子价格可以按成本分解法测定。一般情况下，应当按当地的电力供应其安全成本口径的分解成本定价。有些地区，若存在阶段性的电力过剩，可以按电力生产的可变成本分解定价；电力作为项目的产出物时的影子价格，应当按照电力对当地经济的边际贡献测定。

（2）铁路运价。铁路运输作为项目投入物时的影子价格，一般按完全成本分解定价，对运能富余的地区，按变动成本分解定价；铁路运输作为产出物时的影子价格，可按铁路运输对国民经济的边际贡献来测定。

（3）水价。水作为项目投入物时的影子价格按后备水源的成本分解定价，或者按照恢复水功能的成本定价；水作为产出物时的影子价格，可按消费者支付意愿或者按消费者承受能力加政府测定。

5.3.4 特殊投入物的影子价格

项目的特殊投入物主要包括劳动力、土地和自然资源，其影子价格需要采取特定的方法确定。

1. 影子工资

影子工资是指项目使用劳动力而使社会为此付出的代价，包括劳动力的机会成本和劳动力转移而引起的新增资源消耗。劳动力的机会成本是指该劳动力不被拟建项目招用，而从事其他生产经营活动所创造的最大效益。新增资源消耗是指劳动力在本项目新就业或由原来的岗位转移到本项目而发生的经济资源消耗，包括迁移费、新增的城市交通、城市基础设施配套等相关投资和费用。在理论上，影子工资的内容包括项目使用劳动力导致别处放弃的原有净效益，以及因劳动力的就业或转移所增加的社会资源消耗。在实际计算时影子工资是将财务评价中使用的工资及提取的职工福利基金（合称名义工资）进行调整来反映国民经济付出的代价，可与影子工资系数相乘求得。

影子工资的计算公式为

$$影子工资 = 财务工资 \times 影子工资换算系数 \quad (5-12)$$

影子工资在确定时应综合考虑项目所在地劳动力就业状况或转移成本等因素。我国劳动力较为充足，项目所占用的劳动力不会在很大程度上影响其他经济部门的产出，并且目前多数企业已将安排劳动力付出的相当一部分费用（如培训费、搬迁费等）也包括在项目投资支出与生产成本之中。综合考虑以上因素，通常把影子工资换算系数定位为1，即影子工资在数值上与财务分析中的名义工资相等，由市场供求决定劳动力价值。具体而言，影子工资换算系数还需根据项目劳动力实际情况进行调整以合理反映其真实价值，如技术劳动力的工资报酬一般可由市场供求决定，而非技术劳动力的计算则不同。影子工资与劳动力的技术熟练程度和供求状况密切相关。非技术劳动具体可根据当地的非技术劳动力供求状况确定，在非技术劳动力较为富余的地区影子工资换算系数较小，不太富余的地区其影子工资换算系数较大。技术越熟练，稀缺程度越高，其机会成本越高，进而其影子工资越高，反之越低。如果劳动力为自失业人员中招来的非熟练工人，其影子工资则为零。如果项目为涉外项目，其劳动力的影子工资依照实际支付的工资计算；若其工资以外汇支付，则还需按影子汇率将其调整为本国货币。

【例5-11】某建筑工程项目投资中人工费为3亿元，其中32%是技术性工种工资。在经济费用效益分析中，若技术性工种的影子工资换算系数取为1，非技术性工种影工资换算系数取为 0.3，试求该项目人工费的调整值。

【解】该项目调整后的人工费，即影子工资为

影子工资 = 财务工资 × 影子工资换算系数
$$= 32\% \times 3 \times 1 + (1-32\%) \times 3 \times 0.3 = 1.572(亿元)$$

2. 土地影子价格

土地作为一种投入，当其被项目使用后，就不能再做其他用途，造成了社会费用。土地的地理位置对土地的机会成本或消费者支付意愿影响很大。因此，在计算土地影子价格时，土地的地理位置是影响土地影子价格的关键因素。

1）非生产性用地的土地影子价格

项目占用住宅区、休闲区等非生产性用地，占用之后将会引起社会效益的损失但又很难用价值计量。针对这种情况，主要需要考虑到土地被占用后，原来的社会效益需持续保持。为保持原本的社会效益，需要明确将使国民经济增加多少资源消耗。如果项目占用的是住宅区用地，首先需要为原住户购置新的居住用地，其费用即为新居住用地的土地机会成本；其次需要使原住户获得不低于以前的居住条件，其代价是实际花费的装饰费用和搬迁费用。两者费用之和，才能完整构成项目所占居住用地的影子价格。在价格选择上，对于市场完善的，应当根据市场交易价格作为土地影子价格；对于市场不完善或无市场交易价格的，应当按消费者支付意愿确定土地影子价格。

2）生产性用地的土地影子价格

项目占用农业、林业、牧业、渔业等生产性用地，无论哪种用地性质，项目占用这样的土地后都将引起经济损失。此类生产性用地的土地影子价格应按照这些生产用地的机会成本以及因改变土地用途而发生的新增资源消耗进行计算。其计算公式为

$$土地影子价格 = 土地机会成本 + 新增资源消耗 \qquad (5-13)$$

土地机会成本按照项目占用土地而使社会成员由此损失的该土地"最佳可行代替用途"的净效益计算。计算土地机会成本时，应适当考虑净效益的递增速度和净效益，计算基年距项目开工年的年数。其计算公式为

$$OC = NB_0 \times (1+g)^{r+1} \times \left[1 - (1+g)^n (1+i_s)^{-n}\right] \times (i_s - g)^{-1} \qquad (5-14)$$

式中　OC——土地机会成本；

　　　n——项目计算期；

　　　NB_0——基年土地的最佳可行代替用途的净效益（用影子价格计算）；

　　　r——将效益计算基年距项目开工年的年数；

　　　g——土地的最佳可行代替用途的年平均净效益增长率；

　　　i_s——社会折现率（$i_s \neq g$）。

新增能源消耗应按照在"有项目"情况下，土地的占用造成原有地上附属物财产的损失以及其他资源耗费来计算。

另外，若项目占用土地为农村用地，计算其影子价格时，需计算项目占用土地后导致的农业净收入的损失。若土地种植的经济作物还涉及进出口贸易，则农作物的价格还

需考虑其口岸价格而不是国内收购价格来计算，需根据实际情况对价格进行调整。另外，由于农村用地所有权与城镇用地的所有权不同，其影子价格计算时还需考虑更多且更复杂的因素。在计算时可以土地征用费为基础调整计算求得土地影子价格。其中，项目占用农村土地的土地征收补偿费中，土地补偿费和青苗补偿费应视为土地的机会成本，而地上附着物补偿费和安置补助费可视为新增资源消耗，征地管理费、耕地占用税、耕地开垦费、土地管理费等其他费用应视为转移支付，而不列为费用。若土地补偿费、青苗补偿费和安置补助费的确定已经与农民进行了充分协商，能够充分保证农民的合理利益，则土地的影子价格可按照土地征收补偿费中相关的费用来确定。同时，若征地费用存在费用优惠的，或是在征地过程中缺乏充分协商的，其征收补偿费的确定并不能正确反映农民的合理利益，使征地补偿费低于市场定价的，其土地的影子价格应当参照当地正常的土地征收补偿费标准进行调整及修正。对于城镇土地而言，其价格已经很大程度上实现市场化，市区内的土地及城市郊区的土地均可以采取市场价格来测定土地的影子价格。城镇土地市场价格主要包括土地出让金、征地费、拆迁安置补偿费等。

土地影子价格不仅与土地的地理位置有关，还应根据项目情况以及其取得方式的不同分别确定。若国有土地是通过招标、拍卖和挂牌出让方式取得使用权的，其影子价格应按财务价格计算；若国有土地是通过划拨、双方协议方式取得使用权的，应分析其价格优惠或失真情况，参照公平市场交易价格，对价格进行调整与修正；针对经济开发区优惠出让使用权的国有土地，其影子价格应参照当地土地市场交易价格进行类比来确定；若土地的影子价格难以用市场交易价格类比方法确定的，可采用收益现值法或以开发投资应得收益加土地开发成本来确定。若土地的影子价格采用收益现值法确定的，应当以社会折现率对土地的未来收益及费用进行折现计算。

【例 5-12】 已知某建设单位欲以有偿的方式取得某城区一宗土地的使用权。该宗土地总占地面积为 18000 平方米，土地使用权出让金标准为 4360 元/平方米。据调查，目前该土地区域尚有平房住户 72 户，涉及总建筑面积 4200 平方米，经调研得知，同地区类似项目征地拆迁补偿费单价约为 1260 元/平方米，试求该块土地价格的估计值。

【解】 该块土地使用权出让金 =18000×4360=78480000(元)=7848(万元)

土地拆迁补偿费 =4200×1260=5292000(元)=529.2(万元)

因此，该土地费用 =7848+529.2=8377.2(万元)

【例 5-13】 已知某工业项目的建设期为 3 年，生产期为 17 年，项目建设占用水稻耕地 2200 亩。据了解占用前 3 年平均亩产为 0.6 吨，每吨收购价为 2500 元，出口的离岸价预计为 470 美元/吨。现假设，该地区的水稻年产量以 4% 的速度递增，社会折现率取 8%，水稻的生产成本按照收购价的 50% 进行计算，影子汇率换算系数为 1.08，外汇牌价按照 7.3 元/美元进行计算，出口费用按照 160 元/吨计算，试求土地费用。

【解】 若想获得土地费用，需对项目占用土地而使社会成员由此损失的该土地"最佳可行代替用途"的净效益进行计算。

① 首先将稻谷的口岸价格进行折算，折合成统一的人民币：
每吨稻谷的口岸价格 =1.08×7.3×470=3705.48(元)

② 根据影子价格概念及公式，计算每吨稻谷的影子价格：

每吨稻谷产地的影子价格 = 口岸价格 – 出口费用 =3705.48–160=3545.48(元)
③ 根据题意易得，每吨稻谷的生产成本 =2500×50%=1250(元)
故该土地每吨稻谷的净收益 =3545.48–1250=2295.48(元)
④ 整个项目建设期为 3 年，生产期为 17 年，因此：项目计算期 =3+17=20(年)
⑤ 对 20 年内的每亩土地的净效益进行折现计算：

$$净效益现值 = \sum_{k=0}^{20} 2295.48 \times 0.6 \times \left(\frac{1+4\%}{1+8\%}\right)^k = 18102.39(元)$$

⑥ 2200 亩土地 20 年内的净效益现值 =18102.39×2200=3982.53(万元)
在国民经济评价中，可以 3982.53 万元作为土地费用计入建设投资。

3. 自然资源影子价格

自然资源是一种特殊的投入物，项目使用的矿产资源、森林资源、水资源等都是对国家资源的占用和消耗，从国家的视角来看，这些资源可能引起社会费用的产生，因此也需要考虑影子价格。矿产等不可再生资源的影子价格按资源的会计成本计算，森林和水等可再生资源的影子价格按资源再生费用计算。

5.4　国民经济评价的指标与报表

5.4.1　经济费用效益分析指标

1. 经济净现值

经济净现值（ENPV）是指用社会折现率将项目计算期内各年的经济净效益流量折算到项目建设期初的现值之和，是经济费用效益分析的主要指标。假设现金流量始终服从年末习惯法，经济净现值的计算公式为

$$\sum_{t=1}^{n}(B-C)_t(1+i_s)^{-t}=0 \tag{5-15}$$

式中　B——经济效益流量；
　　　C——经济费用流量；
$(B-C)_t$——第 t 年的经济净效益流量；
　　　t——计算期，以年计；
　　　i_s——社会折现率。

经济净现值是反映项目对国民经济净贡献的绝对指标。项目的经济净现值大于零时，表明国家为拟建项目付出代价后，可以得到超过社会折现率所要求的社会盈余，或者可以得到超额的社会盈余，并且以现值表示这种超额社会盈余的量值。项目的经济净现值等于零时，则表明国家为拟建项目付出代价后，项目正好达到社会折现率的净贡献。项目的经济净现值小于零时，则表明项目净贡献未能达到社会折现率的水平要求，一般项目不可接受。经济净现值越大，表示项目所带来的以绝对数值表示的经济效益越

大，项目的盈利能力也就越高。在项目比选时，可选择经济净现值较大的方案，但当各投资方案规模不同时，可结合经济内部收益率等指标一起来考虑。

2. 经济内部收益率

经济内部收益率（EIRR）是指能使项目在计算期内隔年经济净效益流量的现值累计等于零时的折现率，是经济费用效益分析的辅助指标。假设现金流量始终服从年末习惯法，经济内部收益率的计算公式为

$$\sum_{t=1}^{n}(B-C)_t(1+EIRR)^{-t}$$ （5-16）

式中　$EIRR$——经济内部收益率，其余符号意义同前。

项目经济内部收益率的计算方法与项目财务内部收益率的计算方法相同，也需要使用插值法计算得到。其计算公式为

$$EIRR = I_1 + (I_2 - I_1)\frac{|ENPV_1|}{|ENPV_1|+|ENPV_2|}$$ （5-17）

式中　I_1——试算的低折现率；

　　　I_2——试算的高折现率；

　　$ENPV_1$——低折现率的经济净现值（正值）；

　　$ENPV_2$——高折现率的经济净现值（负值）。

经济内部收益率是从资源配置角度反映项目经济效益的相对量指标表示项目占用的资金所能获得的动态收益率，反映资源配置的经济效率。项目的经济内部收益率等于或大于社会折现率时，表明项目对社会经济的净贡献达到或者超过了社会折现率的要求，这时可认为项目是可以接受的。项目的经济内部收益率小于社会折现率时，则表明项目对社会经济的净贡献未能达到社会折现率的水平。

经济内部收益率是一项相对值，不同于经济净现值，经济内部收益率不能直接具体反映项目净效益值。因此，一般将两者结合使用，以便进行综合比较。例如，当两个互斥方案进行比选时，若两项目投资额相同，则可选择经济净现值较大的方案；若两项目投资额不同，则需结合经济内部收益率一起综合考虑。

国民经济评价中的主要指标有经济净现值和经济内部收益率，两者均为动态指标，一般情况下可作为项目评价比选的主要依据。为了对项目做出合理全面的国民经济评价，还需根据项目不同的实际情况采用多种不同的评价指标进行评价分析。按照分析效益费用的口径不同，可分为整个项目的经济净现值和经济内部收益率，国内投资经济净现值和经济内部收益率。如果项目没有国外投资和国外借款，全投资指标与国内投资指标相同；如果项目有国外资金流入与流出，但国外资金指定用途时，应以国内投资的经济净现值和经济内部收益率作为项目费用效益分析的指标；如果项目存在非指定用途的国外资金流动时，还应计算全投资经济净现值和经济内部收益率指标。同时，当项目涉及外贸或影响外汇流动时，如出口创汇及替代进口节汇的项目，除上述两个主要指标计算外，一般还会补充进行外汇效果的分析，分析内容根据项目实际情况进行经济外汇净

现值、经济换汇成本以及经济节汇成本等补充指标的计算。

5.4.2 经济费用效益分析报表

1. 经济费用效益分析报表内容

在经济费用效益分析中,当效益和费用流量识别和估算完成之后,应编制经济费用效益分析报表,并根据报表计算评价指标,进行经济效率分析,判断项目的经济合理性。经济费用效益分析报表主要包括项目投资经济费用效益流量表和国内投资经济费用效益流量表,见表 5-1 和表 5-2。

表 5-1 项目投资经济费用效益流量表

序号	项目	计算期					
		1	2	3	4	…	n
1	效益流量						
1.1	项目直接效益						
1.2	回收固定资产余值						
1.3	回收流动资金						
1.4	项目间接效益						
2	费用流量						
2.1	建设投资						
2.2	流动资金						
2.3	经营费用						
2.4	项目间接费用						
3	净效益流量(1−2)						

计算指标:项目投资经济内部收益率;项目投资经济净现值(i_s=8%)

表 5-2 国内投资经济费用效益流量表

序号	项目	计算期					
		1	2	3	4	…	n
1	效益流量						
1.1	项目直接效益						
1.2	回收固定资产余值						
1.3	回收流动资金						
1.4	项目间接效益						
2	费用流量						

续表

序号	项目	计算期					
		1	2	3	4	…	n
2.1	建设投资中国内资金						
2.2	流动资金中国内资金						
2.3	经营费用						
2.4	流到国外的资金						
2.4.1	国外借款本金偿还						
2.4.2	国外借款利息支付						
2.4.3	外方利润						
2.4.4	其他						
2.5	项目间接费用						
3	国内投资净效益流量（1-2）						

计算指标：项目投资经济内部收益率；项目投资经济净现值（i_s=8%）

2. 直接进行效益和费用流量识别和计算的经济分析报表编制方式

报表的编制有两种方式，可以直接进行效益和费用流量的识别和计算来编制经济分析报表，也可以在财务分析基础上调整编制经济分析报表。直接进行国民经济评价的项目，首先应识别和计算项目的直接效益、间接效益、直接费用和间接费用，而后以货物的影子价格、影子工资、影子汇率和土地影子费用等计算项目的固定资产投资、流动资金、销售收入或收益，并在此基础上计算项目的国民经济评价指标。直接进行效益和费用流量的识别和计算的基本步骤如下：

（1）分析确定经济效益、费用的计算范围，包括直接效益和直接费用、间接效益和间接费用。

（2）测算各项投入物和产出物的影子价格，对各项产出效益和投入费用进行估算。

（3）根据估算的效益和费用流量，编制项目投资经济费用效益流量表和国内投资经济费用效益流量表。

（4）对能够进行货币量化的外部效果，尽可能货币量化，并纳入经济效益费用流量表的间接费用和间接效益；对难以进行货币量化的产出效果，应尽可能地采用其他量纲进行量化，仍难以量化的，应进行定性描述。

3. 在财务分析基础上调整的经济分析报表编制方式

在财务分析基础上调整编制经济分析报表的基本步骤如下。

（1）调整内容。在财务分析基础上编制经济分析报表，主要包括效益和费用范围调整以及效益和费用数值调整两方面内容。

① 效益和费用范围调整。

识别财务现金流量中属于转移支付的内容，并逐项从财务效益和费用流量中剔除。作为财务现金流入的国家对项目的各种补贴，应看作转移支付，不计为经济效益流量；作为财务现金流出的项目向国家支付的大部分税金，也应看作转移支付，不计为经济费用流量；国内借款利息（包括建设期利息和生产期利息）以及流动资金中的部分构成，在经济分析中都应当作为转移支付，不再作为项目的费用流量。

经济分析效益与费用的估算，遵循实际价值原则，不考虑通货膨胀因素。因此，建设投资中包含的涨价预备费通常要从财务费用流量中剔除。

财务分析中的流动资产和流动负债包括现金、应收账款和应付账款等，但这些并不实际消耗资源。因此，经济分析中调整估算流动资金时，应将其剔除。

识别项目的外部效果，分别纳入效益和费用流量。根据项目具体情况估算项目的间接效益和间接费用，纳入经济效益费用流量表。例如，一个大型林业项目的财务效益主要是林木出售获得的收入，但由于种树引起的气候改善，使该地区农田增产，农民可由此受益。在经济分析中，农田增产的效益应作为该林业项目的间接效益，合理估计后纳入经济费用效益流量表。

② 效益和费用数值调整。

鉴别投入物和产出物的财务价格是否能正确反映其经济价值。如果项目的全部或部分投入和产出没有正常的市场交易价格，那么应该采用适当的方法测算其影子价格，并重新计算相应的费用或效益流量。

投入物和产出物中涉及外汇的，需要用影子汇率代替财务分析中采用的国家外汇牌价。对项目的外部效果尽可能货币量化计算。

（2）具体调整方法。其中包括调整直接效益流量、调整建设投资、调整建设期利息、调整经营费用、调整流动资金，成本费用中的其他科目一般不可予以调整。

① 调整直接效益流量。

项目的直接效益大多为营业收入，产出物需要采用影子价格的，用影子价格计算营业收入，应分析具体情况，选择适当的方法确定产出物影子价格。出口产品用影子汇率计算外汇价值。

② 调整建设投资。

将建设投资中涨价预备费从费用流量中剔除，建设投资中的劳动力按影子工资计算费用，土地费用按土地的影子价格调整，其他投入可根据情况决定是否调整。涉及进口的应按影子汇率换算，并剔除作为转移支付的进口关税和进口环节增值税。

③ 调整建设期利息。

国内借款的建设期利息不作为费用流量，来自国外的外汇贷款利息需按影子汇率换算，用于计算国外资金流量。

④ 调整经营费用。

经营费用可采取以下方式调整计算：对需要采用影子价格的投入物，用影子价格重新计算；对一般投资项目，人工工资可不予调整，即取影子工资换算系数为1；人工工资用外币计算的，应按影子汇率调整；对经营费用中的除原材料和燃料动力费用之外的其余费用，通常可不予直接调整，但有时由于取费基数的变化引起其经济数值，也会与财务数值略有不同。

⑤ 调整流动资金。

构成流动资金总额的存货部分既是项目本身的费用，又是国民经济为项目付出的代价，在国民经济评价中仍然视为费用。而流动资金的应收、应付货款及现金占用，只是财务会计账目上的资产或负债占用，并没有实际耗用经济资源，在国民经济评价时应从流动资金中剔除。其中，库存现金虽然确是属于资金占用，但因其数额很小，可忽略不计。在调整流动资金时需注意，如果财务评价中流动资金是采用扩大指标估算的，在国民经济评价中仍应按照扩大指标法，以调整后的销售收入、经营费用等乘以相应的流动资金指标系数进行估算；如果财务评价流动资金是采用分项详细估算法进行估算的，则应用影子价格重新分项详细估算流动资金。

习 题

一、单项选择题

1. 销售税金在国民经济评价中属于（　　）。
   A. 财务费用　　　　　　　　B. 直接费用
   C. 间接费用　　　　　　　　D. 转移支付

2. 对于直接进出口的外贸货物，其影子价格计算公式正确的是（　　）。
   A. 直接出口产出物的影子价格 = 离岸价（FOB）× 影子汇率 + 贸易费用 + 国内运杂费
   B. 直接进口产出物的影子价格 = 到岸价（CIF）× 影子汇率 + 贸易费用 + 国内运杂费
   C. 直接出口投入物的影子价格 = 离岸价（FOB）× 影子汇率 – 贸易费用 – 国内运杂费
   D. 直接进口投入物的影子价格 = 到岸价（CIF）× 影子汇率 + 贸易费用 + 国内运杂费

3. 下列关于经济费用效益分析与财务分析两者区别的表述中，错误的是（　　）。
   A. 经济费用效益分析中使用的是影子价格，财务分析中使用的是预测的财务价格
   B. 经济费用效益分析仅进行盈利性分析，财务分析即要进行盈利能力分析，又要进行偿债能力分析
   C. 经济费用效益分析必须在财务分析的基础上进行，财务分析可以独立进行
   D. 经济费用效益分析是要评价项目的经济合理性，财务分析是要评价项目的财务可行性

4. 下列条目中，属于政府调控价格的投入物是（　　）。
   A. 外贸货物
   B. 水、电力
   C. 非外贸货物
   D. 劳动力

5. 在国民经济评价中，计算项目的经济净现值时使用的折现率为（　　）。
   A. 经济内部收益率　　　　　　B. 行业折现率
   C. 社会折现率　　　　　　　　D. 基准收益率

二、多项选择题

1. 国民经济评价是按照资源合理配置的原则，采用影子价格、影子工资和社会折现率等经济分析参数，计算分析项目的（　　）和（　　），以考察项目宏观经济上的合理性。
   A. 利润　　　　B. 费用　　　　C. 成本
   D. 效益　　　　E. 净现值

2. 在国民经济评价中，土地的影子价格是由（　　）和（　　）两部分组成的。
   A. 土地使用成本　　　　　　　B. 土地的净效益
   C. 土地机会成本　　　　　　　D. 新增资源消耗
   E. 土地拆迁补偿费

3. 国民经济评价中采用的是根据（　　）和（　　）确定的影子价格。
   A. 项目盈利　　　　　　　　　B. 货币流动
   C. 机会成本　　　　　　　　　D. 市场价格　　　　E. 供求关系

4. 社会折现率能够体现国民经济发展目标和宏观调控意图。当国家需要缩小投资总规模时，可以（　　）社会折现率；对于远期收益大的项目，一般计算时允许对远期收益计算采取较（　　）的社会折现率。
   A. 提高　　　　B. 降低　　　　C. 不改变
   D. 高　　　　　E. 低

5. 编制国民经济评价报表可通过在财务分析的基础上调整编制经济分析报表来实现，在这种编制方式下，不仅需对效益和费用的范围进行调整，还需对其数值进行调整，其数值调整过程中一般包括调整（　　）、调整（　　）、调整（　　）、调整（　　）、调整（　　）等方面。
   A. 直接效益流量　　　　　　　B. 建设投资
   C. 建设期利息　　　　　　　　D. 经营费用
   E. 流动资金

三、简答题

1. 什么是项目国民经济评价？国民经济评价与财务评价有何异同？
2. 什么是影子价格？在项目国民经济分析中为什么要采用影子价格度量项目的费用和效益？
3. 在国民经济评价中，识别费用效益的原则是什么？
4. 在国民经济评价中，直接效益是什么？直接效益一般如何确定？
5. 在国民经济评价中，主要的经济费用效益分析指标有哪些？其含义分别是什么？如何计算？

四、计算题

1. 现有某油田主要出口原油，当年原油的离岸价格为 300 美元/吨，该油田距离所在地口岸 260km。已知原油的铁路运费为 0.16 元/吨公里，影子汇率为 7.884 元/美元（2023 年 10 月价格），贸易费用取货价的 6%。试求该油田项目出口原油的影子价格。

2. 已知项目甲的投入物乙原本由丙厂生产，新建的丁厂使得用户甲的投入物乙改为丁厂供应，丙厂生产的货物转为增加出口。现已知甲距离丙 150km，甲距离丁有 180km，丙距离港口有 220km，当年乙的出口离岸价为 300 美元/吨，影子汇率为 7.884 元/美元（2023 年 10 月价格），贸易费用按照采购价格的 6% 计算，国内运费为每吨每公里 0.1 元，试求丁厂生产的货物乙的影子价格。

在线答题

拓展习题

第 6 章 不确定性与风险分析

知识结构图

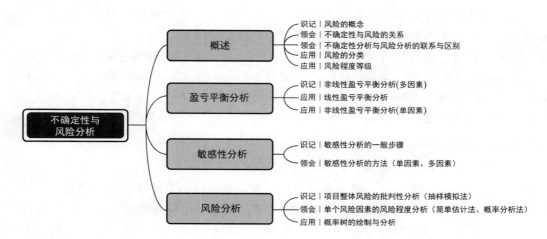

6.1 概　　述

6.1.1 风险的概念及分类

风险，是相对于预期目标而言的，指经济主体遭受损失的不确定性。为全面理解风险，应该把握以下三要素。

第6章概述

1. 不确定性是风险存在的必要条件

风险和不确定性是两个不完全相同但又密切相关的概念。如果某种损失必定要发生或必定不会发生，人们可以提前计划或通过成本费用的方式予以明确，风险是不存在的。只有当人们对行为产生的未来结果无法事先准确预料时，风险才有可能存在。

2. 潜在损失是风险存在的充分条件

不确定性的存在并不一定意味着风险，因为风险是与潜在损失联系在一起的，即实际结果与目标发生的负偏离，包括没有达到预期目标的损失。

例如，如果投资者的目标是基准收益率15%，而实际的内部收益率在20%～30%，虽然具体数值无法确定，但最低的收益率都高于目标收益率，绝无风险而言。如果这项投资的内部收益率在12%～18%，则它是一个有风险的投资，因为实际收益率有小于目标水平15%的可能性。

3. 经济主体是风险成立的基础

风险成立的基础是存在承担行为后果的经济主体（个人或组织），即风险行为人必须是行为后果的实际承担人。如果有某位投资者对其投资后果不承担任何责任，或者只负盈不负亏，那么投资风险对他就没有任何意义，他也不可能花费精力进行风险管理。

按照风险与不确定性的关系、风险与时间的关系和风险与行为人的关系，可以对风险进行以下分类。

1. 纯风险和理论风险

这是根据风险与不确定性的关系进行分类的一种方法。纯风险是指不确定性中仅存在损失的可能性，即纯风险没有任何收益的可能，只有损失的可能。理论风险是指不确定性中既存在收益的不确定性也存在损失的不确定性。高新技术开发活动和证券投资活动往往包含理论风险。

2. 静态风险和动态风险

这是根据风险与时间的关系划分风险类型的一种方法。静态风险，是社会经济处于稳定状态时的风险。例如，飓风、暴雨、地震等随机事件而造成的不确定性。动态风险，是由于社会经济的变化而产生的风险。例如经济体制的改革、城市规划的改变、日新月异的科技创新、人们思想观念的转变等带来的风险。

静态风险和动态风险并不是各自独立的，较大的动态风险可能会提高某些类型的静态风险。例如，与天气状况有关的损失导致的不确定性，这种风险通常被认为是静态的。然而，越来越多的证据显示，日益加速的工业化造成的环境污染，可能正在影响全球的天气状况，从而提高了静态风险发生的可能性。

3. 主观风险和客观风险

按照风险与行为人的关系可以将风险划分为主观风险和客观风险。主观风险本质上是心理上的不确定性，这种不确定性来源于行为人的思维状态和对行为后果的看法。客观风险与主观风险的最大区别在于它从感官上可更精确地观察和测量。

主观风险提供了一种方法去解释人们面临相同的客观风险却得出不同的结论这一行为。因此，仅知道客观风险的程度是远远不够的，还必须了解一个人对风险的态度。

风险还可以按照来源进行分类。

1. 市场风险

市场风险指由于市场价格的不确定性导致损失的可能性。具体讲，就是由于市场需求量、需求偏好以及市场竞争格局、政治经济等方面的变化导致市场价格有可能发生不利的变化而使工程项目经济效果或企业发展目标达不到预期的水平，比如营业收入、利润或市场占有率等低于期望水平。对于大多数工程项目，市场风险是最直接也是最主要的风险。

2. 技术风险

技术风险指技术进步和高新技术的应用使建设项目目标发生损失的可能性。在项目建设和运营阶段一般都涉及各种高新技术的应用，由于种种原因，实际的应用效果可能达不到原先预期的水平，从而也就可能使项目的目标无法实现，形成高新技术应用风险。

此外，建设项目以外的技术进步会使项目的技术水平相对降低，从而影响了项目的竞争力和经济效果。这就构成了技术进步风险。

3. 财产风险

财产风险指与项目建设有关的企业和个人所拥有、租赁或使用的财产，面临可能被破坏、被损毁以及被盗窃的可能性。财产风险的来源包括火灾、闪电、洪水、地震、飓风、暴雨、偷窃、爆炸、暴乱、冲突等。此外，与财产损失相关的可能损失还包括停产停业的损失、采取补救措施的费用和不能履行合同对他人造成的损失。

4. 责任风险

责任风险指承担法律责任对受损一方进行补偿后而使自己蒙受损失的可能性。随着法律的建立健全和执法力度的加强，工程建设过程中越来越多的个人和组织通过诉诸法律补偿自己受到的损失。

司法裁决可能对受害一方进行经济补偿，同时惩罚与责任有关的个人或组织。即使被告最终免除了责任，辩护一个案子的费用也是必不可少的。因此，经济主体必须谨慎识别那些可能对自己造成影响的责任风险。

5. 信用风险

信用风险是指由于有关行为主体不能做到重合同、守信用而导致目标损失的可能性。在工程项目的建设过程和生产运营过程中，合同行为作为市场经济运行的基本单元具有普遍性和经常性，如工程承发包合同、分包合同、设备材料采购合同、贷款合同、租赁合同、销售合同等。这些合同规范了诸多合作方的行为，是使工程顺利进行的基础。但如果有行为主体钻合同的空子损害另一方当事人的利益或者单方面无故违反承诺，则毫无疑问，建设项目将受到损失，这就是信用风险。

6.1.2 风险程度等级分类

为了评估风险的大小，一般要对风险程度进行分级。风险程度包括风险损失的大小和发生的可能性大小两个方面。可以综合考虑这两个方面对项目风险程度进行分类，不同的偏好会导致不同的分类，《投资项目可行性研究指南》推荐将风险程度分为4类，按照风险因素对项目影响程度和风险发生的可能性大小进行划分，风险程度等级分为一般风险、较大风险、严重风险和灾难性风险。

一般风险可以理解为工程中的蓝色风险，一般风险是在受控范围内的，如发生事故，将造成一般经济损失。较大风险可以类比工程中的黄色风险，较大风险也在受控范围内，如发生事故，将造成较大经济损失。严重风险与工程项目中的橙色风险类似，危险因素较多，管控难度较大，如发生事故，将造成重大经济损失。灾难性风险与红色风险处于相同等级的位置，危险因素多，管控难度大，如发生事故，将造成特大经济损失。

6.1.3 不确定性与风险的关系

风险是在经济活动中被广泛运用的概念，而不确定性与风险有着紧密的联系，但又有所不同。两者的关系可归纳为以下几个方面。

1. 不确定性是风险的起因

人们对未来事物认识的局限性，可获信息的不完备性以及未来事物本身的不确定性使得未来经济活动的实际结果偏离预期目标，导致了经济活动结果的不确定性。从而使经济活动的主体可能得到高于或低于预期的效益，甚至遭受一定的损失，导致经济活动"有风险"。

2. 不确定性与风险相伴而生

不确定性是风险的起因，不确定性与风险总是相伴而生。如果不是从理论上去刻意区分，往往会将他们混为一谈。即使从理论上刻意区分，实践中这两个名词也常混合使用。

3. 不确定性与风险的区别

不确定性的结果可以优于预期，也可能低于预期，而普遍的认识是将结果可能低于预期，甚至遭受损失称为"有风险"。还可以用是否得知发生的可能性来区分不确定性与风险，即不知发生的可能性时，称为不确定性；而已知发生的可能性，就称为有风险。

4. 投资项目的不确定性与风险

在经济活动中，风险是不因人们意志而转移的客观存在，投资项目也不例外。尽管在投资项目的决策分析与评价的全过程中已尽可能对基本方案的方方面面进行了详尽的研究，但由于预测结果的不确定性，项目经营的未来状况会与设想状况发生偏离，项目实施后的实际结果可能与预测的基本方案结果产生偏差，从而可能导致实际结果低于预期，因而使投资项目面临潜在的风险。

实际上人们对风险的研究由来已久，同时也赋予了风险各式各样的定义。《投资项目可行性研究指南》对投资项目风险的定义是：投资项目风险是指由于不确定性的存在导致实际结果偏离预期结果造成损失的可能性。风险大小既与损失发生的可能性（概率）成正比，也与损失的严重性成正比。

进行项目的不确定性和风险分析有助于加强项目的风险管理和控制，避免工程项目在变化面前束手无策。在工程项目的不确定性和风险分析基础上做出决策，可在一定程度上避免决策失误所带来的巨大损失，有助于决策的科学化。项目的不确定性和风险主要来自如下几方面。

（1）政府政策和规定的变化

目前我国处于经济改革和政治改革的深化阶段，国内外政策形势和经济形势的变化以及国家经济政策、财务政策的改变，都会给项目带来不可预见和不可控的影响。

（2）通货膨胀、信贷风险

通货膨胀对工程的影响是巨大的，承包商会因为建设期内的通货膨胀承受巨额损失，业主也会因建设期内贷款利率的提高而蒙受损失。

（3）技术和工艺的变革

在信息技术时代，技术和工艺变革很快，原来拟订的生产工艺和技术路线有可能在项目建设和实施过程中发生变化，从而改变了原始的数据；此外新的替代品的出现以及大的竞争对象的出现，也会导致产品价格和市场需求的意外变化。

（4）建设条件和生产条件的变化

如资金筹措方式与来源、项目内部组织、项目环境、物资采购与供货时间的变化，设计错误、合同条款的错误与混乱、工程价款估算或结算错误等，都会导致项目的不确定性。

（5）其他不可抗力等

以上只是一般工程项目面临的风险，对具体项目而言，项目的不确定性和风险来自各个方面，需要具体分析和识别。

6.1.4 不确定性分析与风险分析

在进行项目投资决策之前，分析人员在市场调查的基础上，掌握了大量的基础数据和相关资料，对影响投资经济效果的各技术经济变量进行预测、分析和判断，并以此作为投资决策的依据。但是由于外部环境（政治、社会、道德、文化、风俗习惯等）的变化以及预测方法的局限性，方案经济评价中所采用的基础数据与实际值有一定的偏差，从而使投资项目具有不确定性和风险。

不确定性分析是对决策方案受到各种事前无法控制的外因变化与影响所进行的研究与估计，是研究技术方案中不确定性因素对经济效果影响的一种方法。简单地说就是以不确定性因素对项目经济效益影响为内容的计算和分析。当这些不确定性的结果可以用概率加以表述和分析时，称为风险分析，不能用概率表述的，称为不确定性分析。

投资项目的不确定性和风险分析是为了识别不确定性因素并减少其对经济效果评价的影响，以预测投资项目可能承担的风险，确定项目在财务上、经济上的可靠性，有助于制定决策来避免项目投产后不能获得预期的利润和收益，以致投资不能如期收回或给企业造成亏损的后果。在投资项目评价中，不确定性就意味着投资项目带有风险性，对于风险性大的投资项目，必然有较大的潜在获利能力，也就是说风险越大的投资项目，其内部收益率也越大。

与"不确定性"和"风险"的关系一样，不确定性分析与风险分析也是既有联系又有区别。

不确定性分析与风险分析的主要区别在于两者的分析内容、方法和作用不同。不确定性分析只是对投资项目受各种不确定性因素的影响进行分析，并不能准确预见这些不确定性因素可能出现的各种状况及其产生影响发生的可能性；而风险分析则要通过预知不确定性因素可能出现的各种状况，求得其对投资项目影响发生的可能性，进而对风险程度进行判断。

不确定性分析是对生产、经营过程中各种事前无法控制的外部因素变化与影响所进行的估计和研究。经济发展的不确定性因素普遍存在，如基本建设中就有：投资是否超出、工期是否拖延、原材料价格是否上涨、生产能力是否达到设计要求等。为了正确决策，需进行技术经济综合评价，计算各因素发生的概率及对决策方案的影响，从中选择最佳方案。

不确定性分析与风险分析之间也有一定的联系。前已述及，由敏感性分析可以得知影响项目效益的敏感因素和敏感程度，但不知这种影响发生的可能性，如需得知可能性，就需要借助概率分析。但是通过敏感性分析所找出的敏感因素又可以作为概率分析风险因素的确定依据。

不确定性分析包括盈亏平衡分析（收支平衡分析）、敏感性分析（灵敏度分析）和概率分析（风险分析）。盈亏平衡分析一般只用于财务评价，敏感性分析和概率分析可同时用于财务评价和国民经济评价。三者的选择使用，要根据项目的性质、决策者的需要和相应的财力人力等因素确定。

6.2 盈亏平衡分析

6.2.1 线性盈亏平衡分析

盈亏平衡分析侧重研究投资项目风险管理中的盈亏平衡点（Break Even Point，BEP），即投资项目在产量、价格、成本等方面的盈亏界限。据此判断在各种不确定性因素作用下投资项目适应能力和对风险的承受能力，盈亏平衡点越低，表明投资项目适应变化的能力越强，承受风险的能力越大。

盈亏平衡分析一般是指根据项目正常生产年份的产量或销售量、可变成本、固定成本、产品价格和销售税金及附加等资料数据，通过计算盈亏平衡点，分析投资项目成本与收益之间的内在联系，并为决策者提供科学依据的分析方法。其隐含的一个假设是销售收入等于销售成本，认为销售收入和销售成本是产品销售量的函数，在盈亏平衡图上表现为销售收入与销售成本函数曲线的交汇点，表示该项目不盈不亏的生产经营水平，从另一个侧面也表示为投资项目在一定生产水平时收益与支出的平衡关系，所以也称为收支平衡点。

盈亏平衡分析的作用主要有以下几点：可用于对项目进行定性风险分析，考察项目承受风险的能力；可用于进行多方案的比较和选择，在其他条件相同的情况下，盈亏平衡点值低的方案为优选方案；可用于分析价格、产销量、成本等因素变化对项目盈利能力的影响，寻求提高盈利能力的途径。

盈亏平衡分析也存在一些局限性：它只能对项目风险进行定性分析，无法定量测度风险大小；由于它所假设的条件往往和实际情况有出入，需要考虑资金局限性的项目不一定能够被准确地分析；它只是分析了价格、产销量、成本等因素变化对盈利能力的影响，而不能确定盈利能力的大小。

1. 线性盈亏平衡分析的前提条件

（1）产量等于销量，即当年生产的产品当年全部销售出去。

（2）产量变化，单位可变成本不变，从而总成本费用是产量的线性函数。

（3）产量变化，产品售价不变，从而销售收入是销售量的线性函数。

（4）单一产品，或者生产多种产品，但可以换算为单一产品计算，即不同产品负荷率的变化是一致的。

（5）所采用的数据均为正常生产年份（即达到设计能力生产期）的数据。

2. 线性盈亏平衡分析的基本原理

线性盈亏平衡分析是指项目的销售收入与销售量、销售成本与销售量之间的关系为线性关系情况下的盈亏平衡分析。其中：

项目年总收入为

$$F(x) = px \qquad (6-1)$$

项目年总成本为

$$C(x) = vx + C_F \quad (6-2)$$

项目年总利润

$$E(x) = F(x) - C(x) = (p-v)x - C_F \quad (6-3)$$

式中　$F(x)$——年销售总收入；

　　　$C(x)$——年销售总成本；

　　　$E(x)$——年总利润；

　　　x——年销量；

　　　p——产品价格（单位）；

　　　C_F——年固定成本；

　　　v——单位产品变动成本。

线性盈亏平衡点的确定方法一般有两种：一种是图表法，另一种是解析法。

1）图表法

图表法是将项目销售收入函数和销售成本函数在同一坐标图上描述出来，从而得到盈亏平衡分析图（见图 6.1），图中两条直线的交点就是盈亏平衡点。

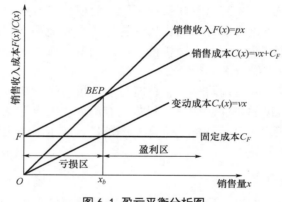

图 6.1　盈亏平衡分析图

图 6.1 中的纵坐标表示销售收入 / 成本，横坐标表示销售量，图中 x_b 表示盈亏平衡点 BEP 所对应的盈亏平衡销量（或称盈亏界限）。在盈亏平衡点 BEP 右边，销售量大于盈亏界限 x_b，销售收入大于销售成本，项目盈利；在盈亏平衡点 BEP 左边，销售量小于盈亏界限 x_b，销售收入小于销售成本，项目亏损；在盈亏平衡点 BEP 上，销售收入等于销售成本，项目不亏不盈。因此盈亏平衡点 BEP 就构成了项目盈利和亏损的临界点，该临界点越低，项目盈利的机会就越大，项目亏损的机会就越小。

从风险管理的角度，应设法确保项目的产出达到甚至超过产量盈亏界限。由于盈亏平衡点是由项目收入和成本共同作用的结果，因此，要改善项目盈利机会，还必须尽量降低项目的固定成本和可变成本。

2）解析法

解析法是指通过求解方程来确定盈亏平衡点的方法。根据盈亏平衡原理，在盈亏平衡点上，销售收入与销售成本相等。由式（6-1）和式（6-2）可得：

$$px = vx + C_F \tag{6-4}$$

由式（6-4）推导可得以下内容。

① 盈亏平衡产量或销售量，即盈亏平衡界限为

$$x_b = \frac{C_F}{p-v} \tag{6-5}$$

② 盈亏平衡销售收入为

$$F^* = \frac{pC_F}{p-v} = \frac{C_F}{1-\frac{v}{p}} \tag{6-6}$$

式中，各符号含义同前。

③ 生产负荷率

设该项目的年设计生产能力为 x_t，则生产负荷率为

$$BEP(x) = \frac{x_b}{x_t} = \frac{C_F}{(p-v)x_t} \times 100\% \tag{6-7}$$

生产负荷率是衡量项目生产负荷状况的重要指标。在项目的多种方案比较中，生产负荷率越低越好。一般认为，当生产负荷率不超过 0.7 时，项目可承受较大风险。

④ 盈亏平衡点价格为

$$p^* = v + \frac{C_F}{x_t} \tag{6-8}$$

⑤ 盈亏平衡点单位产品变动成本为

$$v^* = p - \frac{C_F}{x_t} \tag{6-9}$$

以上各式对盈亏平衡点的分析计算都是以假设公式中的其他因素不变为前提条件的，因此有一定的局限性，而且也未考虑税金这个因素。在实际分析中，应对税率加以考虑，则式（6-4）应变为

$$(p-r)x = vx + C_F \tag{6-10}$$

式中 r——单位产品价格中包含的税金。

其余各式也应作相应的变化

$$x_b = \frac{C_F}{p-r-v} \tag{6-11}$$

$$F^* = \frac{pC_F}{p-r-v} = \frac{C_F}{1-\frac{r+v}{p}} \tag{6-12}$$

$$BEP(x) = \frac{x_b}{x_t} = \frac{C_F}{(p-r-v)x_t} \times 100\% \quad (6-13)$$

$$p^* = r + v + \frac{C_F}{x_t} \quad (6-14)$$

$$v^* = p - r - \frac{C_F}{x_t} \quad (6-15)$$

利用上述各式计算得到的结果与项目的预测值进行比较，即可判断项目对各风险的承受能力。同时我们还可以发现，固定成本越高，盈亏平衡产量越高，盈亏平衡单位变动成本越低；高的盈亏平衡产量和低的盈亏平衡单位变动成本意味着项目的经营风险较大。固定成本有扩大项目风险的效用，因而在实际的管理决策以及设备、工艺等的选择中应给予足够的重视。

【例6-1】某地方服装厂的外套设计生产能力为年产40万件，根据市场情况，定价为每件外套120元，单位产品可变成本为100元，年固定成本为420万元，产品销售税金及附加占销售收入的5%，求盈亏平衡产量。若想盈利70万元，其产量应为多少万件？

【解】盈亏平衡点处的产量：

$$x_b = \frac{C_F}{p-r-v} = \frac{4200000}{120\times(1-5\%)-100} = 30 \text{（万件）}$$

若想盈利70万元的产量：

$$x = \frac{C_F + E(x)}{p-r-v} = \frac{4200000+700000}{120\times(1-5\%)-100} = 35 \text{（万件）}$$

在以上盈亏平衡分析中，项目年总收入和年总成本都是产量 x 的线性函数，所以又称线性盈亏平衡分析。有些项目年总收入和年总成本可以是产量 x 的非线性函数。这时盈亏平衡分析可以类似的方式进行。当项目互斥的时候也可以使用盈亏平衡进行分析，确定方案的优劣程度。

【例6-2】某产品有两种生产方案，方案A初始投资为70万元，预期年净收益15万元；方案B初始投资170万元，预期年净收益35万元。该项目产品的市场寿命具有较大的不确定性，如果给定基准收益率为15%，不考虑期末资产残值，试就项目寿命期分析两方案的临界点。

【解】设项目寿命期为 n，$NPV_A = -70+15(P/A,15\%,n)$，$NPV_B = -170+35(P/A,15\%,n)$，当 $NPV_A = NPV_B$ 时，有 $-70+15(P/A,15\%,n) = -170+35(P/A,15\%,n)$，即 $(P/A,15\%,n)=5$，通过查阅复利系数表，可得两方案寿命期的临界点为 $n \approx 10$ 年。

这就是以项目寿命期为共有变量时方案A与方案B的盈亏平衡点。由于方案B年净收益比较高，项目寿命期延长对方案B有利。故可知：如果根据市场预测项目寿命期小于10年，应采用方案A；如果寿命期在10年以上，则应采用方案B；当项目实际寿命期为10年时A方案与B方案无差异。

在需要对若干个互斥方案进行比选的情况下，如果有某一个共有的不确定性因素影响这些方案的取舍，可以先求出两种方案的盈亏平衡点，再根据盈亏平衡点进行方案取舍。

6.2.2 非线性盈亏平衡分析

在实际的项目管理活动中，经常会受到诸如政策变化、使用需求等环境变化的影响，从而使销售收入、销售成本与销售量不构成线性关系。因此，在项目管理活动中需要利用非线性盈亏平衡分析来确定盈亏平衡点。非线性盈亏平衡分析一般使用解析法进行分析计算。

假设非线性销售收入函数与销售成本函数用一元二次函数表示。

销售收入函数为

$$F(x) = ax + bx^2 \tag{6-16}$$

销售成本函数为

$$C(x) = C_F + cx + dx^2 \tag{6-17}$$

式中　　a、b、c、d——常数；
　　　　x——产量。

根据盈亏平衡原理，在平衡点有 $F(x) = C(x)$，可以得出如下方程

$$E(x) = (b-d)x^2 + (a-c)x - C_F = 0 \tag{6-18}$$

解此二次方程，能得到两个解，即 x_1 和 x_2，它们是项目的两个盈亏平衡点。

另外，通过对 $E(x)$ 求导，可求得项目的最大盈利点，即

$$E'(x) = 2(b-d)x + (a-c) = 0$$

式中，x 就是项目的利润达极值时的产量。但是，有时盈利区和亏损区是不容易看出来的，所以，求出的产量是否对应着利润最大还无法判别，还必须通过二次微分加以判定。若：

$$E''(x) = 2(b-d)x < 0$$

则求得的产量就是利润最大时的产量；反之为亏损最大时的产量。

【例6-3】　某通信公司计划生产一种新型可穿戴式电子产品，经过市场调研及历年来历史数据的分析，预计生产该产品的销售收入函数和销售成本函数分别为 $F(x) = 55x - 0.0035x^2$ 和 $C(x) = 66000 + 28x - 0.001x^2$，试确定该项目产品的盈亏平衡点及最大盈利点。

【解】　根据盈亏平衡点的定义，可知

盈亏平衡时有 $F(x) = C(x)$，即 $55x - 0.0035x^2 = 66000 + 28x - 0.001x^2$

令 $E(x) = -0.0025x^2 + 27x - 66000 = 0$

解上述方程，可得：$x_1 = 3740$，$x_2 = 7060$，即产品的盈利区域介于 x_1 和 x_2 之间。

根据最大盈利点的含义，当产量水平达到最大盈利点时，应有
$E'(x) = -0.005x + 27 = 0$
解得 $x = 5400$，即当产量水平达到 5400 时是利润达到极值时的产量。
$E''(x) = -0.005 < 0$，则求得的产量就是利润最大时的产量。

在实际情况中，如果一个企业生产多种产品，可换算成单一产品，或选择其中一种不确定性最大的产品进行分析。运用盈亏平衡分析，在方案选择时应优先选择平衡点较低者，盈亏平衡点越低意味着项目的抗风险能力越强，越能承受意外的风吹草动。

6.3 敏感性分析

6.3.1 敏感性分析的一般步骤

1. 确定分析指标

由于投资效果可用多种指标来表示，在进行敏感性分析时，首先必须确定分析指标。一般而言，我们在前面经济评价指标体系中讨论的一系列评价指标，都可以作为敏感性分析指标。在选择时，应根据经济评价深度和项目的特点来选择一种或两种评价指标进行分析。需要注意的是，选定的分析指标，必须与确定性分析的评价指标相一致，这样便于进行对比说明问题。在技术经济分析评价实践中，最常用的敏感性分析指标主要有投资回收期、方案净现值和内部收益率。由于敏感性分析是在确定性经济评价的基础上进行的，故选为敏感性分析的指标应与经济分析评价所采用的指标相一致。

2. 选定不确定性因素，并设定它们的变化范围

影响技术项目方案经济指标的因素众多，不可能也没有必要对全部不确定性因素逐个进行分析。在选定需要分析的不确定性因素时，可从两个方面考虑：第一，这些因素在可能的变化范围内，对投资效果影响较大；第二，这些因素发生变化的可能性较大。通常设定的不确定性因素有：产品价格、产销量、项目总投资、年经营成本、项目寿命期、建设工期及达产期、基准折现率、外汇汇率、主要原材料和动力的价格等。

3. 计算因素变动对分析指标影响的数量结果

假定其他设定的不确定性因素不变，一次仅变动一个不确定性因素，重复计算各种可能的不确定性因素的变化对分析指标影响的具体数值。然后采用敏感性计算表或分析图的形式，把不确定性因素的变动与分析指标的对应数量关系反映出来，以便于确定敏感因素。

还需要计算变动因素的临界点。临界点是指项目允许不确定性因素向不利方向变化的极限值。超过极限，项目的效益指标将不可行。例如，当建设投资上升到某值时，内部收益率将刚好等于基准收益率，此点称为建设投资上升的临界点。

临界点可用临界点百分比或者临界值分别表示，其含义是某一变量的变化达到一定

的百分比或者一定数值时，项目的评价指标将从可行转变为不可行。临界点可用专用软件计算，也可由敏感性分析图直接求得近似值。

4. 确定敏感因素

敏感因素是指能引起分析指标产生相应较大变化的因素。测定某特定因素敏感与否，可采用两种方式进行。

（1）相对测定法，即设定要分析的因素均从基准值开始变动，且各因素每次变动幅度相同，比较在同一变动幅度下各因素的变动对经济效果指标的影响，就可以判别出各因素的敏感程度。

（2）绝对测定法，即假设各因素均向降低投资效果的方向变动，并设该因素达到可能的"最坏"值，然后计算在此条件下的经济效果指标，看其是否已达到使投资项目在经济上不可取的程度。如果投资项目已不能接受，则该因素就是敏感因素。绝对测定法的一个变通方式是先设定有关经济效果指标为其临界值，如令净现值等于零、内部收益率为基准折现率，然后求待分析因素的最大允许变动幅度，并与其可能出现的最大变动幅度相比较。如果某因素可能出现的变动幅度超过最大允许变动幅度，则表明该因素是方案的敏感因素。

5. 结合确定性分析进行综合评价，选择可行的比选方案

根据敏感因素对技术项目方案评价指标的影响程度，结合不确定性分析的结果做进一步的综合评价，寻求对主要不确定性因素变化不敏感的可选方案。

根据项目经济目标，如经济净现值或经济内部收益率等所做的敏感性分析称为经济敏感性分析。而根据项目财务目标所做的敏感性分析称为财务敏感性分析。

在技术项目方案分析比较中，对主要不确定性因素变化不敏感的方案，其抵抗风险能力比较强，获得满意经济效益的潜力比较大，优于敏感方案，应优先考虑接受。有时，还根据敏感性分析的结果，采取必要的相应对策。

敏感性分析可以是对投资项目中单一因素进行分析，即假设投资项目活动其他因素不变，只分析一个敏感性因素的变化对投资项目活动的影响，这称为单因素敏感性分析；敏感性分析也可以是对项目中多个因素进行分析，即同时分析多个因素变化对投资项目活动的影响，这称为多因素敏感性分析。由于多因素敏感性分析需要综合考虑多种敏感性因素可能的变化对项目活动的影响，分析起来比较复杂。

6.3.2 敏感性分析的方法

在投资项目的整个寿命期内，存在着各种不确定性因素，而这些因素对投资项目的影响程度也是不一样的，有些因素很小的变化就会引起投资项目经济评价指标较大的变化，甚至于变化超过了临界点（所谓临界点是指在该点处，所分析的因素使某投资项目备选方案从被接受转向被否决），直接影响到原来的投资项目管理决策，这些因素称为敏感性因素；有些因素即使在较大的数值范围内变化，但只引起投资项目经济评价指标很小的变化甚至可以忽略，这些因素被称为不敏感性因素。

敏感性分析是指通过分析及预测影响投资项目经济评价指标的主要因素（投资、成本、价格、折现率、建设工期等）发生变化时，这些经济评价指标（如净现值、内部收益率、偿还期等）的变化趋势和临界值，从中找出敏感性因素，并确定其敏感程度，从而对外部条件发生不利变化时投资方案的承受能力做出判断。敏感性分析是经济决策中常用的一种不确定性分析方法，其目的是了解各种不确定性因素，为投资项目的正确决策提供依据。具体而言，其作用主要体现在以下几个方面。

（1）求解投资项目的风险水平。

（2）找出影响投资项目效果的主导因素。

（3）揭示敏感性因素可承受的变动幅度。

（4）比较分析各备选方案的风险水平，实现方案选优。

（5）预测项目变化的临界条件或临界数值，确定控制措施或寻求可替代方案。

敏感性分析的目的在于：把握不确定性因素在什么范围内变化时，方案的经济效果最好，在什么范围内变化效果最差，以便对不确定性因素实施控制；区分敏感性大的方案和敏感性小的方案，以便选出敏感性小的，即风险小的方案；找出敏感性强的因素，向决策者提出是否需要进一步搜集资料，进行研究，以提高经济分析的可靠性。

敏感性分析的一般方法包括单因素敏感性分析和多因素敏感性分析。

1. 单因素敏感性分析

这种方法是每次只变动某一个不确定性因素而假定其他的因素都不发生变化，分别计算其对确定性分析指标影响的敏感性分析方法。

【例6-4】 某机械厂预计总投资为1200万元，年产量为10万台，产品价格为35元/台，年经营成本为120万元，方案经济寿命期为10年，届时设备残值为80万元，基准折现率为10%，请根据投资额、产品价格及寿命期进行敏感性分析。

【解】以净现值作为经济评价指标，基准方案的净现值为

$$NPV_0 = -1200 + (10 \times 35 - 120)(P/A, 10\%, 10) + 80(P/F, 10\%, 10)$$

下面用净现值指标分别就投资额、产品价格和寿命期等三个不确定性因素作敏感性分析。

设投资额变动的百分比为 x，分析投资额变动对方案净现值影响的计算公式为

$$NPV = -1200(1+x) + (10 \times 35 - 120)(P/A, 10\%, 10) + 80(P/F, 10\%, 10)$$

设产品价格变动的百分比为 y，分析产品价格变动对方案净现值影响的计算公式为

$$NPV = -1200 + [10 \times 35(1+y) - 120](P/A, 10\%, 10) + 80(P/F, 10\%, 10)$$

设寿命期变动的百分比为 z，分析寿命期变动对方案净现值影响的计算公式为

$$NPV = -1200 + (10 \times 35 - 120)[P/A, 10\%, 10(1+z)] + 80[P/F, 10\%, 10(1+z)]$$

对投资额、产品价格及寿命期逐一按在基准基础上变化 ±10%、±15%、±20% 取值，所对应的方案净现值的变化结果见表 6-1 及图 6.2。可以看出，在同样的变动率下，产品价格的变动对方案的净现值影响最大，其次是投资额的变动，寿命期的变动影响最小。

表 6-1 【例 6-4】单因素的敏感性计算表　　　　　　　　　　单位：万元

参数变化率	−20%	−15%	−10%	0	10%	15%	20%
投资额	483.96	423.96	363.96	244.19	123.96	63.96	3.96
产品价格	−186.12	−78.6	28.92	244.19	459	566.52	647.0
寿命期	64.37	112.55	158.49	244.19	321.89	358.11	392.71

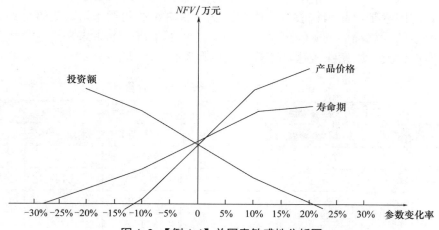

图 6.2 【例 6-4】单因素敏感性分析图

如果以 $NPV=0$ 作为方案是否可以被接受的临界条件，那么从上面的公式中可以算出，当实际投资额超出预计投资额的 20.3%，或者当产品价格下降到比预计价格低 11.3%，或者寿命期比预计寿命期短 26.5% 时，方案就变得不可接受。

根据上面的分析可知，对于本方案来说，产品价格是敏感性因素，应对未来产品价格进行更准确的测算。如果未来产品价格变化的可能性较大，则意味着这一方案的风险亦较大。

【例 6-5】 某化肥厂的设计年生产能力为 10 万吨，计划总投资为 1800 万元，建设期 1 年，投资期初一次性投入，产品销售价格为 63 元/吨，年经营成本为 250 万元，项目生产期为 10 年，期末预计设备残值收入为 60 万元，折现率为 10%，试就投资额、产品价格（销售收入）、经营成本等影响因素对该投资方案进行敏感性分析。

【解】选择净现值为敏感性分析对象，根据净现值的计算公式，可计算出项目的净现值。

$NPV = -1800 + (63 \times 10 - 250)(P/A, 10\%, 10)(P/F, 10\%, 1) + 60(P/A, 10\%, 11) = 343.73$（万元），由于 $NPV > 0$，该项目是可行的。

下面来对项目进行敏感性分析。取定三个因素：投资额、销售收入和经营成本，然后令其逐一在初始值的基础上按 ±10% 和 ±20% 的变化幅度变动。分别计算相应的净现值的变化情况，得出结论如表 6-2 所示。

由表 6-2 可以看出，在各个变量因素变化率相同的情况下，首先，产品销售收入的变动对净现值的影响程度最大，当其他因素均不发生变化时，产品销售收入每下降 1%，净现值下降10.24%，并且还可以看出，当产品销售收入下降幅度超过 −9.8% 时，净现值将由正变负，也即项目由可行变为不可行；其次，对净现值影响大的因素是投资额，当其他因素均不发生变化时，投资额每增加1%，净现值将下降5.24%，当投资额增加的幅度超过19.1%时，净现值由正变负，项目变为不可行；最后，对净现值影响最小的因素是经营成本，在其他因素均不发生变化的情况下经营成本每上升1%，净现值下降4.06%，当经营成本上升幅度超过24.6%时，净现值由正变负，项目变为不可行。由此可见，按净现值对各个因素的敏感程度来排序，依次是产品销售收入、投资额和经营成本，最敏感的因素是产品销售收入。因此，从项目决策的角度来讲，应该对产品销售收入进行进一步的、更准确的测算；从项目风险的角度来讲，如果未来产品销售收入发生变化的可能性较大，则意味着这一工程项目的风险性亦较大。

表 6-2 【例 6-5】单因素的敏感性计算表

序号	调整项目			分析结果		
	投资额	产品销售收入	经营成本	NPV/万元	平均 +1%	平均 −1%
0				343.73		
1	+10%			163.73	−5.24%	+5.24%
2	+20%			−16.27		
3	−10%			523.73		
4	−20%			703.73		
5		+10%		695.65	+10.24%	−10.24%
6		+20%		1047.57		
7		−10%		−8.19		
8		−20%		−360.11		
9			+10%	204.08		
10			+20%	64.43	−4.06%	+4.06%
11			−10%	483.38		
12			−20%	623.03		

此外，运用单因素敏感性分析图，还可以进行经济评价指标达到临界点的极限分析。如图6.3所示，允许变量因素变动的最大幅度（极限变化）是：产品销售收入的下降不超过 −9.8%，投资额的增加不超过 19.1%，经营成本的增加不超过 24.6%。如果这三个变量的变化超过上述极限，项目就不可行。

2. 多因素敏感性分析

单因素敏感性分析方法适合于分析投资项目方案的最敏感性因素，但它忽略了各个变动因素综合作用的可能性。无论是哪种类型的技术项目方案，各种不确定性因素对项目方案经济效益的影响，都是相互交叉综合发生的，而且各个因素的变化率及其发生的概率是随机的。因此，研究分析经济评价指标受多个因素同时变化的综合影响，即多因素敏感性分析，更具有实用价值。

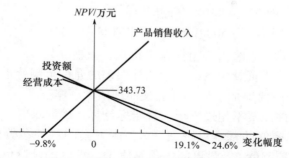

图 6.3 【例 6-5】单因素敏感性分析图

多因素敏感性分析要考虑可能发生的各种因素不同变动幅度的多种组合，计算起来要比单因素敏感性分析复杂得多。

1）双因素敏感性分析

设方案的其他因素不变，每次仅考虑两个因素同时变化对经济效益的影响，则称为双因素敏感性分析。双因素敏感性分析先通过单因素敏感性分析确定两个敏感性较大的因素，然后通过双因素敏感性分析来考察这两个因素同时变化时对项目经济效益的影响。双因素敏感性分析图可为一个敏感曲面。

2）三因素敏感性分析

三因素敏感性分析主要是在其他因素不变的条件下，研究三个敏感性因素同时变化时对项目经济效益的影响。三因素敏感性分析一般采用降维的方法处理。

【例 6-6】 某项目有关数据如表 6-3 所示。如果可变因素为初始投资与年收入，并考虑它们同时发生变化，试通过净年值指标对该项目进行敏感性分析。

表 6-3 数据表

指标	初始投资	寿命	年收入	年支出	残值	折现率
估计值	10000 元	5 年	5000 元	2200 元	2000 元	8%

【解】 令 x 及 y 分别代表初始投资及年收入变化的百分数，则项目必须满足下列式子才能成为可行：$NPV = -10000(1+x)(A/P, 8\%, 5) + 5000(1+y) - 2200 + 2000(A/F, 8\%, 5) \geq 0$，即可得到 $636.32 - 250x + 5000y \geq 0$，这是一个直线方程，在临界线上，$NAV=0$，在临界线左上方的区域 $NAV > 0$，在临界线右下方的区域 $NAV < 0$。在这个例子中如果方案的寿命也是关键参数，则需分析三个参数同时发生变化的敏感性。

由于很难处理三维以上敏感性的表达式，为了简化起见我们可以按不同寿命期（$n=2$、3、4、5、6 年）研究三个参数同时发生变化时净年值的相应变化。令 NPV_n 代表寿命为 n 的净年值，则方案必须满足下列不等式才可行。

$$NPV_n = -10000(1+x)(A/P, 8\%, n) + 5000(1+y) - 2200 + 2000(A/F, 8\%, n) \geq 0$$

$$NPV_2 = -1846.62 - 5607.70x + 5000y \geq 0, \quad y \geq 0.369 + 1.12x$$

$NPV_3 = -464.24 - 3880.30x + 5000y \geq 0, y \geq 0.092848 + 0.776x$

$NPV_4 = -224.64 - 3019.2x + 5000y \geq 0, y \geq 0.044928 + 0.60384x$

$NPV_5 = 636.32 - 3504.6x + 5000y \geq 0, y \geq 0.12726 + 0.50092x$

$NPV_6 = 909.44 - 2163.20x + 5000y \geq 0, y \geq 0.18188 + 0.4326x$

根据上面的不等式，可绘出一组损益平衡线，只要 $n > 4$，方案就具有一定的抗风险能力。但是 $n=4$ 时，投资及年收入发生估计误差的允许范围就很小了。比如当投资增加 10% 时，年收入至少要增加 1.55% 才能使净现值大于零。

当分析的不确定性因素不超过三个，且指标计算比较简单时，可以采用三项预测值敏感性分析。三项预测值的基本思路是，对技术方案的各种参数分别给出三个预测值（估计值），即悲观的预测值 P，最可能的预测值 M，乐观的预测值 O。根据这三种预测值即可对技术方案进行敏感性分析并做出评价。

【例 6-7】 某企业准备购置新设备，投资、寿命等数据如表 6-4 所示，试就使用寿命、年支出和年营业收入三项敏感性因素按最有利、很可能和最不利三种情况，进行净现值敏感性分析，$i_c=8\%$。

表 6-4 设备数据表 单位：万元

因素变化	总投资	使用寿命	年营业收入	年支出
最有利（O）	15	18	11	2
很可能（M）	15	10	7	4.3
最不利（P）	15	8	5	5.7

【解】计算过程如表 6-5 所示，在表 6-5 中最大的 NPV 是 69.35 万元。
即使用寿命、年营业收入、年支出均处于最有利状态时：

$NPV = (11-2)(P/A, 8\%, 18) - 15 = 9 \times 9.372 - 15 = 69.35$（万元）

表中最小的 NPV 是 -21.56 万元，即寿命在 O 状态，年营业收入和年支出在 P 状态时：

$NPV = (5-5.7)(P/A, 8\%, 18) - 15 = -0.7 \times 9.372 - 15 = -21.56$（万元）

表 6-5 三项预测值敏感性分析 单位：万元

净现值 年销售收入	年支出状态 (i)								
	O			M			P		
	寿命状态 (j)								
	O	M	P	O	M	P	O	M	P
NPV_{O-i-j}	69.35	45.39	36.72	47.79	29.89	23.50	34.67	20.56	15.46
NPV_{M-i-j}	31.86	18.55	13.74	10.30	3.12	0.52	-2.82	-6.28	-7.53
NPV_{P-i-j}	13.12	5.13	2.24	8.44	-10.30	-10.98	-21.56	-19.70	-19.00

3. 敏感性分析的不足

敏感性分析具有分析指标具体、能与项目方案的经济评价指标紧密结合、分析方法容易掌握、便于分析、便于决策等优点，有助于找出影响项目方案经济效益的敏感性因素及其影响程度，对于提高项目方案经济评价的可靠性具有重大意义。但是，敏感性分析没有考虑各种不确定性因素在未来发生变动的概率，这可能会影响分析结论的准确性。

实际上，各种不确定性因素在未来发生某一幅度变动的概率一般是有所不同的。可能有这样的情况，通过敏感性分析找出的某一敏感性因素未来发生不利变动的概率很小，因而实际上所带来的风险并不大，以至于可以忽略不计，而另一不太敏感的因素未来发生不利变动的概率很大，实际上带来的风险比那个敏感性因素更大。

盈亏平衡分析、敏感性分析都没有考虑参数变化的概率。因此，这两种分析方法虽然可以回答哪些参数变化或假设对项目风险影响大，但不能回答哪些参数变化或假设最有可能发生以及这种变化的概率，这是它们在风险分析方面的不足。

6.4　风险分析

6.4.1　单个风险因素的风险程度分析

风险分析又称风险估计、风险测定、风险测试、风险衡量和风险估算等。因为在一个投资项目中存在着各种各样的风险，风险分析可以说明风险的实质，但这种分析是在有效辨识投资项目风险的基础上，根据投资项目风险的特点，对已确认的风险，通过定性和定量分析方法量测其发生的可能性和破坏程度的大小，对风险按潜在危险大小进行优先排序和评价、制定风险对策和选择风险控制方案有重要的作用。投资项目风险分析较多采用统计、分析和推断法，一般需要一系列可信的历史统计资料和相关数据以及足以说明被评估对象特性和状态的资料作保证；当资料不全时往往依靠主观推断来弥补，此时投资项目管理人员掌握科学的投资项目风险分析方法、技巧和工具就显得格外重要。根据项目风险和项目风险分析的含义，风险分析的主要内容包括：

（1）风险事件发生的可能性大小。
（2）风险事件发生可能的结果范围和危害程度。
（3）风险事件发生预期的时间。
（4）风险事件发生的频率等。

风险因素的识别应与风险分析相结合，才能得知风险程度。投资项目涉及的风险因素有些是可以量化的，可以通过定量分析的方法对它们进行估计和分析；同时客观上也存在着许多不可量化的风险因素，它们有可能给投资项目带来更大的风险。所以在对投资项目进行风险分析前有必要对不可量化的风险因素进行定性描述，因此风险分析应采取定性描述与定量分析相结合的方法，从而对投资项目面临的风险做出全面的估计。

单个风险因素风险程度估计，可以找出影响项目的关键风险因素。一般可选用相对简单易行的方法，根据需要和可能也可以采用概率分析的方法求得其概率分布，并计算期望值、方差或标准差。

1. 简单估计法

（1）专家评估法。专家评估法是以发函、开会或其他形式向专家进行调查，对项目风险因素及其风险程度进行评定，将多位专家的经验集中起来形成分析结论的一种方法。由于它比一般的经验识别法更具客观性，因此应用更为广泛。采用专家评估法时，所聘请的专家应熟悉该行业和所评估的风险因素，并能做到客观公正。为减少主观性，专家个数一般应有 20 位左右，至少不低于 10 位。具体操作上可采取以下方式：请每位专家凭借经验独立对各类风险因素的风险程度打勾"√"，最后将各位专家的意见归集起来。

（2）风险因素取值评定法。风险因素取值评定法是一种专家定量评定方法，是就风险因素的最乐观估计值、最悲观估计值和最可能值向专家进行调查，计算出期望值，再将期望值的平均值与风险分析中所采用的数值（风险分析采用值）相比较，求得两者的偏差值和偏差程度，据以判别风险程度。偏差值和偏差程度越大，风险程度越高。具体方法如表 6-6 所示。

表 6-6 风险因素取值评定表

专家号	最乐观估计值（1）	最可能值（2）	最悲观估计值（3）	期望值（4） $[(1)+k \times (2)+(3)] \div (k+2)$
1				
2				
3				
4				
5				
6				
7				
8				
9				
10				
期望值平均值				
偏差值	期望值平均值 – 风险分析采用值			
偏差程度	偏差值 / 风险分析采用值			

2. 概率分析法

根据需要，可以借助现代计算技术，运用概率论和数理统计原理进行概率分析，进一步求得风险因素取值的概率分布，并计算期望值、方差或标准差和离散系数，表明该风险因素的风险程度。

1）经济效果的期望值

投资方案经济效果的期望值是指参数在一定概率分布下投资效果所能达到的概率平均值。其一般表达式为

$$E(x) = \sum_{i=1}^{n} x_i p_i \tag{6-19}$$

式中　$E(x)$——变量的期望值；
　　　p_i——变量 x_i 的概率。

【例6-8】　已知某企业的投资方案净现金流量及概率如表6-7所示，试计算该方案净现金流量的期望值。

表6-7　投资方案净现金流量及概率

净现金流量/万元	23.5	26.2	32.4	38.7	42	46.8
概率	0.1	0.2	0.3	0.2	0.1	0.1

【解】
$E(x) = 23.5 \times 0.1 + 26.2 \times 0.2 + 32.4 \times 0.3 + 38.7 \times 0.2 + 42 \times 0.1 + 46.8 \times 0.1 = 33.93$（万元），即这一方案净现金流量的期望值为33.93万元。

项目在服务期内的净现值的期望值，可以按照式（6-20）计算

$$E(NPV) = \sum_{i=0}^{n} \frac{E(x_i)}{(1+m)^i} \tag{6-20}$$

式中　$E(NPV)$——项目净现值的期望值；
　　　m——无风险折现率。

2）经济效果的标准差

标准差反映了一个随机变量实际值与其期望值偏离的程度。这种偏离在一定意义上反映了投资方案风险的大小。现金流量的标准差的一般计算公式为

$$S_i = \sqrt{\sum_{i=1}^{n} p_i [x_i - E(x)]^2} \tag{6-21}$$

式中　S_i——变量 x 的标准差。

【例6-9】　利用上例中的数据，试计算投资方案的现金流量的标准差。

【解】
$$S = \sqrt{\begin{array}{l}0.1 \times (23.5-33.93)^2 + 0.2 \times (26.2-33.93)^2 + 0.3 \times (32.4-33.93)^2 + \\ 0.2 \times (38.7-33.93)^2 + 0.1 \times (42-33.93)^2 + 0.1 \times (46.8-33.93)^2\end{array}} = 7.15 \text{（万元）}$$

净现值的标准差为

$$S(NPV) = \sqrt{\sum_{i=0}^{n} \left[\frac{S_i}{(1+m)^i}\right]^2} \tag{6-22}$$

由于净现值 NPV 服从正态分布，且期望值为 $E(NPV)$，标准差为 $S(NPV)$，则发生 $NPV < NPV^*$ 的概率可由 Z 值求得。

$$Z = \frac{NPV^* - E(NPV)}{S(NPV)} \tag{6-23}$$

$$P(NPV < NPV^*) = \Phi(Z) \tag{6-24}$$

式中　$\Phi(Z)$——标准正态分布的累计概率函数值，可由标准正态分布表查出。

若求 $NPV < 0$，则有 $Z = -\frac{E(NPV)}{S(NPV)}$，可得 $P(NPV < 0) = \Phi(Z)$，$P(NPV \geq 0) = 1 - P(NPV < 0) = 1 - \Phi(Z)$。

3）经济效果的离散系数

标准差虽然可以反映随机变量的离散程度，但它是一个绝对量，其大小与变量的数值及期望值大小有关。一般而言，变量的期望值越大，其标准值也越大，特别是需要对不同方案的风险程度进行比较时，标准差往往不能够准确反映风险程度的差异。为此，我们引入另一个指标，称作离散系数，它是标准差与期望值之比，即

$$C = \frac{S(x)}{E(x)} \tag{6-25}$$

由于离散系数是一个相对数，不会受变量和期望值的绝对值大小的影响，能更好地反映投资方案的风险程度。

当对两个投资方案进行比较时，如果期望值相同，则标准差较小的方案风险更低；如果两个方案的期望值与标准差均不相同，则离散系数较小的方案风险更低。

6.4.2　项目整体风险的批判性分析

对于重大投资项目或估计风险很大的项目，应进行投资项目整体风险分析。一般应采用概率分析的方法，求出评价指标的概率分布，计算期望值、方差或标准差和偏离系数，也可求得净现值大于或等于零的累计概率或其他项目效益的指标表明项目由可行转为不可行的累计概率。

1. 以评价指标作为判别标准

财务（经济）内部收益率大于或等于基准收益率（社会折现率）的累计概率值越大，风险越小；标准差越小，风险越小。同样地，财务（经济）净现值大于或等于零的累计概率值越大，风险越小；标准差越小，风险越小。

在具体操作中，对于离散型风险变量，可采用概率分析的理论计算法，运用概率树的形式进行；对于连续型风险变量，可采用模拟计算法，常用的是蒙特卡洛法。概率树方法使用简单，计算方便，将在 6.4.3 节中详述，下面对蒙特卡洛法作简要介绍。

1）蒙特卡洛法的含义

在经济计算中只有目前付出的投资额是比较固定的数值，而其他数据，如设备的使用寿命、产品的销售量、产品的销售价格、产品的成本等等都是估计值，都是在一定范

围内变动。如果把这些变动的值当作固定不变的值看待，那么计算的结果就难免与将来出现的实际情况有偏差，从而带来某种程度的风险。近年来的经济计算中越来越注意分析研究这种风险的程度和可能性，以便在决策时对今后出现的情况做到胸有成竹。蒙特卡洛法是解决这类问题十分方便的方法。

蒙特卡洛法是经济风险估计常用的一种方法，也叫模拟抽样法。它可以把一些具有经验分布统计特性的数据用于一个系统。如果模型是根据过去的房地产投资实际发生的情况来进行下一步投资决策的，可以采用蒙特卡洛法，从真实分布中抽样的方法模拟一个房地产投资的全过程，从而使模拟系统中的各个经济变量及时间与过去的实际情况相对应。在一般所用的不确定性因素影响下的决策方法中，常常只考虑最好、最坏和最可能三种估计。如果这些不确定的因素有很多，只考虑这三种估计便会使决策发生偏差或失误。而最好选择可以避免这种偏差情况发生的方法，使得在复杂情况下，房地产投资决策仍然合理和准确。

对于大型的建设工程项目、大型的环境工程等常需进行更加全面和透彻的风险分析，而这些项目不仅规模大、投资大、难度大、风险大，而且这些项目的建设周期也十分长，在合同期内，市场情况、利率、通货膨胀和技术进步情况等因素都在不断发生变化。因此，要进行房地产投资风险估计，首先面临的是对这些随机因素的影响做出估计。这可以说是十分困难的，因为对大型的工程项目不能进行物理实验。即使是使用计算机，要将所有的可能情况都计算一遍也是困难的，需要的时间和费用相当大。

蒙特卡洛法正是为解决这一困难而设计的，是对未来情况的幕景分析和模拟。它可以看作是一种对实际可能发生情况的模拟，是一种实验研究方法。如果我们对未来的情况不能确定而只知各输入变量按某一概率分布取值，便可以采用一个随机数发生器产生具有相同概率的数值，赋值给各输入变量，并计算各输出变量，以对应于实际可能发生的情况，如此反复取值，得出多种数据，投资者便可根据这些数据求出输出量的概率分布。输出量的概率分布函数是随着反复的次数而变化的，次数越多则这种分布越接近于真实的分布。

2）蒙特卡洛法的运用

首先让我们看一个例子。这是蒙特卡洛法最原始的一个问题，它的目标是要估算一个正方形中的一个不规则图形的面积（见图6.4）。参见图中的阴影部分。

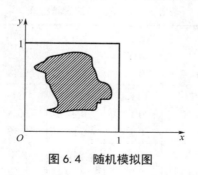

图6.4　随机模拟图

将正方形放入直角坐标中，并设边长为1，然后取两个0～1之间的随机数，第一

个代表 x 轴，第二个代表 y 轴，这样就可以在平面上得到一点，该点可能落在阴影区内，也可能落在阴影区外，将该结果记录下来并作为第一次试验。然后取第二个随机数，在平面有确定一点，作为第二次试验并记录下来。这样反复进行（最好是上千次试验），直到认为这些点足以代表图形的特征为止。最后统计出落在阴影部分里的点数与全部试验点数的比例，然后乘以矩形面积就可得到阴影区的面积。

从该示例可以看出，蒙特卡洛法实质上是一种随机模拟或统计试验的方法。它通过对每一个随机变量抽样，代入其数学函数式来确定函数值。这样独立模拟试验多次，得到函数的一批抽样数据 z_1、z_2、$\cdots$、z_n，由此决定函数的概率分布特征，其中包括函数的分布曲线以及函数的数学期望、方差、偏度等。

与前述方法一样，蒙特卡洛法是一种常用的概率分析方法，只不过它要求各自变量要有理论的或经验的概率分布，仅知道各自变量的数学特征是不能进行模拟试验的。它的优点是对于不能用泰勒级数展开或项目经济评价人员数学知识有限而不能应用其他方法时，蒙特卡洛法可以提供一个相对简单、并可圆满解决概率分析问题的途径。

应用该方法时，函数的数学期望与方差可以直接用下面的公式计算：

$$m_z = \frac{\sum_{i=1}^{n} z_i}{N} \tag{6-26}$$

$$\sigma_z^2 = \frac{\sum_{i=1}^{n} (z_i - m_z)^2}{N} \tag{6-27}$$

式中　　N——z 的子样个数，即试验次数；

z_i——试验得到的函数 z 的第 i 个子样，$i=1$、2、$\cdots$、n。

从函数的实际分布可求得项目失败的风险，即用落到函数临界值以外的频率来代替项目失败的频率。一般而言，用该方法计算的结果比按假设正态分布求得的风险更为精确和可靠，但它要求试验的次数必须足够多，且每次试验都是随机的、独立的。例如已知某项目的大量统计资料，其年值（A）、现值（P）、将来值（F）的分布如表 6-8 所示。具体模拟方法如下：

表 6-8　A、P、F 数学特征表

A	组标	1285	1480	1675	1870	2065	$m_p = 1645.75$
	概率	0.17	0.20	0.36	0.15	0.12	
	累计概率	0.17	0.37	0.73	0.88	1.00	$\sigma_p = 237.8$
P	组标	12500	13100	13700	14300	14900	$m_p = 13800$
	概率	0.10	0.13	0.34	0.23	0.20	
	累计概率	0.10	0.23	0.57	0.50	1.00	$\sigma_p = 727.48$
F	组标	720	780	840	900	960	$m_p = 826.6$
	概率	0.17	0.22	0.34	0.17	0.10	
	累计概率	0.17	0.39	0.73	0.90	1.00	$\sigma_p = 71.85$

净现值表达式为

$$Z = A(P/A, I, n) + F(P/F, I, n) - P$$

取第一组随机数：0.98、0.08、0.62。

相对应的 A、P、F 分别为 $A_1=2065$；$P_1=12500$；$F_1=840$。

$$z_1 = 2065(P/A, 5\%, 20) + 840(P/F, 5\%, 20) - 12500 = 13551.25$$

取第二组随机数：0.48、0.26、0.45。

相对应的 A、P、F 分别为 $A_2=1675$；$P_2=13700$；$F_2=840$。

$$z_2 = 1675(P/A, 5\%, 20) + 840(P/F, 5\%, 20) - 13700 = 7491.16$$

如此反复进行几百次或上千次的试验，可以求得

① 评价指标的函数的数字特征为

$$m_z = \frac{\sum_{i=1}^{n} z_i}{N} \qquad (6-28)$$

$$\sigma_z^2 = \frac{\sum_{i=1}^{n} (z_i - m_z)^2}{N} \qquad (6-29)$$

② 净现值小于零的概率为

$$m_z = \frac{\sum_{i=1}^{n} z_i}{N} \qquad (6-30)$$

③ 净现值大于某一规定数值 P_0 的概率为

$$P_{\text{rob}}(P \geq P_0) = 1 - P_{\text{rob}}(P < P_0) = 1 - P_{\text{rob}}\left(z < \frac{P_0 - m}{\sigma}\right) \qquad (6-31)$$

④ 项目亏损的期望值为

$$E(P<0) = \frac{\frac{1}{\sqrt{2\pi}} \sigma e^{\frac{-m^2}{2\omega^2}}}{P_{\text{rob}}\left(z < -\frac{m}{\sigma}\right)} \qquad (6-32)$$

上述②③④项必须借助公式来计算，我们也可以用统计数据直接进行统计，最后得出所需要的计算结果。其计算步骤和统计方法如下。

净现值小于零的概率：统计所有 z_i 中的小于零的个数，该数被 N 除即得净现值小于零的概率。

净现值大于某一规定数值 P_0 的概率：统计所有 z_i 中大于 P_0 的个数，该数被 N 除即得净现值大于 P_0 的概率。

项目亏损的期望值：统计所有 z_i 中的小于零的个数，该值的平均值即为项目亏损的近似期望值。

2. 以综合风险等级作判别标准

可根据风险因素发生的可能性及其造成损失的程度，建立综合风险等级的矩阵，将综合风险分为风险很强的 K(Kill) 级、风险强的 M(Modify) 级、风险较强的 T(Trigger) 级、风险适度的 R（Review and Reconsider）级和风险弱的 I（Ignore）级。综合风险等级分类如表 6-9 所示。

表 6-9　综合风险等级分类

综合风险等级		风险影响的程度			
		严重	较大	适度	低
风险的可能性	高	K	M	R	R
	较高	M	M	R	R
	适度	T	T	R	I
	低	T	T	R	I

注：本表来源于中国计划出版社出版的《建设项目经济评价方法与参数》(第三版)，当参数落在表左上角时，风险会产生严重的后果；当参数落在表右下角时，风险可忽略不计。

6.4.3　概率树

概率树法是一种用来分析和进行风险估计的有用方法。它能帮助我们探讨问题之间的联系，简化问题并确定各种概率。它被用来展示可供采取的各种可能的行动方案及其后果。一般来说，概率树法将大规模或复杂问题分解成小的子问题，这些小的子问题可以分别地加以解决，然后重新组织起来，当问题具有某些可以肯定的结果时，这种方法是很有用的。

1. 概率树的画法

【例 6-10】　某房地产公司欲在市中心地段投资一家物业公司，根据市场调研结果，投资方案有：A 投资兴建一栋高级公寓；B 投资兴建一栋商业大厦。建成后，两方案均以出租方式经营。这两种方案的年净收益率和市场情况概率，如表 6-10 和图 6.5 所示。

表 6-10　投资方案年收益率和市场情况概率

方案	年净收益率 /(%)			市场情况概率 /(%)		
	畅销 X_1	一般 X_2	滞销 X_3	畅销 X_1	一般 X_2	滞销 X_3
A	40	30	20	0.10	0.80	0.10
B	50	30	10	0.20	0.60	0.20

图 6.5 表示了表 6-10 的概率树的基本结构，可以看到，用概率树法来求解、分析问题，就变得简单了。假定事件起源于 S 点，这里有两种可能的行动方案（A 或 B），如果我们选择 A，那么可有结果畅销、一般和滞销三种市场情况，相应取得 40%、30%、20% 三种不同的年净收益率，对 B 以此类推。图 6.5 中，方案分析的结果从左至右依次

展开，好像一棵不断分枝的树，用树形图作为可能状况及结果的完整关系表示图。

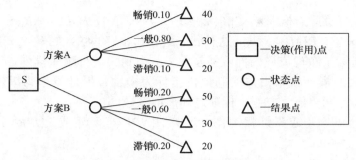

图 6.5　公司投资的概率树

概率树是从左至右、从无到有逐步地分析事件的发生、发展。把决策过程引入概率树就变成了决策树。常用的方法是把概率树折叠，即从右往左的方向进行计算分析。每到一个决策点，就可以选取具有最大利益或最小损失（期望值）的行动方案，再把概率树转回到前一个决策点，依此类推，最终完成决策活动。

概率树与决策树的方法基本是图形法，它的出现为解决决策问题提供了最大程度的近似方法。正因为如此，这个过程既可以认为它是一门科学，又可以认为它是一门艺术。每一分支的发展，通过标定行动方案及其结果，对问题可能的发展方向提出新的见解。并且，每一枝干都可以进行计算。如果某些枝干明显地比其他的枝干占优势，那么在计算前期就把后者去掉，这可以简化分析过程。

概率树与决策树的最大价值在于展开思路，再把它组织成一个合理的、有结构的框架。如果已经清楚地了解问题的脉络，那么一个完整的决策树只需要把图形画得畅通并且标定了必要的步骤就可以了，而不一定包罗一切。

2. 概率树分析

（1）假定风险变量之间是相互独立的，可以通过对每个风险变量各种状态取值的不同组合计算项目的内部收益率或净现值等指标。根据每个风险变量状态的组合计算得到的内部收益率或净现值的概率为每个风险变量所处状态的联合概率，即各风险变量所处状态发生概率的乘积。

若风险变量有 A、B、C、$\cdots$、N，

每个输入变量有状态 $\begin{matrix} A_1、 & A_2、 & \cdots & A_{n1} \\ B_1、 & B_2、 & \cdots & B_{n2} \\ \vdots & \vdots & & \vdots \\ M_1、 & M_2、 & \cdots & M_{nm} \end{matrix}$，

各种状态发生概率：

$\sum_{i=1}^{n1} P\{A_i\} = P\{A_1\} + P\{A_2\} + \cdots + P\{A_{n1}\} = 1$，

$\sum_{i=1}^{n2} P\{B_i\} = 1$，

……

$\sum_{i=1}^{nm} P\{M_i\} = 1$。

则各种状态组合的联合概率为：$P\{A_1\} \times P\{B_1\} \times \cdots \times P\{N_1\}$，$P\{A_2\} \times P\{B_2\} \times \cdots \times P\{N_2\}$，…，$P\{A_{n1}\} \times P\{B_{n1}\} \times \cdots \times P\{M_{nm}\}$，共有这种状态组合和相应的联合概率 $N_1 \times N_2 \times \cdots \times N_m$ 个。

（2）评价指标（净现值或内部收益率等）由小到大进行顺序排列，列出相应的联合概率和从小到大的累计概率，并绘制评价指标为横轴，累计概率为纵轴的累计概率曲线，计算评价指标期望值、方差、标准差和离散系数。

（3）由累计概率（或累计概率图）计算 $P\{NPV(i_c) < 0\}$ 或 $P\{IRR < i_c\}$ 的累计概率，同时也可获得

$P\{NPV(i_c) \geqslant 0\} = 1 - P\{NPV(i_c) < 0\}$

$P\{IRR \geqslant i_c\} = 1 - P\{IRR < i_c\}$

当风险变量数和每个变量的状态数较多，数量大于三个时，这时状态组合数过多，一般不适于使用概率树方法。若各风险变量之间不是独立，而是存在相互关联时，也不适于使用这种方法。

3．概率树分析案例

【例 6-11】 某互联网公司投资的项目有三个主要的风险变量：固定资产投资 5000 万元，年销售收入 2500 万元，年经营成本 1500 万元。该项目的销售税金及附加为 6%，固定资产残值为零，流动资金忽略不计。该项目的生产期为 10 年，忽略建设期，i_c=10%。三个风险变量经调查认为，每个变量有两种状态，其概率分布见表 6-11，项目的概率树（见图 6.6）。试求：税前净现值的期望值；税前净现值大于或等于零的累计概率。

表 6-11 项目的状态概率分布

项目	计算值	−20%
固定资产投资	0.8	0.2
年销售收入	0.7	0.3
年经营成本	0.7	0.3

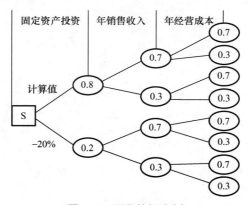

图 6.6 项目的概率树

【解】税前净现值计算如表 6-12 所示。

表 6-12 税前净现值计算

状态			发生可能性	净现值	加权净现值
固定资产投资	年销售收入	年经营成本			
计算值	计算值	计算值	0.8 × 0.7 × 0.7 =0.392	222.88	87.37
计算值	计算值	−20%	0.8 × 0.7 × 0.3 =0.168	2066.29	347.14
计算值	−20%	计算值	0.8 × 0.3 × 0.7 =0.168	2665.05	−447.72
计算值	−20%	−20%	0.8 × 0.3 × 0.3 =0.072	−821.67	−59.16
−20%	计算值	计算值	0.2 × 0.7 × 0.7 =0.098	1222.91	119.85
−20%	计算值	−20%	0.2 × 0.7 × 0.3 =0.042	3066.29	128.78
−20%	−20%	计算值	0.2 × 0.3 × 0.7 =0.042	1665.05	−69.93
−20%	−20%	−20%	0.2 × 0.3 × 0.3 =0.018	178.33	3.21
合计			1.0		109.54

由表 6-12 可以得知，税前净现值的期望值为 109（万元），税前净现值大于或等于零的累计概率为 $P(NPV \geq 0) = 1 - P(NPV < 0) = 0.718$，计算结果说明该项目盈利的可能性为 71.8%，抗风险能力也较强。

习 题

一、单项选择题

1. 盈亏平衡点位置与项目抗风险能力的关系，正确的是（　　）。
A. 盈亏平衡点越高，项目抗风险能力越强
B. 盈亏平衡点越高，项目适应市场变化能力越强
C. 盈亏平衡点越高，项目适应市场变化能力越强，抗风险能力越弱
D. 盈亏平衡点越低，项目抗风险能力越强

2. 在敏感性分析中，下列因素最敏感的是（　　）。
A. 产品价格下降 30%，使 $NPV=0$
B. 经营成本上升 50%，使 $NPV=0$
C. 寿命缩短 80%，使 $NPV=0$
D. 投资增加 120%，使 $NPV=0$

3. 有关单因素敏感性分析图，理解正确的是（　　）。
A. 一张图只能反映一个因素的敏感性分析结果
B. 临界点表明方案经济效果评价指标达到最高要求所允许的最大变化幅度
C. 不确定性因素变化超过临界点越多，方案越好

D. 将临界点与未来实际可能发生的变化幅度比，大致可分析项目的风险情况

4. 投资效果可用多种指标来表示，在进行敏感性分析时，首先必须确定（　　）。
   A. 分析指标　　　　　　　　B. 不确定性因素
   C. 敏感性因素　　　　　　　D. 比选方案

5. （　　）是一个相对数，能更好地反映投资方案的风险程度。
   A. 期望值　　　B. 方差　　　C. 标准差　　　D. 离散系数

二、多项选择题

1. 在盈亏分析图中，包含的区域有（　　）。
   A. 亏损区　　　B. 平衡区　　　C. 盈利区
   D. 非平衡区　　E. 盈余区

2. 风险还可以按照来源分为（　　）。
   A. 市场风险　　B. 技术风险　　C. 财产风险
   D. 责任风险　　E. 信用风险

3. 风险程度等级分为（　　）。
   A. 一般风险　　B. 较大风险　　C. 严重风险
   D. 灾难性风险　E. 低风险

4. 判别敏感性因素的方法包括（　　）。
   A. 代数分析法　B. 相对测定法　C. 公式法
   D. 图解法　　　E. 绝对测定法

5. 下面（　　）可以用来表示盈亏平衡点。
   A. 销售收入　　B. 销售价格　　C. 产量
   D. 单位产品变动成本　　　　　E. 生产能力

三、简答题

1. 理解风险的概念应该把握哪三个要素？
2. 项目的风险与不确定性主要来自哪些方面？
3. 什么是盈亏平衡分析？
4. 怎样选择敏感性因素？
5. 概率树的特点是什么？
6. 单个风险因素的风险程度分析有哪些方法？

四、计算题

1. 某高新科技厂商的设计年生产能力为生产某种产品 3 万件，单位产品售价 3000 元，总成本费用为 7800 万元，其中固定成本 3000 万元，总变动成本与产品产量成正比关系，求以产量、生产负荷率、销售价格和单位产品变动成本表示的盈亏平衡点。

2. 某供应商生产某种产品，年固定成本为 50000 元，当原材料为批量

线性盈亏平衡分析

采购时，可使单位产品成本在原来每件 48 元的基础上降低产品产量的 0.4%，产品售价在原来每件 75 元的基础上降低产品产量的 0.7%，试求企业在盈亏平衡点的产量及最优产量（即产量的经济规模区及最优规模）。

3. 现有一个投资项目，预计其服务期为 3 年，由于受环境的影响，各年度的现金流量及相应的概率如表 6-13 所示，利率为 $m=10\%$，试计算：

（1）各年现金流量的期望值。

（2）净现值的期望值。

（3）各年现金流量的标准差。

（4）净现值的标准差。

表 6-13　各年度的现金流量及相应的概率　　　　　　　　　　单位：元

状态	第 0 年		第 1 年		第 2 年		第 3 年	
	x_0	p_0	x_1	p_1	x_2	p_2	x_3	p_3
1	−10000	1.00	3500	0.20	4000	0.25	3500	0.30
2	0	0	4000	0.60	5000	0.50	4500	0.40
3	0	0	4500	0.20	6000	0.25	5500	0.30

4. 某大型工业设计企业拟增加某种产品的生产能力，提出 A、B、C 三个方案。A 方案是从国外引进一条生产线，需要投资 800 万元；B 方案是对原生产车间进行改造升级，需要投资 250 万元；丙方案是通过次要零件扩散给其他企业生产，实现横向联合，不需要投资。根据市场调查与预测，该产品的生产有效期是 6 年，项目的基本资料如表 6-14 所示。

风险分析决策树

表 6-14　项目的基本资料

方案	销路好（概率：0.7）	销路不好（概率：0.3）
A	430 万元	−60 万元
B	210 万元	35 万元
C	105 万元	25 万元

（1）请你写出此项目可能面临的风险。

（2）请你用决策树法选择决策方案。

在线答题

拓展习题

第 7 章
工程项目的方案比选与优化

📚 **知识结构图**

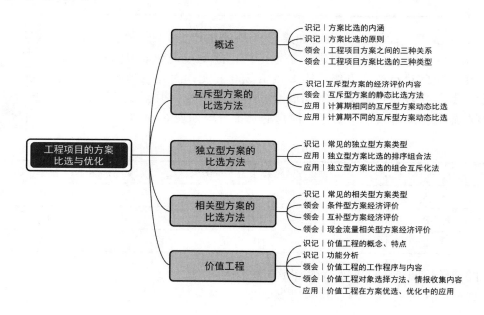

第 7 章　工程项目的方案比选与优化

7.1　概　　述

7.1.1　方案比选的内涵

在项目的决策中，往往面临许多方案的选择，这些方案或是采用不同的技术工艺和设备，或是有不同的规模和坐落位置，或是利用不同的原料和半成品等。当这些方案在技术上都可行，经济上也都合理时，就需要进行方案的比选，方案比选的任务就是从中选择最好的方案。方案比选是指对根据实际情况所提出的多个备选方案，通过选择适当的经济评价方法与指标，来对各个方案的经济效益进行比较，最终选择出具有最佳效果的方案。

第7章概述

7.1.2　方案比选的原则

在实际工作中，项目的决策者在面对多个技术上可行的项目，每个可选项目还可能有多个方案时，需在考虑备选项目、方案之间的关系，考虑资金限制等原则的基础上进行项目的方案比选。同时，应坚持分清工程项目方案属于何种类型这一原则，方案类型不同，其评价方法、选择和判断的尺度不同，否则会带来错误的评价结果。

7.1.3　工程项目方案之间的关系与类型

1. 常见关系

项目方案比选时，各方案之间通常有三种关系。
（1）各方案之间互不相容、互相排斥的关系；
（2）各方案现金流量是不相关联的，各自具有独立性；
（3）相关关系，任一方案的取舍会对其他方案取舍产生影响。

2. 方案类型

根据方案几种常见关系，我们可以把项目方案比选划分为以下三种类型。
（1）互斥型方案。在若干备选方案中，各个方案彼此可以互相代替，因此方案具有排他性，即选择其中任何一个方案，则其他方案必然被排斥。这种择此就不能择彼的方案，就叫互斥型方案或排他型方案。这类方案的选择，在实际工程中很常见，例如，工程项目地址的选择，一个只能选定一个地点，选择了一个方案，另一个方案自然就被排斥了。

在工程建设中，互斥方案还可按以下因素进行分类。

按服务寿命期长短不同，方案可分为：

① 相同服务寿命期的方案；
② 不同服务寿命期的方案；
③ 无限服务寿命期的方案，如永久性工程的大型水坝、运河工程等。

按规模不同，方案可分为：

① 相同规模的方案——相同的产出量或容量、满足相同功能；
② 不同规模的方案——不同产出量或容量、满足功能数量不一致。

（2）独立型方案。独立型方案指方案间互不干扰、在经济上互不相关的方案，即这些方案是彼此独立无关的，选择或放弃其中一个方案，并不影响对其他方案的选择。例如，在没有资金限制的情况下，某施工企业拟投资购买一批施工机械，其可选方案有一台挖掘机、一台打桩机、两台运输车辆，这三个方案直接不存在排斥或约束关系，显然，就是一组独立方案。

单一方案的评价，也属于独立方案评价。单一方案是独立方案的特例。

（3）相关型方案。相关型方案指各种方案中某一方案的采纳或放弃，会明显地改变其他方案的现金流量，进而影响其他方案的采用或拒绝。常见的相关型方案有以下三种情况。

① 条件型方案。条件型方案是指在接受某一方案的同时，要求接受另一方案，也就是说方案之间的关系具有一定的条件约束。条件型方案分为单向条件型方案和双向条件型方案。例如建设机场和建设机场高速两个方案，机场方案是机场高速方案的先决条件，此为单向条件型方案；又如，生产同一种产品的两个零部件，两者互相依存，此为双向条件型方案。

② 互补型方案。在多方案中，出现技术经济互补的方案称为互补型方案。互补型方案又可以分为对称互补方案和非对称互补方案。例如，建设一个大型非坑口电站，必须同时建设铁路、电厂，它们在建成时间、建设规模上都要彼此适应，缺少其中任何一个项目，其他项目就不能正常运行，这时，铁路建设方案和电厂建设方案就构成了互补型方案；又如，建造一座建筑和增加一个空调系统，采用建筑方案并不一定要采用空调系统方案，但建筑方案是空调系统方案的先决条件，则可以称为非对称互补方案。

③ 现金流量相关型方案。方案间不完全互斥，也不完全互补，若干方案中任一方案的取舍会导致其他方案现金流量的变化，则这些方案之间具有相关性。例如，在某条河上建桥或在两岸建设轮渡码头，一个方案的收入会受到另一个方案的影响。

方案间的关系是动态的，当项目外部环境发生变化时，独立关系可能变为互斥关系，互斥关系也可能变为独立关系。例如，两个独立方案如果突然受到了资金的限制，投资者只有足够的资金投资其中一个方案，则两个方案从独立关系改变为互斥关系。方案的比选应充分考虑各方面限制条件及其变化情况，审慎地进行。

多方案间的关系类型，如图7.1所示。

第 7 章 工程项目的方案比选与优化

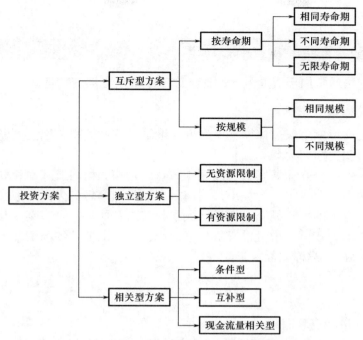

图 7.1 多方案间的关系类型图

7.1.4 价值工程与工程项目的方案比选与优化关系

价值工程是通过对产品的功能分析，使之以最低的寿命周期成本，实现产品必要功能，从而提高产品价值的一套分析方法。通过功能细化把多余的功能去掉，对造价高的功能实施重点控制，最终达到节约资源和降低成本的目的，实现工程项目经济效益、社会效益和环境效益等的最佳结合。

一个工程项目可有多种不同方案，因此在满足使用功能的前提下，可采用价值工程分析方法进行优化设计、技术经济分析、方案比较，最后选择经济合理、安全可靠的最优方案。用价值工程对方案进行优选，不仅能保证工程质量、确保项目功能满足要求，同时也能合理确定和有效地控制工程造价，使投资获得令人满意的效益。

7.2 互斥型方案的比选方法

互斥型方案的经济评价包括以下两个内容：绝对效果的评价，即考虑各方案自身的经济效果是否可行；相对效果的比选，即考虑各方案中，哪个方案的相对经济效果最优。

两个内容缺一不可，各方案应首先经过绝对效果的检验，经济上可行，才值得继续进行方案比选，如果只比选方案的相对效果，却忽略方案的绝对效果，则是本末倒置。因此，方案比选需要保证最后选出的方案是可行且最优的。

此外，进行互斥型方案比选时，需要考虑计算口径、方案功能以及时间和范围上的一致性。

7.2.1 互斥型方案的静态比选方法

静态比选方法通常用于短期方案的比选，或中长期方案的初选。

1. 增量投资利润率（ΔR）

增量投资利润率就是通过计算互斥型方案增量投资利润率，以此判断互斥型方案相对经济效果，据此选择方案。

例如有甲、乙两个互斥方案，其效用（效益、规模）相同或基本相同时，如其中一个方案的投资额和经营成本都为最小，则该方案就是最理想的方案。但实践中经常出现的情况是某一个方案的投资额小，但经营成本却较高；而另一个方案正相反，其投资额较大，但经营成本却较低。增量投资所带来的经营成本上的节约与增量投资之比就叫增量投资利润率（ΔR），或称差额投资收益率。其公式为

$$\Delta R = \frac{C_1 - C_2}{K_2 - K_1} \times 100\% \tag{7-1}$$

式中　ΔR——增量投资利润率；
　　　K——方案投资额（$K_2 > K_1$）；
　　　C——方案年经营成本（$C_1 > C_2$）。

当 $\Delta R \geqslant R_c$ 时，即增量投资利润率不低于基准投资利润率，则投资较大的方案 2 经济效果更好，应选择方案 2；反之，则选择投资较小的方案 1。

【例 7-1】　某工程有两个投资方案，方案 A 需投资 270 万元，年经营成本为 80 万元，方案 B 需投资 300 万元，年经营成本为 75 万元，基准收益率为 12%，请用增量投资利润率判断该工程应选择哪个方案。

【解】根据式（7-1）计算增量投资利润率 ΔR，得
$\Delta R = (80-75)/(300-270) \times 100\% = 16.7\%$
$\Delta R > R_c$，即应选择投资较大的方案 B。

2. 增量投资回收期（ΔP_t）

增量投资回收期（ΔP_t）表示用投资额较大的方案比投资额小的方案所节约的经营成本来回收其增量投资所需要的年限。其公式为

$$\Delta P_t = \frac{K_2 - K_1}{C_1 - C_2} = \frac{1}{\Delta R} \tag{7-2}$$

式中　ΔP_t——增量投资回收期；
　　　K——方案投资额（$K_2 > K_1$）；
　　　C——方案年经营成本（$C_1 > C_2$）。

当 $\Delta P_t \leqslant P_c$ 时，即增量投资回收期不长于基准投资回收期，则投资较大的方案 2 经济效果更好，应选择方案 2；反之，则选择投资较小的方案 1。

3. 年折算费用（Z_j）

年折算费用就是计算各方案的年折算费用，再与各年的年经营成本相加，相当于把投资摊分到每年。当互斥方案个数较多时，采用此方法较简便。其公式为

$$Z_j = \frac{K_j}{P_c} + C_j \quad (7\text{-}3)$$

式中　Z_j——j 方案的年折算费用；
　　　K_j——j 方案的投资额；
　　　C_j——j 方案的年经营成本；
　　　P_c——基准投资回收期。

在方案比选时，可以各方案的年折算费用大小作为评价准则，选择年折算费用最小的方案为最优方案。这与增量投资利润率的结论是一致的。

4. 综合总费用（S_j）

综合总费用就是方案的投资与基准投资回收期内年经营成本的总和，其公式为

$$S_j = K_j + C_j \times P_c \quad (7\text{-}4)$$

式中　S_j——j 方案的综合总费用；
　　　K_j——j 方案的投资额；
　　　C_j——j 方案的年经营成本；
　　　P_c——基准投资回收期。

在方案评选时，综合总费用最小的方案即为最优方案。

【例 7-2】 某项目有可供选择的两个方案，其基础数据见表 7-1，基准投资回收期为 5 年，请选择最优方案。

表 7-1　各方案基础数据及年折算费用　　　　　　　　　　　单位：万元

投资方案	投资额	年经营成本	年折算费用
A	2700	700	Z_1=700+2700/5=1240
B	2500	580	Z_2=580+2500/5=1080
C	2650	640	Z_3=640+2650/5=1170
D	2450	600	Z_4=600+2450/5=1090

各方案的年折算费用计算如上表所示。根据表 7-1 可得，方案 B 的年折算费用最小，证明其投资效果最佳，为最优方案。同理，利用综合总费用所算结果与年折算费用一致。

7.2.2　计算期相同的互斥型方案动态比选方法

对于计算期较长（超过 1 年）的互斥多方案比选，一般需要用动态比选指标进行比较。计算期相同的互斥型方案，可以采用各方案的净现值、净年值进行比选，也可以利

用增量净现值或增量内部收益率进行比较。若收益大致相同，可采用费用现值或费用年值对方案费用进行比较。

1. 净现值（NPV）

净现值法是对互斥各方案的净现值进行比较的方法。首先分别计算各方案的净现值，排除 $NPV<0$ 的方案，比较所有 $NPV\geq 0$ 的方案，选择净现值最大的方案作为最佳方案。

【例 7-3】 某项目有三个投资方案，计算期均为 5 年，设基准收益率为 10%，各方案的投资额、年经营成本、年收入如表 7-2 所示，选择哪个方案最佳？

表 7-2 各方案基础数据　　　　　　　　　　　　　　　　　　单位：万元

投资方案	投资额	年经营成本	年收入
A	3000	600	1600
B	4000	700	2000
C	5000	550	2050

【解】首先计算各方案的年净收益，可得方案 A 年净收益为 1000 万元；方案 B 年净收益 1300 万元；方案 C 年净收益 1500 万元。

计算各方案的净现值，可得：

$NPV_A=-3000+1000(P/A,10\%,5)=791$（万元）

$NPV_B=-4000+1300(P/A,10\%,5)=928$（万元）

$NPV_C=-5000+1500(P/A,10\%,5)=686$（万元）

可见，三个方案的 NPV 均大于零，均经济上可行。B 方案的 NPV 在三个方案中最大，是最优方案。本项目应选择方案 B。

2. 净年值（NAV）

净年值评价与净现值评价是等价的（或等效的）。同样，在互斥方案比选时，首先应计算各方案的净年值，排除 $NAV<0$ 的方案，在 $NAV\geq 0$ 的方案中，选择净年值最大的方案为最优方案。

【例 7-4】 某工程项目的基础数据如【例 7-3】，试用净年值法选择最佳方案。

【解】计算各方案的净年值：

$NAV_A=1000-3000(A/P,10\%,5)=1000-3000\times 0.2638=209.4$（万元）

$NAV_B=1300-4000(A/P,10\%,5)=1300-4000\times 0.2638=244.8$（万元）

$NAV_C=1500-5000(A/P,10\%,5)=1500-5000\times 0.2638=181$（万元）

经计算可得，以上三个方案的 NAV 均大于零，经济上可行。B 方案的净年值在三个方案中最大，是最优方案。本项目应选择方案 B，和净现值法的结论一致。

3. 增量净现值（ΔNPV）

增量净现值法比选的实质是判断增量投资（差额投资）的经济性，即投资大的方案相对于投资小的方案多投入的资金能否带来满意的增量净现值（ΔNPV）。

该法把投资额大的方案 B 现金流减去投资额较小的方案 A 现金流，以此形成一个新的方案，称为增量方案。增量净现值指的就是增量方案的净现值，其公式为

$$\Delta NPV = \sum_{t=0}^{n} \frac{(CI_t - CO_t)_B - (CI_t - CO_t)_A}{(1+i_c)^t} \quad (7\text{-}5)$$

式中　ΔNPV——增量净现值，即增量方案（B−A）的净现值；

　　　$(CI_t - CO_t)_B$——投资额较大的方案 B 第 t 年净现金流量；

　　　$(CI_t - CO_t)_A$——投资额较小的方案 A 第 t 年净现金流量；

　　　i_c——基准收益率。

其判断依据是，当 $\Delta NPV \geq 0$ 时，该增量方案经济上可行，也就是投资额较大的方案 B 相对于方案 A 所追加的投资资金所产生的收益，不低于基准收益率，值得追加投资。也就是投资额更大的方案 B 较优。反之，若算出来的 $\Delta NPV < 0$，则应选择投资额小的方案 A。

同样，利用 ΔNPV 比选方案时，需要先排除 $NPV < 0$ 的方案。只有 $NPV \geq 0$ 的方案才值得进行比选。

【例 7-5】　某工厂准备新增生产线，有两个方案可选，各自的投资额及各年收益如表 7-3 所示，设基准收益率为 10%，选择最佳方案。

表 7-3　各方案现金流　　　　　　　　　　　　　单位：万元

年份	0	1—10
方案 A	−400	69
方案 B	−200	35
增量现金流（A−B）	−200	34

【解】　先把各方案投资额按从小到大的顺序排列，注意添加 0 方案（即全不投资），选择初始投资最少的方案作为临时最优方案，以下一投资额较大的方案减去上一投资额方案的现金流，得到增量现金流。本例题中，先计算方案 B 减方案 0 的 NPV。

$NPV_B = -200 + 35(P/A, 10\%, 10) = 15.06$（万元）

然后，选择方案 A 减去方案 B，获得增量现金流（A−B），计算 ΔNPV。

$\Delta NPV_{A-B} = -200 + 34(P/A, 10\%, 10) = 8.92$（万元）

若 $\Delta NPV \geq 0$，说明投资额较大的方案优于临时最优方案，如现在 A−B 方案的 $\Delta NPV > 0$，则方案 A 更佳。

本例题中，投资额较大的方案 A 优于方案 B。

4. 增量内部收益率（ΔIRR）

应用内部收益率（IRR）对互斥方案评价，不能直接按各互斥方案的内部收益率的高低来选择方案。原因是内部收益率不是项目初始投资的收益率，而且内部收益率受现金流量分布的影响很大，净现值相同的两个分布状态不同的现金流量，会得出不同的内部收益率。

因此，我们需要用增量内部收益率（ΔIRR）来对互斥型方案进行比选。增量内部收益率（ΔIRR）是方案各年净现金流量的差额的现值之和等于零时的折现率。其表达式为

$$\Delta NPV = \sum_{t=0}^{n} \frac{(CI_t - CO_t)_B - (CI_t - CO_t)_A}{(1+\Delta IRR)^t} \tag{7-6}$$

式中　ΔNPV——增量净现值，即增量方案（B-A）的净现值；

$(CI_t-CO_t)_B$——投资额较大的方案 B 第 t 年净现金流量；

$(CI_t-CO_t)_A$——投资额较小的方案 A 第 t 年净现金流量；

ΔIRR——增量内部收益率，即增量方案（B-A）的内部收益率。

满足式（7-6）时，可得 $NPV_A=NPV_B$，即增量内部收益率实际上是 A、B 两个方案净现值相等时的 IRR，即两个方案的净现值函数曲线相交时所对应的 i。利用 ΔIRR 对多方案进行评价比选，可以解决单纯采用 IRR 比选多方案时出现的问题。

增量内部收益率法的判断依据是，将 ΔIRR 与基准收益率 i_c 进行比较。

当 $\Delta IRR < i_c$ 时，增量投资经济上不可行，不值得追加投资，即投资额小的方案 A 优于投资额较大的方案 B，则方案 A 更优。

当 $\Delta IRR \geq i_c$ 时，增量投资经济上可行，值得追加投资，即投资额大的方案 B 优于投资额较小的方案 A，则方案 B 更优。

同样，利用 ΔIRR 比选方案时，需要先排除 $IRR < i_c$ 的方案。只有 $IRR \geq i_c$ 的方案才值得进行比选。

【例 7-6】　现有两互斥方案，其净现金流量如表 7-4 所示。设基准收益率为 10%，试用净现值和内部收益率评价方案。

表 7-4　各方案净现金流量　　　　　　　　　　　　　　　　　　单位：万元

年份	0	1	2	3
A 方案	-8000	3000	4000	6000
B 方案	-6000	2000	3000	5000

【解】（1）净现值 NPV 计算。

NPV_A = -8000+3000(P/F,10%,1)+4000(P/F,10%,2)+6000(P/F,10%,3) = 2540.9(万元)

NPV_B = -6000+2000(P/F,10%,1)+3000(P/F,10%,2)+5000(P/F,10%,3) = 2054.1(万元)

（2）内部收益率 IRR 计算。

由 $NPV(IRR_A)=0$ 解得：$IRR_A = 25.24\%$

由 $NPV(IRR_B)=0$ 解得：$IRR_B = 25.77\%$

则有 A、B 方案 NPV 均大于 0，IRR 均大于 i_c，两个方案均在经济上可行。

（3）计算增量方案的 ΔNPV 和 ΔIRR。

增量方案现金流如表 7-5 所示。

表 7-5　增量方案现金流　　　　　　　　　　　　　　　　　单位：万元

年份	0	1	2	3
A–B 方案	−2000	1000	1000	1000

$\Delta NPV = -2000+1000(P/F,10\%,1)+1000(P/F,10\%,2)+1000(P/F,10\%,3) = 486.9($万元$)$

$\Delta NPV = 0$ 时，解得 $\Delta IRR = 23.38\%$。

则有，$\Delta NPV > 0$ 且 $\Delta IRR > i_c$，增量方案 A–B 经济上可行，值得追加投资，因此，A、B 两个方案中，投资额较大的 A 方案更佳。

上述例题中，若设 $i_c=25\%$，其增量方案 A–B 的 $\Delta NPV=-48$（万元）< 0，$\Delta IRR < i_c$，也就是说，无论以哪个指标进行评价，得出的结论完全一致，增量方案不值得追加投资，投资额较小的方案为优，B 方案优于 A 方案。由此看出，以增量投资内部收益率比选方案，评价结果总是与按净现值指标评价的结果一致。

5. 费用现值（PC）和费用年值（AC）

费用现值（Present Cost，PC）是指在对多个方案比较选优时，如果诸方案产出价值相同或满足同样需要，可以对各方案的费用进行比较从而选择方案。费用现值将各方案计算期内的投资及费用换算成与其等额的现值之和，以费用现值最小为准则判断方案的取舍。其计算方法与净现值相似，只是现金流量符号相反。

费用年值（Annual Cost，AC）则是将各方案计算期内的投资和费用换算成费用的等额年值，以费用年值最小为准则判断方案的取舍。其计算方法与净年值相似，只是现金流量符号相反。

【例 7-7】 某项目有三个方案 A、B、C，均能满足同样的需要，其费用数据如表 7-6 所示，经济寿命均为 10 年，在折现率为 10% 的情况下，试用费用现值和费用年值确定最优方案。

表 7-6　费用数据　　　　　　　　　　　　　　　　　单位：万元

投资方案	投资额	年经营费用
A	200	60
B	300	50
C	400	30

【解】（1）各方案的费用现值：
$PC_A=200+60(P/A,10\%,10)=568.70$（万元）
$PC_B=300+50(P/A,10\%,10)=607.23$（万元）
$PC_C=400+30(P/A,10\%,10)=584.34$（万元）
（2）各方案的费用年值：
$AC_A=200(A/P,10\%,10)+60=92.55$（万元）
$AC_B=300(A/P,10\%,10)+50=98.82$（万元）

$AC_C=400(A/P,10\%,10)+30=95.10$(万元)

由上可得，方案 A 的费用现值和费用年值均为三个方案中最小的，因此，方案 A 最优。

费用现值法的适用条件：

各方案除费用指标外，其他指标和有关因素基本相同；被比较的各方案，特别是费用现值最小的方案，应达到盈利目的；费用现值只能判别方案优劣，而不能用于判断方案是否可行；仅能用于寿命相同的多方案比选。

费用年值与费用现值的区别是，可以用于寿命不同的多方案比选。

7.2.3 计算期不同的互斥型方案动态比选方法

计算期不同的互斥方案，不能直接用净现值或费用现值进行比选，其比选可以用以下方法。

1. 最小公倍数法

以各备选方案计算期的最小公倍数作为方案比选的共同计算期，并假设各个方案均在这样一个共同的计算期内重复进行，即各备选方案在其计算期结束后，均可按与其原方案计算期内完全相同的现金流量系列周而复始地循环下去直到共同的计算期。在此基础上计算出各个方案的净现值最大的方案为最佳方案。

但对于某些不可再生资源开发型项目以及算期过长超过项目寿命期上限的情况，均不适合用最小公倍数法。

2. 研究期法

研究期法是根据对市场前景的预测，直接选取一个适当的分析期作为各个方案共同的共同研究期。通过比较各个方案在该研究期内的净现值来对方案进行比选，以净现值最大的方案为最佳方案。研究期的确定一般以互斥方案中年限最短或最长方案的计算期作为互斥方案评价的共同研究期。当然也可取所期望的计算期为共同研究期。

对于研究期比计算期长的方案，应注意对其在研究期以后的现金流量余值进行估算，并考虑固定资产残值回收。其处理方式可以把计算期内的现金流量等值转化为年金计入计算期各年，再计算研究期的净现值，并与计算期短的方案作比较。

3. 无限计算期法

铁路、桥梁等基础建设项目计算期可以达到百年以上，经济评价时可以考虑将这些建设项目视为无限计算期。如果评价方案的最小公倍数计算期很大，上述计算非常麻烦，也同样可取无限计算期法计算 NPV，NPV 最大者为最优方案。

其中，NPV 的计算公式为

$$NPV = NAV(P/A, i_c, n) = NAV \frac{(1+i)^n - 1}{i(1+i)^n}$$

当 $n \to \infty$，即工程项目计算期为无限大时，有

$$NPV = \frac{NAV}{i}$$

(7-7)

利用式（7-7）可以简便地进行计算期无限的互斥方案比选。

4. 净年值（NAV）或费用年值（AC）

用净年值法或费用年值法进行寿命不等的互斥方案经济效果评价，实际上隐含着做出这样一种假定：各备选方案在其寿命结束时均可按原方案重复实施或以与原方案经济效果水平相同的方案接续。净年值是以"年"为时间单位比较各方案的经济效果。

【例 7-8】 已知表 7-7 中数据，试用最小公倍数法、研究期法、净年值法进行方案比较，设 $i_c = 12\%$。

表 7-7 各方案数据

方案	投资/万元	年收益值/万元	年支出值/万元	估计寿命/年
A	3500	1900	660	4
B	5000	2500	1400	8

【解】（1）最小公倍数法。

利用各方案研究期的最小公倍数计算，本例即为 8 年的研究期。

$NPV_A = -3500[1+(P/F,12\%,4)]+1240(P/A,12\%,8) = 435.57$（万元）

$NPV_B = -5000+1100(P/A,12\%,8) = 464.36$（万元）

应选择 B 方案。

（2）研究期法。

取年限短的方案计算期作为共同的研究期，本例为 4 年。

$NPV_A = -3500+1240(P/A,12\%,4) = 266.25$（万元）

$NPV_B = [-5000(A/P,12\%,8)+1100](P/A,12\%,4) = 283.99$（万元）

应选择 B 方案。

（3）净年值法。

$NPV_A = -3500(A/P,12\%,4)+1240 = 87.8$（万元）

$NPV_B = -5000(A/P,12\%,8)+1100 = 93.5$（万元）

应选择 B 方案。

7.3 独立型方案的比选方法

独立型方案的比选，可以决定选择其中任何一个方案或多个方案，也可以都不选。一般独立型方案可根据有无资源限制分为以下两种情况。

（1）无资源限制。当独立方案之间共享的资源（例如资金）没有受到限制时，则任何一个方案只要经济上可行，都可以采纳并实施。

（2）有资源限制。当独立方案之间共享资源有限时，不能满足所有方案的需要，为了使有限资源得到合理利用，则需要在不超出资源限制的条件下，进行独立方案的优化组合。其组合方式有两种：排序组合法，组合互斥化法。

7.3.1 排序组合法

排序组合法可快速简便地完成有限资源下独立方案的比选。首先，需要选择效率指标，然后按效率指标进行排序，再对方案进行组合。比选过程中，往往使用排序组合图。

1. 内部收益率排序法

内部收益率排序法步骤如下：

（1）计算各方案内部收益率，淘汰 IRR＜0 的方案；

（2）按 IRR 从大到小对各方案进行排序，以直方图形式绘制排序组合图，标出基准收益率水平线及投资限额竖线；

（3）排除在基准收益率水平线以下的方案，以及在投资限额竖线右侧的方案，留下来的方案则是最优组合。

【例 7-9】 某企业的投资项目有以下 6 个方案可供选择，各方案计算期均为 4 年，计划投资限额 4800 万元，设基准收益率为 15%，各方案现金流量如表 7-8 所示，应选择哪些方案？

表 7-8　各方案现金流量

方案	投资额 / 万元	每年净收益 / 万元	IRR
A	1000	675	56.17%
B	1400	840	47.22%
C	800	570	60.49%
D	1800	800	27.77%
E	1500	645	25.86%
F	1700	540	10.32%

【解】（1）求各方案 IRR，解得数据如表 7-8 所示。

（2）对各方案根据 IRR 排序，画独立方案排序组合图，如图 7.2 所示。

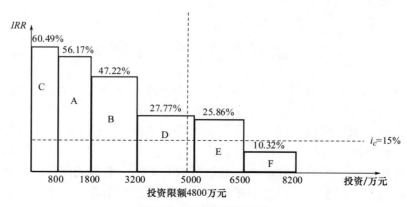

图 7.2　方案排序组合图

（3）排除在基准收益率水平线以下的方案，排除在投资限额竖线右侧的方案，组合方案直至投资资金限额。

注意：由于组合 C+A+B 远不足投资限额，余下的 1600 万元资金没有得到充分利用；组合 C+A+B+D 的投资额度超出了限额，不予考虑；而组合 C+A+B+E 的投资额度为 4700 万元，接近投资限额，故最优组合为 C+A+B+E。

内部收益率排序法目的是优先选择单位投资效率高的方案，以确保资金得到充分合理利用，由于投资方案不可分割，某个方案只能作为一个整体被接受或放弃，因此，经常会出现资金没被充分利用的情况，所以最佳投资组合方案应尽量接近投资限额。

2. 净现值指数排序法

净现值率（NPVR）大小说明该方案单位投资所获得的超额净效益大小。应用 NPVR 评价方案时，将净现值率大于或等于零的各个方案按净现值率的大小依次排序，并依此次序选取方案，至所选取的方案组合的投资总额最大限度地接近或等于投资限额为止。

【例 7-10】 现有 7 个独立方案，其初始投资、净现值的计算结果已列入表 7-9，当投资预算限额为 12000 万元内，用净现值率排序法确定其投资方案的最优组合。

表 7-9 各方案投资额及评价指标

方案	A	B	C	D	E	F	G
投资额 / 万元	4000	2400	2600	2600	7200	600	3000
NPV/ 万元	2000	980	572	520	1100	72	1080
NPVR	0.5	0.41	0.22	0.2	0.15	0.12	0.36

【解】求出各方案的净现值率如表 7-9 所示，按其大小进行排序为 A、B、G、C、D、E、F。得出最佳方案组合投资为

A+B+G+C=4000+2400+3000+2600=12000(万元)

最佳组合方案净现值 4632 万元。

排序组合法

注意：利用净现值率对独立方案进行排序，会倾向于选择投资规模偏小、资金利用率高的项目，与以净现值最大为准则比选的结论可能不一致。在这种情况下，以净现值评价为准。

7.3.2 组合互斥化法

组合互斥化法是先列举独立方案所有可能的组合，每个组合形成一个组合方案，其现金流量为被组合方案现金流量的叠加。各组合方案直接形成互斥关系，最终，选出其中一种组合方案。比选时可以用互斥型方案的方法来对各组合进行比选，最优组合方案即独立方案的最佳选择。

组合互斥法具体步骤如下：

（1）对于 n 个非直接互斥方案，列出全部的相互排斥的组合方案（2^n-1）个。

（2）保留投资额不超过投资限额且 $NPV \geq 0$ 或 $NPVI \geq 0$ 的组合方案。

（3）保留的方案中 NPV 最大的组合方案最优。

1. 内部收益率排序法

内部收益率排序法步骤如下。

（1）计算各方案内部收益率，淘汰 IRR＜0 的方案。

（2）按 IRR 从大到小对各方案进行排序，以直方图形式绘制排序组合图，标出基准收益率水平线及投资限额竖线。

（3）排除在基准收益率水平线以下的方案，以及在投资限额竖线右侧的方案，留下来的方案则是最优组合。

【例 7-11】 现有三个独立方案 A、B、C，其现金流量如表 7-10 所示，投资限额为 450 万元，基准收益率为 10%。

表 7-10　现金流量表　　　　　　　　　　单位：万元

年份	0	1–10
A	−100	20
B	−300	55
C	−250	45

【解】列举 A、B、C 的互斥组合方案，如表 7-11 所示。

表 7-11　组合方案列举　　　　　　　　　　单位：万元

组合方案序号	组合状态	0	1–10	NPV
1	A	−100	20	22.89
2	B	−300	55	37.95
3	C	−250	45	26.51
4	A+B	−400	75	60.84
5	A+C	−350	65	49.40
6	B+C	−550	100	64.46
7	A+B+C	−650	120	87.35

由表 7-11 可得，组合 B+C、A+B+C 的投资超出了限额 450 万元，无法选择。在投资限额中的组合方案，A+B 方案净现值最大，因此，选择 A+B 方案为最优组合方案。

利用组合互斥化法进行独立方案的选优，其优点是不会漏掉任何一个可能的组合方案，缺点是计算比较繁杂，尤其是当独立方案数量较多时，组合计算更为烦琐。

7.4　相关型方案的比选方法

常见的相关型方案有条件型方案、互补型方案和现金流量相关型方案。

7.4.1 条件型方案经济评价

单向条件型方案可以转化为先决条件项目单个方案，和两个方案组合为一个整体来进行比较。例如建设机场 A 和建设机场高速 B 两个方案，可转化为机场方案 A，以及机场＋高速组合方案 C。

双向条件型方案可以直接把两个方案结合在一起，以一个方案来考虑。

7.4.2 互补型方案经济评价

经济上互补而又对称的方案可以结合在一起作为一个"综合体"来考虑。

经济上互补而不对称的方案，如建筑物 A 和空调 B 则可把问题转化为对有空调的建筑物方案 C 和没有空调的建筑物方案 A 这两个互斥方案的经济比较。

7.4.3 现金流量相关型方案经济评价

对现金流量相关型方案，不能简单地按照独立方案或互斥方案的评价方法来分析，应首先确定方案之间的相关性，对其现金流量之间的相互影响做出准确的估计，然后根据方案之间的关系，把方案组合成互斥的组合方案。

7.5 价值工程

7.5.1 价值工程概述

价值工程 (Value Engineering，VE) 是指以分析产品的功能为核心，旨在用最低的经济成本实现产品的目标功能，从而提高产品价值的一种创造性思想和科学管理方法。价值工程的原理包含了功能、成本及价值三个基本概念。这三个基本概念也是价值工程的重要研究对象。

价值工程起源于 20 世纪 40 年代，1947 年，美国通用电气公司工程师麦尔斯将价值分析的初步思路发表在《机械师》杂志上，标志着价值工程理论体系的建立。1950 年，美国海军设立专门机构研究此方法，并将其改名为价值工程。1959 年，美国华盛顿成立美国价值工程师协会。1961 年，麦尔斯发表专著《价值工程的分析方法》，开启了系统研究与应用价值工程的时代。1957 年价值工程传入了日本，并在 1965 年前后得到广泛运用。1966 年，英国成立价值工程协会，现更名为价值管理协会。1988 年，英国皇家特许测量师学会出版《价值管理与质量实务研究》一书，介绍了价值工程的应用及潜力。1993 年，美国发布《价值工程系统应用法案》，要求将价值工程应用于占机构预算 80% 及以上的项目中。1994 年，澳大利亚出台价值工程标准。同年，英国财政部采购中心为项目发标商拟定价值工程指南。2002 年，美国价值工程师协会召开以"工程向提升价值转变"为主题的年会，体现了各国价值工程工作重心的转移趋势。纵观 21 世纪以来价值工程的应用，其在建筑行业的应用比重较大，同时也渗透在机械、电子、纺织、军工、石油、煤炭和农业等各个领域。

1978年，价值工程原理由日本传入我国，并在各个领域得到广泛应用。1981年，我国国家第一工业机械部发布《关于积极推行价值工程的通知》，推动了价值工程在我国的应用和发展。1982年，我国创办第一本价值工程专业性刊物《价值工程通讯》，后更名为《价值工程》。1987年，国家标准局颁布《价值工程基本术语和一般工作程序》，是我国第一部价值工程标准文件。1988年，我国成立中国企业管理协会价值工程研究会，是我国第一个价值工程的全国学术团体。1990年，我国将价值工程列入"八五"重点培养计划中。1998年，我国首次召开价值工程代表会议，讨论了价值工程引入中国20年来的发展与成果，并编撰了《中国价值工程辉煌成就20年》论文集，对20年来的价值工程研究成果进行了总结。2005年，我国成立中国技术经济委员会价值工程分会，开启了我国价值工程研究工作的新征程。2005—2010年，我国掀起了一阵价值工程理论研究与应用的小高潮，价值工程开始广泛应用于建筑、工业、航天、农业和军事等各个领域。2010年，第四届两岸三地价值工程会议在浙江大学举办，讨论了新时期价值工程理论系统的再发展问题，为进一步推进我国价值工程的发展指引了方向。2012年，国际价值工程管理会议在香港理工大学举行，讨论了两岸三地对价值工程方法的创新和应用，全面展示了近年来价值工程管理领域的研究成果。我国分别于2003年、2009年、2015年及2017年召开了四届价值工程与项目管理国际会议，对价值工程理论体系做了进一步的研究和更新，并出版了相关论文集，推动了我国价值工程的应用与交流。

价值工程的核心是进行功能分析，从而研究提高产品价值的途径。在对产品进行价值工程研究时，首先要分析问题，选择价值工程的对象，并明确其功能和成本；再进一步进行对象研究，选择或制定合理的方案；最后对方案进行详细评价与成果鉴定。

对象选择和功能评价是价值工程中的关键工作。在进行对象选择时，我们可采用经验分析法、百分比法、ABC分析法及价值指数法。在进行功能评价时，我们可采用经验估算法、实际调查法、理论计算法和功能重要程度评价法。

1. 价值工程的基本概念

价值工程以分析产品的功能为核心，旨在以最低的经济成本实现产品的目标功能，从而提高产品价值，其原理包含了功能、成本及价值三个基本概念。功能、成本及价值三个基本概念也是价值工程的重要研究对象。通过价值工程的定义我们可以看出，提高产品价值可通过改变功能和成本的大小来实现，这也是价值工程的主要研究内容。

（1）功能（Function）。功能指对象的用途或作用，是能够满足消费者某种需求的一种属性。一个产品通常会具有多种不同的功能，按功能的不同性质，可将其分为以下几类。

① 基本功能和辅助功能。基本功能是产品所具备的主要功能，直接迎合消费者需求，是产品生产与销售意义的根本体现。因此，产品的基本功能决定了产品的主要用途，直接影响目标客户群。辅助功能是产品的附加功能，往往是为了优化基本功能的使用效果、增加产品的美感和体验、提高产品的综合竞争力。因此，辅助功能是产品的附

加属性，不一定是必要的。

② 必要功能和不必要功能。必要功能是指满足消费者需求而必须具备的使用功能，基本功能和辅助功能都属于必要功能。其中，基本功能都是必要功能，但辅助功能不一定都是必要功能。不必要功能是指不影响消费者需求的附加功能，它的有无并不影响产品的主要用途，是对产品功能的扩充和附加，但有可能影响消费者体验和产品竞争力。

③ 不足功能和过剩功能。不足功能是指其功能属性不能完全满足消费者需求，属于产品的必要功能。过剩功能是指在满足消费者需求的前提下，其功能还存在一定的余量，未完全被消费者使用，属于产品的不必要功能。

④ 使用功能和品位功能。使用功能是指产品所具有的与技术经济用途直接相关的功能，是能够直接满足消费者使用需要的一种属性。品位功能是一种抽象的、与消费者主观意识和形态审美有关的功能，通常包括美学功能、艺术功能、鉴赏功能等。

（2）成本（Cost）。成本是实现产品功能所需花费的全部费用。价值工程中的成本包括功能现实成本、功能目标成本以及全寿命周期成本三个部分。其中，功能现实成本是指当前现实功能的实际成本；功能目标成本是指满足用户所需全部功能而必须花费的最低成本；全寿命周期成本是指项目前期设计到项目建成投入使用直至报废的全过程所需要的全部费用的总和，也是价值工程中通常所指的成本，由产品的生产成本和使用及维护成本组成。

（3）价值（Value）。价值工程中的价值是衡量产品功能与成本的一种属性，指对象所具有的功能与获得该功能所付出的全部费用之比。价值具有比较属性，可以通俗地理解为我们常说的"性价比"。价值的大小取决于功能与成本的比值，比值越大，产品的价值就越高，比值越小，产品的价值就越低。价值的定义式为

$$V = \frac{F}{C} \tag{7-8}$$

式中　V——产品价值；
　　　F——产品功能；
　　　C——寿命周期成本。

2. 价值工程的特点

价值工程作为一种工程经济分析方法，具有以下四个方面的特点。

（1）价值工程的目标是以最低的寿命周期成本，来实现产品的必要功能。价值工程追求的是最高性价比，也是企业所期望的最终目标。分析如何用最低的成本获得产品的目标功能，是企业使用价值工程原理的主要目的。

（2）价值工程的核心是对产品进行功能分析，从而系统地分析功能与产品之间的关系。功能分析是通过对选定的产品进行定义，确定产品及各组成部分具有的功能、各组成部分彼此之间的相互关系，在此基础上对功能进行分类和整理。明确的功能分类有利于企业了解产品的各功能占比，从而合理规划各功能成本比重。

（3）价值工程是一项系统性的研究，是将产品的成本、功能和价值作为整体研究对象的综合分析方法。价值工程原理是对产品价值的量化，产品的价值由其功能和成本的

比值来衡量。因此，在进行价值工程分析时，不能单一地比较任何一个要素的影响程度，而应该综合考虑成本、功能和价值之间的关系。

（4）价值工程是一项强调改革和创新的创造性活动，其工作程序计划合理、组织有序。无论是提高产品的功能还是降低产品的成本，都需要通过技术革新的手段来实现。价值工程的创新难度高，工作过程复杂，需要专业的工作人员紧密配合，集思广益，严密计划，有序分工，共同协作完成。

3. 价值、功能和成本之间的关系

在价值工程中，需要区分三个基本概念之间的关系，以便进一步了解价值工程的经济意义，并开展价值分析。

（1）功能与成本之间的关系。产品的寿命周期成本与产品的功能有关，在一定的技术水平下，生产成本与产品的功能成正比关系。由上述可知，产品的寿命周期成本（Life Cycle Cost，C_{lc}）由生产成本（Production Cost，C_p）和使用及维护成本（Operation and Maintenance Cost，$C_{o\&m}$）组成，可用 $C_{lc}=C_p+C_{o\&m}$ 表示。一般情况下，产品的功能提高，生产成本随之上升，使用及维护成本下降。由图7.3可以看出，当寿命周期成本为 C_0 时，其对应的功能值 F_0 是仅从成本方面考虑的最适宜功能水平。

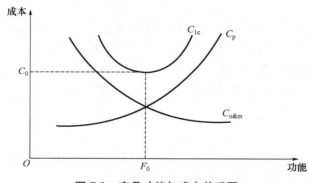

图 7.3 产品功能与成本关系图

（2）价值与功能、成本之间的关系。价值工程是根据功能与成本的比值来判断产品的经济效益，它的目标是提高产品价值。从价值的定义式可知，价值的高低取决于功能与成本的比值大小。因此，要提高某一产品的价值，必须从功能与成本两方面来考虑。提高价值有以下五种途径。

① 在功能保持不变的情况下，尽量降低成本，即：$V = \dfrac{F}{C\downarrow}$；

② 在成本保持不变的情况下，尽量提高功能，即：$V = \dfrac{F\uparrow}{C}$；

③ 功能和成本同时提高，但功能的提高幅度大于成本，即：$V = \dfrac{F\uparrow\uparrow}{C\uparrow}$；

④ 功能和成本同时降低，但功能的降低幅度小于成本，即：$V = \dfrac{F\downarrow}{C\downarrow\downarrow}$；

⑤ 既提高功能又降低成本，即：$V=\dfrac{F\uparrow}{C\downarrow}$。

其中，途径①是提高价值的一种常用方法，通过寻求新的技术手段、改造工艺、寻找替代性材料等方式，在保证产品功能的前提下，降低产品成本。途径⑤是提高价值的最理想方式，一般需要通过引用最新的科技成果或技术创新才能实现。不同的途径适用于不同类型的产品，企业可以根据自身情况选择最适宜的方式。

7.5.2 工作程序与工作内容

1. 价值工程的工作程序

价值工程的工作程序实质上就是以产品的成本和功能为主要研究对象，进行的提出问题、分析问题及解决问题的工作过程。价值工程的工作程序一般可分为准备阶段、分析阶段、创新阶段和实施阶段这四个部分。

准备阶段主要包括对象选择、成立价值工程小组及制订工作计划三个步骤，主要任务是明确价值工程的对象；分析阶段主要包括收集整理资料、功能分析和功能评价三个步骤，主要任务是明确对象的作用、功能成本和价值；创新阶段主要包括方案创新、方案评价和编写提案三个步骤，主要任务是判断项目是否可行及是否满足要求；实施阶段主要包括审批、实施与检查和成果鉴定三个步骤，主要任务是分析产品方案的实施效果。

价值工程的工作程序较为繁杂，各步骤之间联系紧密，逻辑清晰，环环相扣。准备阶段是价值工程的前期工作，为后续工作开展打下了基础；分析阶段是价值工程的核心工作，为方案创新提供了依据；创新阶段是对方案的优化与创新，为产品决策提供了新的可行依据；实施阶段是对方案成果的鉴定，有利于企业分析问题、总结经验。

2. 价值工程的工作内容

价值工程的主要工作内容包括对象选择、情报收集、功能分析、功能评价、方案创新和方案评价六个部分。

（1）对象选择。根据企业自身情况及产品状态，确定需要进行分析优化的产品，将其作为价值工程的研究对象，同时确定目标对象的限制条件和范围。

（2）情报收集。在明确价值工程研究对象的内容与范围后，寻找充分的信息资料作为价值工程分析的基础与依据。借助各种有效手段，对分析对象所需要的全部信息数据进行收集，并将其整理分类。不同价值工程对象所需收集的信息资料内容不尽相同，一般包括产品信息、功能特点、技术要求、市场现状和政策背景等。

（3）功能分析。对选定的产品进行功能分析是价值工程的核心内容。功能分析是通过对产品进行定义，确定产品及各组成部分具有的功能、各组成部分彼此之间的相互关系，在此基础上对功能进行分类和整理。在完成功能信息资料分析后，绘制功能系统图（见图7.4）。

举例来说：某家用普通型PVC壁纸的主要功能包括装饰墙面、防水防潮、防火、

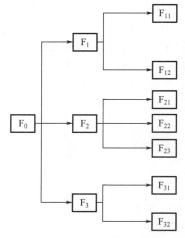

图 7.4　功能系统图的一般形式

易于清洁、防霉和耐刮耐磨六项。经整理可得：装饰墙面属于装饰功能，防水防潮、防火及防霉功能属于安全功能，易于清洁和耐刮耐磨功能属于维护功能，绘制 PVC 壁纸功能系统图（见图 7.5）。

（4）功能评价。功能评价是根据功能系统图的具体内容，将产品的各项功能量化，分析各功能的权重及其所需成本，并对功能成本的高低进行判断和评价，根据评价结果确定需要改进的区域。功能评价是价值工程的重要内容，是进行产品分析和方案优化的关键性步骤。

（5）方案创新。根据功能评价的内容，对产品方案不断进行创新与优化，是提高产品价值的重要途径。根据创新与优化途径选择新的技术方法或合理降低成本，有助于实现产品价值的提升。创新方案的设计要立足于经济及技术条件要求，合理优化产品方案。

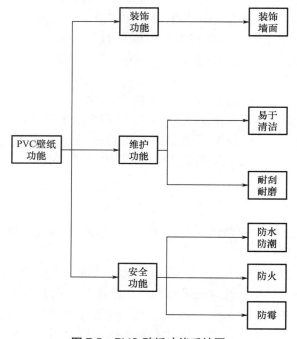

图 7.5　PVC 壁纸功能系统图

（6）方案评价。对价值系数最高的方案进行评价，从经济、技术等方面综合评估，判断产品的可行性和盈利性。方案评价可从技术评价、经济评价和社会评价等方面入手，进行相应的综合评价。根据评价结论在备选方案中筛选，从中选择最优方案。

价值工程各阶段的步骤和工作内容如图 7.6 所示。

图 7.6 价值工程工作程序

7.5.3 对象选择和情报收集

1. 分析对象选择原则

选择价值工程分析的对象时,往往选择成本较高,或数量在整体中占比较大,或对整体影响较大,或消费者反馈较多的产品。其选择的原则是:优先选择对企业生产经营有重要影响或对国计民生有重大影响的产品或项目,或在改善价值上有较大潜力,可取得较大经济效益的产品或项目,具体包括以下几方面。

(1) 社会需求程度及社会效益。优先考虑对国民经济有重大影响的,优先考虑市场需求量较大或潜在市场较大的,优先考虑有政策扶持或产业导向的,优先考虑对生态环境有影响的。在选择价值工程研究对象时,产品的社会效益应当放在首要位置,对于那些不符合社会发展趋势的、没有顺从政策导向的以及对生态环境有破坏的产品,应当是我们分析和优化的首选对象。

(2) 生产成本和企业自身状况。优先考虑工艺落后、成本较高的,优先考虑材料消耗较多、浪费严重的,优先考虑不符合企业经济实力及文化价值的。成本是决定产品能否盈利的关键因素,落后的工艺技术往往会消耗更多的人力物力,导致产品成本上升。而企业的自身实力与企业文化也是决定产品生存能力和盈利能力的重要因素。因此在选择价值分析对象时,不符合企业价值观及经济实力、工艺落后成本较高的产品,应当作为我们的首选对象。

(3) 产品设计性能。优先考虑结构复杂、零部件多的,优先考虑工艺烦琐、性能较差的,优先考虑体积质量庞大、不便于生产的,优先考虑技术要求较高的。产品的设计性能是从产品自身的角度出发,考虑其设计的合理性及经济性,对于不便于生产的、自身结构复杂的及技术要求较高的产品,其实现难度较大,往往伴随着较高的成本,因此,应当作为价值工程的选择对象。

2. 分析对象选择方法

分析对象的选择方法有定性分析法和定量分析法,具体的主要为经验分析法、百分比分析法、价值指数法和 ABC 分析法等。

(1) 经验分析法。经验分析法又称因素分析法。这是一种定性分析法,该方法是根据价值工程人员的经验和知识,对各种影响因素进行综合分析,区分轻重缓急,充分考虑所选对象的必要性和可能性,尽可能准确地选择出价值工程改善对象。

该方法简便易行,不需要对有关人员做特殊培训,能综合考虑问题,特别是在时间紧迫或企业资料不完善的情况下,效果明显。但此方法缺乏定量依据,而且受分析人员的经验、知识和主观因素影响较大。所以,经验分析法要求发挥集体的智慧,共同确定改善对象,以弥补准确性较差的缺陷。

【例 7-12】 对某学校图书馆学习空间改造与提升工程进行价值工程分析。

【解】 根据专家经验,通常提升景观功能所需的费用一般占总价的 5% 左右,如果某设计方案的景观造价估算远超出总价的 5%,则可选择其作为价值工程分析的对象。

(2) 百分比分析法。百分比分析法是一种通过分析不同产品、不同零部件的费用或资源对企业的某个技术经济指标的影响来选择价值工程对象的方法。不同产品之间可选择成本利润率等指标，相同产品零部件之间可选择成本占比等指标。

（3）价值指数法。价值指数法是根据价值工程的原理，在产品现有成本的基础上，将同类产品的功能定量化，计算出价值指数。观察产品的价值指数，把价值指数小的产品选为价值工程改善对象。该方法主要适用于分析对象为子产品或同一产品的零部件的价值工程。

$$价值指数 = \frac{产品功能参数}{产品的成本} \tag{7-9}$$

【例 7-13】 某工厂计划购置 A、B、C、D 四种设备，每台设备产量及购置费用如表 7-12 所示，并利用价值指数法确定价值工程的研究对象。

表 7-12 每台设备产量及购置费用

设备	A	B	C	D
年产量 / 万个	50	40	45	60
成本 /(万元 / 台)	36	28	30	38
价值指数	1.39	1.43	1.50	1.58

【解】通过上表计算可以看出，A 设备的价值指数在 4 种设备中最低，因此，可选择 A 设备作为价值工程的研究对象。

（4）ABC 分析法。ABC 分析法是一种定量分析法，其根据研究对象对某项技术经济指标的影响程度，通过研究对象的成本和数量比例，把拟研究对象划分成主次有别的 A、B、C 三类。将数量少（一般占总数的 20%），但成本比重大（一般占总成本的 70%）的产品划为 A 类，作为价值工程的分析对象；而 B 类数量一般占总数的 30%，成本占总成本的 20%，作为一般分析对象；C 类数量一般占总数的 50%，成本占总成本的 10%，这类产品一般不作为分析对象。ABC 分析法的应用样例见表 7-13 和表 7-14。

表 7-13 立面改造工程铝合金门窗各零件的主要数量及成本

序号	零件类别	零件数量 / 个	数量占比 /(%)	零件成本 / 元	成本占比 /(%)
1	成品窗	4	16	2000	66.7
2	窗五金	5	20	200	6.6
3	防盗网	6	24	650	21.7
4	零星物料	10	40	150	5
	合计	25	100	3000	100

将各零件的费用按从大到小的顺序排列，并计算各零件的累计成本占比，其结果如表 7-14 所示。

表 7-14 立面改造工程铝合金门窗各零件的 ABC 分析

成本占比排名	零件类别	数量占比 /%	成本占比 /(%)	累计成本占比 /(%)	分类
1	成品窗	16	66.7	66.7	A 类
2	防盗网	24	21.7	88.4	B 类
3	窗五金	20	6.6	95	C 类
4	零星物料	40	5	100	

根据计算，可确定成品窗为重点分析对象，防盗网为一般分析对象，窗五金和零星物料可不作为分析对象。

3. 情报收集

情报收集是指对价值工程研究工作中需要的相关信息进行收集整理的过程。市场的分析和预测离不开详细的市场经济、政策及企业信息，对象的选择需要了解产品的自身信息、销售情况及未来前景，产品功能分析也需要一定的实测数据及用户反馈作为基础，而产品方案的完善及技术可行性也是在价值工程中应该关注的问题。因此，情报收集是价值工程工作中的一项重要环节，是所有工作的前提和基础。

（1）情报收集的内容。价值工程所需的信息资料一般包括产品使用及销售情况、技术信息、经济环境、生产及经营状况和国家及社会方针政策等，具体内容如下。

① 用户需求信息。

用户需求信息是指用户需求和消费者偏好、对产品性能及外观的要求、产品价格趋势和需求走势。收集用户需求信息，有助于我们了解产品的市场宽度、消费者需求及潜在市场价值，充分掌握竞争产品的基本信息、销售情况及盈利情况，有利于企业的产品定位、价值工程对象的选择和方案优化。

② 销售及供应信息。

销售及供应信息是指产品的市场供应量及销售情况，包括产品产销数量的演变及当前市场销售量、市场需求量及市场占有率等。充分收集销售方面的信息，有利于我们把握产品的市场份额和未来走势，也有助于我们对产品功能的改进和方案优化，是价值工程分析的关键数据。

③ 科学学技术信息。

科学技术信息是指在产品生产过程中所采用的工艺方法、仪器设备和创新技术信息，甚至包括产品的生产周期、最长使用年限、构配件供应和保修服务等其他参数。充分了解产品的技术信息，有利于企业把握和评估产品的技术要求，测算产品的寿命周期及生产成本，从而分析其盈利周期和偿债能力，对功能的重要性及必要性做出准确判断。由此可以看出，科学技术信息是产品功能分析的重要依据。

④ 经济及成本信息。

经济及成本信息是指市场宏观经济的发展趋势、企业自身的经济实力和产品研发及生产成本方面的信息。了解市场宏观经济的发展趋势，有利于把握市场走势和产品未来的需求情况。企业自身的经济实力决定着产品的投入和运营情况，而产品的研发及生产成本影响着产品的盈利能力和生存能力。产品的价值取决于其功能和相应成本的比值，因此，准确把握产品的经济状况和成本信息，有助于价值工程分析工作的开展及方案优化。

⑤ 国家和社会政策、方针、规定等信息。

国家和社会政策、方针、规定等信息包括国家宏观战略规划、地方政策方针以及产品所在行业的政策导向。了解这些方针政策，有助于我们把握市场宏观发展趋势，熟悉政策支持及行业风向标。充分收集这方面的资料，可以使企业的生产经营活动和开展的价值工程活动，与国民经济的发展方向协调一致。

（2）情报收集的原则。情报收集的信息资料要对实现价值工程目标有益，价值工程的成果一般取决于信息收集的质量、数量和时间。因此，情报收集的原则为目的性、计划性、可靠性和适时性。

① 目的性。情报收集的前提是要明确收集信息的目的和信息的作用。在价值工程分析中，情报收集是用于实现其工作的特定目标，便于后续分析工作的开展。因此，情报收集要具有一定的目的性。

② 计划性。情报收集工作的内容往往十分繁杂，涉及市场、企业和产品自身的各个方面，工作量较大。因此，我们在进行信息收集的过程中，要有组织有计划地进行。对于信息量较大、不易收集的部分，要厘清思路，合理分工，严格按照计划进行。

③ 可靠性。情报是价值工程工作和决策的主要依据，情报收集的准确与否直接影响到价值工程的分析结果。因此，我们在收集情报的过程中，要保证资料准确、完整和全面，确保收集到的信息真实可靠。

④ 适时性。在经济及技术飞速发展的今天，信息更新的速度也越来越快。过时的情报可能会造成价值工程结果的不准确，更可能会影响到方案的最终决策。因此，我们在收集情报的过程中，不仅要保证信息的可靠性，还要确保信息的适时性。

（3）情报收集的方法。

情报收集的方法可以分为公开情报收集和非公开情报收集两种。公开情报收集的方法主要包括智能情报收集法、数据库检索法及引擎搜索法三种，非公开情报收集的方法主要包括数据挖掘法、问卷调查法和人际网络收集法等。

① 公开情报的收集方法。

公开情报的收集渠道多种多样，主要渠道包括互联网及数据库、媒体及广告、行业性会议与展会等。随着近年来互联网技术的发展，海量数据信息存储于各大网站及数据库中，为情报的收集提供了广泛而可靠的来源。媒体广告的宣传和报道，对事物或产品的相关信息通常有详细的说明，因此也可以成为情报收集的参考依据。行业性会议与展会是领域内相对的权威的信息来源，通常引用的都是相对较新、较全面的数据资料，可优先作为公开情报收集的渠道。

公开情报的收集方法主要包括智能情报收集法、数据库检索法及引擎搜索法三种。以下分别做简要介绍这三种方法。

智能情报收集法。智能情报收集法是指利用智能网络监测系统收集所需情报的方法。其主要依托于网络爬虫技术，通过设定特定的目标信息，检测和跟踪网络上的数据资料，自动抓取与目标信息匹配的关键词或关键信息，并自动整理储存到相应数据库中。智能情报收集法高效便捷，能收集到较为全面的信息数据。但是由于其抓取信息的主要依据是关键词或词组，往往会收集到边缘信息，信息的实用性较低，可能会存在信息失真的现象。

数据库检索法。数据库检索法是指在中国知网、万方数据库、维普数据库等查询相关数据来获得目标信息的方法。单一数据库中查询到的往往是较为片面的零碎信息，因此，我们通常可以采用跨库检索的方式，同时对多个数据库的信息进行查询和收集，从而得到较为完整全面的信息。数据库检索法检索到的信息准确性较高，相对权威，但信息量有限，不一定能找到全部目标信息。

引擎搜索法。引擎搜索法是指利用各大搜索引擎，如百度、谷歌等，在网站平台上搜索查找所需要的相关信息。除了爬虫搜索、数据库搜索等渠道外，各政府部门、企业等官网上也存有大量的信息数据，如中华人民共和国商务部网站、中华人民共和国财政部网站等。网站检索数据也是收集公开信息的方法之一。该方法收集信息的成本较低，且数据权威，但数据的更新需要一定的时间，缺乏时效性，且人工在收集和整理信息等方面的工作量较大，需要耗费一定的时间。

②非公开情报的收集方法。

非公开情报是指尚未公开或暂未调查收集的情报信息。其收集的渠道主要包括企业内部及代理商、专业机构及行业研究报告、逆向工程、顾客及行业供应商等。企业在经营发展的历程中，往往会建立自己的内部数据库，便于后续项目的引用和参考，这也是企业获取情报的关键来源之一。专业机构的研究报告往往是非公开的，但其研究数据和结论却是我们参考的有效依据。逆向工程是指通过拆卸、检查、化验竞争产品来获取有效信息的手段，这也是我们了解竞争对手、获取相关情报的可靠途径。顾客需求及供应商信息是我们进行价值工程分析时的关键数据，因此，对消费者和供应商进行采访和调查，是我们获取目标信息的重要渠道。非公开情报收集的主要方法包括数据挖掘法、问卷调查法和人际网络收集法等。

数据挖掘法。数据挖掘法是指对公开信息中一些潜在的数据资料进行整理、分析和挖掘，从而得到目标信息的方法。数据挖掘是当前数据仓库领域中广泛使用的数据分析手段。由于现有的大多网络数据并不是直接公布的，往往隐藏在一些主观性的评论当中，因此，数据挖掘可通过对现有的数据进行整理，根据信息内容和数据关系建立数学模型，分析出隐含的、有目标价值的有效信息。

问卷调查法。问卷调查法是指对目标群体以发放、填写、回收问卷的方式，得到主观或客观信息，再通过整理、分析问卷，获得目标数据的方法。问卷调查包含线上调查和线下调查两种方式，线上调查以邮件问卷和网页问卷为主，该方式调查范围较大、成本低、周期短、时效性高，且形式丰富。但该方法问卷回收率较低，且问卷信息的有效性不高，数据缺乏可靠性。线下调查以发放纸质问卷为主，该方式能够让被调查者有充分的时间考虑问题，获取的信息较为准确。但是该方法的后期整理时间较长，程序繁杂。

人际网络收集法。人际网络收集法是指情报收集者通过社交或谈判的方式获取目标信息的方法。当我们通过上述方法都无法获得所需信息时,便可利用人际网络收集法,向持有目标信息的相关方求助或谈判,借助个人合法关系或签订合法协议来获取有效数据。这种方法可以充分挖掘深层信息,获取高质量数据,但受个人因素的影响较大。

7.5.4 功能分析

功能分析是价值工程活动的核心和基本内容。它是对价值工程对象的总体和其组成部分的功能进行整理和分析,确认必要功能,补充不足功能,剔除不必要功能,并整理和排列成树形图的系统化过程。功能分析主要包括功能定义、功能分类、功能整理、功能计量和功能评价五个方面的内容。通过功能分析,可以明确产品的必要功能,了解功能特性要求,平衡不足功能和不必要功能,调整各功能比重,从而使产品的功能结构更加合理。

1. 功能定义

功能定义是指根据现有资料,用简洁的语言描述价值工程的分析对象及其组成部分的功能,对其功能特性和要求进行界定,使之与其他事物区别开来。功能定义的目的是明确消费者需求以便改进产品方案;便于建立产品整体及其组成部分的功能系统图;寻求实现同一功能的替代方案;为功能价值的测定和评价奠定基础。

功能定义是功能分类和功能整理的先行工作,也是功能计量和评价的基础。在进行功能定义时,既要简洁准确,又要系统全面,其主要定义方法是:用一个动词和一个名词来描述功能,动词要求足够抽象全面,要尽可能地概括所有动作,名词要选用能够量化的,更加准确地描述产品功能。此外,每个功能都要定义,从整体到局部,无论是否是必要功能,都需要定义。

功能描述中,产品、零件或服务活动作为功能定义的主语,动词后加可量化的名词形成动宾结构,作为主语的功能。例如:灯泡发光,"灯泡"为主语,"发"是动词,"光"是宾语,"发光"形成动宾结构,作为灯泡的功能。

2. 功能分类

在对产品的功能进行具体地定义后,为了便于后续功能的整理和分析,我们可根据功能的主要特点和要素,对所有功能进行初步分类。根据前文所述,可根据其重要程度、用户需要程度、性质及标准化程度将功能分为以下几类。

按功能的重要程度可将其分为基本功能与辅助功能;按用户需要程度可将其分为必要功能和不必要功能;按性质可将其分为使用功能和品位功能;按标准化程度可将其分为过剩功能和不足功能。

3. 功能整理

在完成功能定义和功能分类后,便可对其进行进一步的整理工作。功能整理就是对定义并分类后的功能进行系统的分析、整理,明确功能之间的关系,分清功能类别,并用图表形式表达,以明确产品的功能系统,从而为功能评价和方案构思提供依据。

(1) 功能整理的目的。

① 了解系统中各功能的地位和关系。

功能系统中的主要关系有从属关系和并列关系两种类型，从属关系又称上下位关系，上位关系又称目的功能，下位关系又称手段功能。从属关系是指某功能为另一功能的一部分，如手段功能服务于目的功能。并列关系又称同位关系，是指两功能间互不干扰，相互独立，为达到同一目的而设置。通过功能整理明确各功能间的相互关系，有利于功能系统图的建立与产品定位。

② 判断功能定义的准确性。

功能定义的准确与否直接影响着功能分析的结果，因此，我们在功能整理的过程中，要对各功能的定义做出进一步的检查和判断。当在整理的过程中出现某些功能目的性不够明确时，便需要检查其定义是否出现表述不清或遗漏的情况，并进行修改和完善。

③ 明确功能的必要性。

通过前文介绍我们可以知道，功能按用户需要程度可分为必要功能和不必要功能。功能的必要性直接决定着功能成本的比重以及产品方案，因此，功能必要性是我们在价值工程分析中必须明确的一项内容。通过功能整理判断功能的必要性，为功能评价提供了有效依据。

④ 为功能计量奠定基础。

功能分析的主要任务是对功能进行进一步的量化和分析，其计量的基础和依据则需由功能整理来提供。通过功能整理，定性地分析出各功能间的逻辑关系和地位，有利于基础数据的获得和后续计量工作的开展。

（2）功能整理的步骤。

① 初步构建，明确产品的基本功能和辅助功能。

将产品及其零部件的各项功能一一列举出来，结合消费者需求和产品的主要定位，明确各功能的重要程度及其比重，从而确定产品即零部件的基本功能和辅助功能。基本功能和辅助功能确定，为产品结构及成本结构的划分提供了主要依据，有利于后续工作的开展。

② 系统调整，明确功能之间的上下位或并列关系。

初步明确产品的基本功能与辅助功能后，便可按各功能的主要特性和职能分析其间的相互关系，确定功能与功能间究竟是上下位关系还是并列关系。将各功能间的关系排列好后，便可依此绘制初步的功能结构关系图。相关联的上下位功能属于一组，各并列功能同属一列，后接各类下位功能，形成系统功能结构。

③ 优化改进，排列功能系统图。

在完成初步的功能系统图后，可对其进行进一步的整理和优化。上一步仅是机械性地将各功能按其关系排列起来，并没有深入分析功能的必要性、可量化性以及技术要求等因素。在本步骤中，我们可根据初步功能系统图，综合考虑功能的必要性、合理性、技术性，对系统图进行更深层次地优化，最终得到一个功能齐全、关系明确、结构合理的功能系统图（见图7.7）。

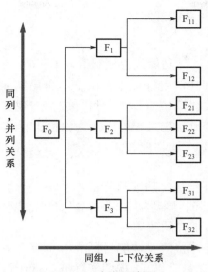

图 7.7 功能系统图

4. 功能计量

功能计量是指以功能系统图为基础，依照系统图从左到右、从上到下的顺序，将产品的各项功能进行量化，确定其性能的具体数量或指标值，从而分析出过剩功能和不足功能，便于进行修正和优化。

功能计量可分为对整体功能的计量和对各级子功能的计量两部分内容。整体功能计量是从产品整体的角度去考虑，对其主要功能特性进行量化分析，作为子功能计量的主要依据。各级子功能的计量用以确定各子功能的性能指标，从上至下逐级推算，细化功能计量的组成单位。

功能计量是价值工程分析的基础和关键步骤，为功能评价提供了核心数据和主要依据。功能计量的方法多种多样，可采用用户打分法、专家评估法、实际测量数据及国家或行业标准等。无论是上述哪种方法，只要计量数据相对准确，功能描述较为完善，都可以用来进行功能计量。

5. 功能评价

（1）功能评价的概念。

功能评价即指对功能的价值进行评定，其主要思路是首先找出实现功能的最低费用作为功能的目标成本，再以功能目标成本为基础，通过与功能现实成本的比较，求出两者的比值（功能价值）和功能差异值（改善期望值），然后选择功能价值低、改善期望值大的功能作为价值工程分析的研究对象。其中，功能价值的计算公式为

$$V = \frac{F}{C} \qquad (7\text{-}10)$$

式中　V——功能价值；

　　　F——产品功能评价值（功能目标成本）；

C——寿命周期成本（功能现实成本）。

则

$$功能改善期望值 = C - F \tag{7-11}$$

当产品功能评价值（即功能目标成本）小于寿命周期成本（功能现实成本）时，则该功能存在改善期望值。改善期望值越大，目标成本与现实成本的差异越大，其功能的价值就越小，降低成本的潜力就越大，可以作为价值工程的重点研究对象。

对功能价值[式（7-10）]和功能改善期望值[式（7-11）]进行深入分析，我们可得到以下结论。

当 $V=1$ 时，产品功能评价值（功能目标成本）（F）= 寿命周期成本（功能现实成本）（C），功能改善期望值等于 0，则说明实际成本与目标成本相符，是价值工程中理想的状态，该功能不必作为价值工程的改善对象；

当 $V > 1$ 时，产品功能评价值（功能目标成本）（F）> 寿命周期成本（功能实现成本）（C），功能改善期望值小于 0，则说明实际成本低于目标成本，可考虑降低目标成本来节约预算，或提高实际成本来增加产品价值，从而适应用户及企业需要。

当 $V < 1$ 时，产品功能评价值（功能目标成本）（F）< 寿命周期成本（功能实现成本）（C），功能改善期望值大于 0，则说明实际成本过高，已经超过目标成本值，应采用一定的方法来缩减实际成本，从而提高产品价值。

（2）功能评价的方法。

功能评价的基本程序是：先确定各功能的寿命周期成本（功能现实成本），计算成本系数，再确定功能重要性系数，计算产品功能评价（功能目标成本），最后通过比较功能价值（V），初步确定改善对象，从而计算改善对象的成本改善期望值。再根据以上结果选择功能价值（V）低、功能改善期望值大的功能或功能区域作为重点改进对象。

在上述步骤中，每一环节可采用的方法是多种多样的。例如，计算功能评价值可采用经验估算法、理论计算法及实际调查法等；计算功能重要性系数则可采用强制打分法、环比评分法、多比例评分法及逻辑评分法等，下面我们将对每一步骤进行详细介绍。

① 计算功能现实成本（C）和成本系数。

功能现实成本又称为功能实际成本，它是以功能为对象进行的成本核算。它与传统的成本费用的相同之处在于它们的组成结构上是基本一致的，但不同之处在于其对象主体不同，传统的成本费用以产品或零部件为对象，而功能现实成本以功能为对象。

产品与功能的对应关系往往是错综复杂的，一个产品可对应多项功能，而将产品拆分为零部件后，一个功能往往需由多个零部件来实现。因此，计算功能的现实成本须将实际成本分配到各个功能中去，具体情况如下。

当一个零部件只实现一项功能，且这项功能只由这个零部件实现时，则该零部件的成本就是功能的现实成本。

当一项功能由多个零部件实现，且这多个零部件只为实现这项功能服务时，则这多个零部件的成本之和就是该功能的现实成本。

当一个零部件实现多项功能，且这多项功能只由这个零部件实现时，则按该零部件实现各功能所起作用的比重将该零部件的成本分配到各项功能上去，即为各功能的现实

第 7 章 工程项目的方案比选与优化

成本。

更多的情况是多个零部件交叉实现多项功能,且这多项功能只由这多个零部件交叉地实现。因此,在计算各功能的现实成本时,可首先将各零部件成本按作用比重分配到各项功能上去,然后将各功能所分配到的成本相加,便可得出各功能的现实成本。

计算出各功能的现实成本(实际成本)后,用各功能的现实成本比上产品的总成本(或各功能现实成本之和),便可得到各功能的成本系数,其计算公式为

$$成本系数 = \frac{某功能的现实成本}{产品成本(各功能成本之和)} \quad (7\text{-}12)$$

② 确定功能重要性系数。

在上述介绍中我们可以得知,功能重要性系数又称为功能系数,是指产品中各功能重要性的比例关系。合理确定功能重要性系数,有利于判断产品各项功能的成本分配是否合理,衡量产品的功能价值,是价值工程分析中的关键步骤。

确定功能重要性系数的方法主要包括强制确定法(包括 0-1 确定法和 0-4 确定法)、倍数确定法、环比评分法和直接打分法等,这里主要介绍强制确定法和倍数确定法,其具体方法如下。

强制确定法。强制确定法是指通过对各功能进行对比和打分来确定功能重要性系数的方法。强制确定法包括 0-1 确定法和 0-4 确定法。0-1 确定法是邀请专家对功能进行打分,将各功能一一对应比较,按其重要程度两两相比,重要的打 1 分,不重要的打 0 分,最后对各功能得分求和。同时,为了避免出现某些功能得分总和为 0 的情况,要对其最终得分进行修正,再按式(7-13)计算各功能的功能重要性系数。

$$功能重要性系数 = \frac{某功能的重要性得分}{所有功能的重要性得分总和} \quad (7\text{-}13)$$

0-4 确定法。0-4 确定法与 0-1 确定法原理相似,但其打分的标准有所改进。0-4 确定法也是将产品的各个功能一一对比,根据各功能间的相互重要程度进行打分,其打分规则如下。

两个功能相比较,非常重要的功能得 4 分,则另一个很不重要的功能得 0 分;比较重要的功能得 3 分,则另一个不太重要的功能得 1 分;同等重要的两个功能各得 2 分。最后按照与 0-1 确定法相同的步骤计算出各功能的总得分和功能重要性系数。

【例 7-14】 对某家用普通型 PVC 壁纸进行价值工程研究,其主要功能包括装饰墙面、防水防潮、防火不易燃、易于清洁、防霉和耐刮耐磨六项。用 0-1 确定法对各功能进行打分,并确定各功能的重要性系数如表 7-15 所示。

表 7-15 某家用普通型 PVC 壁纸的 0-1 确定法

功能	装饰墙面	防水防潮	防火不易燃	易于清洁	防霉	耐刮耐磨	功能得分	修正得分	功能重要性系数
装饰墙面	—	1	1	1	1	0	4	5	0.2500
防水防潮	0	—	0	0	1	0	1	2	0.1000

续表

功能	装饰墙面	防水防潮	防火不易燃	易于清洁	防霉	耐刮耐磨	功能得分	修正得分	功能重要性系数
防火不易燃	0	0	—	0	0	0	0	1	0.0500
易于清洁	1	1	0	—	1	0	3	4	0.2000
防霉	0	0	1	1	—	0	2	3	0.1500
耐刮耐磨	1	1	0	1	1	—	4	5	0.2500
合计							14	20	1

由表 7-15 可以看出，对于该家用普通型 PVC 壁纸的各项功能，耐刮耐磨及装饰墙面功能的重要性系数最高，其值为 0.2500，说明其重要程度最高，而防火不易燃功能的重要性系数最低，其值为 0.0500，说明其重要程度最低。

这里需要指出的是，在上述例题中，由于篇幅限制，仅列举了一位专家的评分结果。而在实际操作过程中，需要由多名专家同时打分，分别求其功能重要性系数，并对各专家的结果求平均值，得到最终的各功能重要性系数。这样可以在一定程度上减少打分的主观性，使结果更加客观准确。

【例 7-15】 对某客厅落地灯进行价值工程分析，该落地灯的主要功能包括照明、美观、坚固、耐久和置物五项。用 0-4 确定法对各功能进行打分，并确定各功能的重要性系数如表 7-16 所示。

表 7-16 某客厅落地灯的 0-4 确定法

功能	照明	美观	坚固	耐久	置物	功能得分	功能重要性系数
照明	—	3	2	2	4	11	0.275
美观	1	—	2	1	2	6	0.15
坚固	2	2	—	2	2	8	0.2
耐久	2	3	2	—	3	10	0.25
置物	0	2	2	1	—	5	0.125
合计						40	1

由表 7-16 可以看出，对于该客厅落地灯的各项功能，照明功能的重要性系数最高，其值为 0.275，说明其重要程度最高，而置物功能的重要性系数最低，其值为 0.125，说明其重要程度最低。

0-4 确定法相比 0-1 确定法，综合考虑了功能之间重要程度的等级差异，减小了功能重要性系数的误差。上例同 0-1 确定法的例题一样，也仅引用了一位专家的打分结果，实际操作中应注意让多位专家同时打分，计算各功能重要性系数的平均值，以减小结果的主观性。

倍数确定法（又称 DARE 法）。倍数确定法是利用评价因素之间的相关性，对各功能进行比较而定出重要性系数,用以选择方案。其具体步骤如下:首先根据各评价对象的功能重要程度进行排序,按照由高到低的原则排列;再从上至下,根据功能重要程度将相邻的两个评价对象进行比较,赋予一定的比值,功能重要性系数的计算示例如表 7-17 所示;然后将最后一个评价对象的得分赋值为 1,按上述各对象之间的相对比值计算其他对象的得分;最后按照得分计算各评价对象的功能重要性系数。倍数确定法要求各功能间必须具有一定的相关性,因此在使用的过程中具有一定的局限性。

表 7-17 倍数确定法计算功能重要性系数表

评价对象	相对比重	得分	功能重要性系数
F_1	$F_1/F_2=2$	12	0.55
F_2	$F_2/F_3=2$	6	0.27
F_3	$F_3/F_4=3$	3	0.14
F_4	—	1	0.04
合计		22	1

③ 确定功能评价值即目标成本（F）

功能评价值即目标成本,是依据功能系统图上的功能特性及关系,预测出实现消费者要求功能所需要的最低成本,也可以视为企业计划内的目标成本。它不是一般概念的成本计算,而是以货币的形式表达功能,计算实现功能时各方案所需要的成本,其中最低的成本即是功能评价值。

确定功能评价值的方法包括经验估算法、调查统计法、理论计算法和功能重要程度评价法等,其具体方法如下。

经验估算法。经验估算法是邀请一些有经验的专家,根据用户及功能要求,对实现产品功能的各个方案按经验进行评估和预测,预估出各方案所需的最低成本值,再对每个方案的预测成本进行平均处理,最后选择估算成本最低的方案。该方法的成本就是功能评价值或目标成本。

经验估算法简便易行,每一功能的目标成本由多个专家估算的成本值平均得到,相对准确。但受专家主观影响较大,对评估人员的自身能力和个人素质要求较高,需要系统而全面的历史资料,因此,其估算结果往往容易产生偏差,对决策产生影响。

调查统计法。调查统计法是通过广泛的市场调查,在市面上筛选出具有同样功能的产品,统计它们的成本并进行比较,选择出功能水平相当但成本值最低的产品,并根据产品当前情况和各项条件对最低成本值进行修正,去掉不必要功能,最后可将修正后的成本作为功能评价值。

调查统计法确定的功能评价值（目标成本）是根据现有产品历史状况得到的已知成本值,它的数据结果比较可靠,且通过修正后基本符合现有产品成本的客观规律。但是,市场调查的工作范围较广,且涉及生产技术、企业管理效率等竞争性因素,所以对调查人员的专业素养要求较高,结果受调查资料的影响较大。

理论计算法。理论计算法是根据相关规范及造价要求,确定产品生产所需的各类材料及构件，明确各类材料及构件的各项成本，系统分析各构件所提供的有关功能，建立产品功能和成本间的关系，从而确定功能评价值。

理论计算法的要点首先是判断功能是否可以量化，其次分析实现功能所需要的各类材料及条件，以便将材料价格和其他费用对应于相应的功能，得到功能评价值（产品的目标成本）。

功能重要程度评价法。功能重要程度评价法是根据功能重要性程度确定功能评价值。首先将产品功能划分为几个功能区，并根据功能区的重要程度和复杂程度，确定各个功能区在总功能区所占比重，即功能重要性系数，然后将产品的目标成本按功能重要性系数分配给各功能区，作为该功能区的目标成本，即功能评价值。

功能重要程度评价法综合考虑了功能的必要性和所占比重，能够合理优化各功能成本结构，避免了不必要功能的多余支出，是一种较为科学合理的目标成本确定方法。

【例 7-16】 产品的目标成本可以通过市场预测、技术预测等方法加以确定，然后将产品的目标成本按功能重要性系数分摊到各个功能上去。假设产品共有 F_1、F_2、F_3、F_4 四项功能，其目标成本为 500 元，根据倍数确定法计算得到的功能重要性系数，可以求出各功能的评价值，见表 7-18。

表 7-18 产品功能评价计算表

评价对象	功能重要性系数	功能评价计算值
F_1	0.55	$0.55 \times 500 = 275$
F_2	0.27	$0.27 \times 500 = 135$
F_3	0.14	$0.14 \times 500 = 70$
F_4	0.04	$0.04 \times 500 = 20$
合计	1	500

④ 计算价值系数。

功能的价值系数是指功能重要性系数与成本系数的比值，其计算公式为

$$价值系数 = \frac{功能重要性系数}{功能的成本系数} \quad (7-14)$$

当功能的价值系数等于 1 或与 1 相近时，则说明该功能与成本关系合理，可不必作为价值工程的改进对象；当价值系数与 1 偏差较大时，则说明该功能与成本的关系不合理，应作为价值工程的改进对象进行进一步研究。

⑤ 计算成本改善期望值和成本差。

根据价值系数初步选择改进对象后，计算各改进对象的成本改善期望值，其计算公式为

$$成本改善期望值 = 功能现实成本 - 功能评价值（功能目标成本） \quad (7-15)$$

这里的功能评价值是指按功能重要性系数分配的目标成本。当成本改善期望值大于 0，即功能现实成本大于功能评价值时，该功能应作为价值工程的进一步分析对象。

功能评价中的成本差一般包括两种形式，一种是按功能重要性系数分配的实际成本与功能实际成本之差，其计算公式为

$$\text{成本差 } \Delta C_1 = \text{按功能重要性系数分配的实际成本} - \text{实际成本} \quad (7\text{-}16)$$

另一种是按功能重要性系数分配的目标成本（即功能评价值）与按功能重要性系数分配的实际成本之差，其计算公式如下：

$$\text{成本差 } \Delta C_2 = \text{功能评价值} - \text{按功能重要性系数分配的实际成本} \quad (7\text{-}17)$$

以上两种形式的成本差可作为确定功能和成本改进对象的主要依据，成本差 ΔC_1 主要站在功能的角度，为功能改进提供参考；成本差 ΔC_2 主要站在成本的角度，为成本改进提供依据。

⑥ 选择改进对象。

选择功能改进对象。当 ΔC_1 小于 0 时，如果其功能重要性系数较小，说明该功能的重要程度较低，而实际成本较高，可能会存在功能过剩或是功能多余的情况，就要将其作为功能改进对象，降低功能水平。当 ΔC_1 大于 0 时，如果其功能重要性系数较大，说明该功能的重要程度较高，而实际成本较低，可能会存在功能不足或是未达到用户要求的情况，也要将其作为功能改进对象，提高功能水平。

选择成本改进对象。当 ΔC_1 小于 0 时，ΔC_2 的绝对值越大，说明该功能通常不存在功能过剩的问题，而其实际成本与目标成本偏差较大，可能会存在成本分配不均匀或不合理的情况，就要将其作为成本改进对象，调整成本结构。当 ΔC_1 大于 0 时，ΔC_2 的绝对值越小，说明该功能的成本占比较低，其实际成本与目标成本偏差较小，并且其功能重要程度也相对较低，可不必将其作为成本改进对象，只需满足用户要求即可。

在选择改进对象时，要将成本差和成本改善期望值两个因素综合起来考虑，即将成本差作为选择改进对象的依据，将成本改善期望值作为改进对象的目标。先通过成本差选择功能或成本改进对象，再利用成本改善期望值对功能或成本进行量值的调整，最后得到满足功能和成本目标的产品方案。

【例 7-17】 某产品有 F_1、F_2、F_3、F_4 四项功能，按照例 7-16 的条件，其现实成本已知（假定为 650 元），将已知现实成本分摊到各功能上去，再根据功能重要性系数和功能评价值，求价值系数及成本差 ΔC_1 和 ΔC_2，确定成本改善期望值并对改善优先顺序进行排序。产品功能评价具体计算见表 7-19。

表 7-19 产品功能评价计算表

功能	现实成本	功能重要性系数	功能评价值	价值系数	ΔC_1	ΔC_2	成本改善期望值	改善优先顺序
F_1	301	0.55	275	0.91	56.5	−82.5	−26	4
F_2	178	0.27	135	0.76	−2.5	−40.5	−48	3
F_3	110	0.14	70	0.64	−19	−21	−40	2
F_4	61	0.04	20	0.33	−35	−6	−41	1
合计	650	1	500	—	0	−150	−150	—

由表 7-19 可以看出，F_3 和 F_4 功能的功能重要性系数较小，且其 ΔC_i 值小于 0，说明该功能重要程度较低，但实际成本过高，应该作为功能改进的研究对象，以成本改善期望值作为参考改善目标，降低其实际成本。而 F_2 的 ΔC_1 值小于 0，ΔC_2 的绝对值又相对较高，说明该功能重要程度较高，但成本分配不合理，应作为成本改进对象，结合功能评价值和成本改善期望值调整其成本值。F_1 的 ΔC_i 值大于 0，且功能重要性系数较大，说明该功能的重要程度较高，实际成本较低，应作为功能改进的对象。

7.5.5 价值工程在方案优选和优化中的应用

价值工程在工程方案的创造、优选和优化中都有用武之地，能够得到很好的应用效果。

1. 方案创造

方案创造是从提高对象的功能价值出发，在正确的功能分析和评价的基础上，根据产品存在的功能和成本上的问题，针对其应改进的具体目标，通过创造性的思维活动，提出能够可靠地实现必要功能的新方案。

方案创造的理论依据是功能载体具有替代性。这种功能载体可替代性的重点应该是以功能创新的新产品替代原有产品，以及以功能创新的结构替代原有结构方案。而方案创造的过程是思想高度活跃、进行创造性开发的过程。

价值工程中方案创造的方法有头脑风暴法（Brain Storming）、哥顿法（Gordon Method）、专家预测法和德尔菲法（Delphi）等。头脑风暴法是指将相关人员召集起来，通过营造轻松愉悦的氛围，激励大家充分发挥想象力，各抒己见，畅所欲言，使创造性设想发生连锁反应，从而得到问题的各种解决方案的方法。

哥顿法是指先由会议主持人把决策问题向会议成员做笼统的介绍，然后由专家成员随意讨论解决方案；当会议进行到适当时机，决策者将决策的具体问题展示给小组成员，使小组成员的讨论进一步深化，最后由决策者吸收讨论结果，进行决策。

专家预测法是召集专家通过会议进行集体的分析和判断，将专家们意见综合整理分析，最终得出一致性结论的方法。

德尔菲法是在专家预测法的基础上发展起来的一种定性预测法。它是通过函询的调查方式向专家提出相关问题，并将答案整理分析，然后匿名反馈给专家再次征求意见，再加以归纳、分析和总结，最后得出预测结论的一种方式。

2. 方案评价

方案评价是在方案创造的基础上，对新构思方案的技术、经济和社会效果等方面进行估计和评价，从而选择出最好的方案。方案评价可分为概略评价和详细评价两个阶段，概略评价是对产品方案进行技术、经济和社会效果等方面的初步研究，而详细评价则是在技术、经济和社会评价的基础上，对产品进行细化，对其材料、结构和功能等方面进行详细分析和评估。方案评价的具体内容如下。

（1）技术评价。

技术评价是指对实现产品方案的技术进行综合考察和预测，对技术的可实现程度、可靠性、经济性、耐久性等方面综合评价，并对其未来的发展趋势和使用年限进行预测，全面了解产品的技术手段和发展前景。

（2）经济评价。

经济评价是指综合考虑产品方案的经济性，对实现产品方案所需要的成本费用进行预估和测算，将其与目标成本相比较，判断其是否满足经济要求。经济评价不局限于微观视角的预测和评估，同时也对市场宏观经济环境进行调查和分析，综合评价市场的经济走势、市场销量、市场竞争力的影响因素，对产品经济状况进行全面的考量。

（3）社会评价。

社会评价是指站在宏观的角度，判断和评估产品对社会发展、生态环境、自然资源等因素的影响情况和程度。产品往往不是独立存在的，它通常与社会文化、生态环境、法律政策等相互关联、相互影响。因此，在进行产品的方案评价时，也要特别关注产品的社会评价。

习 题

一、单项选择题

1. 对于 N 个非直接互斥方案，相互排斥的组合方案有（　　）个。
A. $2^n - 1$ 　　　　　　　　　　B. 2^n
C. $2^n + 1$ 　　　　　　　　　　D. $2^n - 2$

2. 规定 V 表示功能价值，F 表示产品功能评价值；C 表示寿命周期成本，则功能价值的定义式为（　　）。

A. $V = \dfrac{F}{C}$ 　　　　　　　　B. $V = \dfrac{C}{F}$

C. $V = F + C$ 　　　　　　　　D. $V = F \times C$

3. 在一定的技术水平下，生产成本与产品的功能呈（　　）。
A. 反比关系　　　B. 正比关系　　　C. 无关系

4. 规定 V 表示功能价值，F 表示产品功能评价值（功能目标成本）；C 表示寿命周期成本，则功能改善期望值为（　　）。

A. $V = C - F$ 　　　　　　　　B. $V = \dfrac{C}{F}$

C. $V = F + C$ 　　　　　　　　D. $V = F \times C$

5. 以下表达式正确的为是（　　）。
A. 成本改善期望值 = 功能现实成本 − 功能评价值
B. 成本改善期望值 = 功能现实成本 + 功能评价值
C. 价值系数 = 功能的成本系数 + 功能重要性系数
D. 价值系数 = 功能的成本系数 − 功能重要性系数

二、多项选择题

1. 常见的相关型方案包括（　　）。
   A. 条件型方案　　　　　　　　B. 互补型方案
   C. 现金流量相关型方案　　　　D. 互斥型方案
2. 互斥型方案的经济评价包括（　　）。
   A. 绝对效果的评价　　　　　　B. 相对效果的比选　　　　C. 价值计算
3. 对象选择的方法包括（　　）。
   A. 经验分析法　　　　　　　　B. 百分比分析法
   C. 价值指数法　　　　　　　　D. ABC 分析法
4. 以下属于情报收集内容的有（　　）。
   A. 用户需求方面的信息　　　　B. 销售及供应方面的信息
   C. 科学技术方面的信息　　　　D. 经济及成本方面的信息
5. 情报收集的原则有（　　）。
   A. 目的性　　　　　　　　　　B. 计划性
   C. 可靠性　　　　　　　　　　D. 适时性

三、简答题

1. 项目方案比选有哪些类型？
2. 互斥型方案有哪些比选方法？
3. 独立型方案有哪些比选方法？
4. 什么是价值工程？
5. 价值工程的关键概念有哪些？

四、计算题

1. 某工程有两个投资方案，方案 A 需投资 200 万元，年经营成本为 50 万元，方案 B 需投资 300 万元，年经营成本为 40 万元，基准收益率为 12%，请用增量投资利润率法判断该工程应选择哪个方案。

2. 某项目有可供选择的两个方案，其基础数据见表 7-20，基准投资回收期为 5 年，请用年折算费用选择最优方案。

表 7-20　各方案基础数据　　　　　　　　　　　　　　　　　　单位：万元

投资方案	投资额	年经营成本
A	4650	800
B	4450	1000

3. 某项目有三个投资方案，计算期均为 5 年，设基准收益率为 10%，各方案的投资额、年经营成本、年收入见表 7-21，请用净现值法选择最佳方案。

表 7-21　各方案基础数据　　　　　　　　　　　单位：万元

投资方案	投资额	年经营成本	年收入
A	200	50	130
B	300	60	160
C	400	45	165

4. 某项目有两个可选方案，两个方案为互斥关系，其净现金流量见表 7-22。设基准收益率为 10%，试用净现值评价方案选择最佳方案。

表 7-22　各方案现金流　　　　　　　　　　　单位：万元

年份	0	1	2	3
方案 A	−500	150	250	400
方案 B	−300	100	150	250

在线答题

拓展习题

第 8 章 工程项目的可行性研究

知识结构图

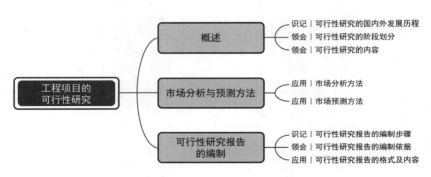

第 8 章　工程项目的可行性研究

8.1　概　　述

8.1.1　可行性研究的国内外发展历程

第8章概述

工程项目的可行性研究是指通过详细调查研究，通过市场分析、技术分析、财务分析及国民经济分析，对拟建项目的必要性、可行性及经济有利性、社会有利性进行全面、系统、综合的分析和论证，其基本任务是对工程项目做出可行或不可行的判断。

可行性研究萌芽于 19 世纪初，西方国家首先采用简单的财务评价方法来判断项目的可行性。英国经济学家 A. 马歇尔（A.Marshall）在法国工程师让尔·杜比（J. Dolby）的启发下，正式提出"消费者剩余"的概念，随后逐渐发展为"费用-效益"分析，成为可行性研究的雏形。20 世纪 60 年代，世界银行及联合国工业发展组织开始采用财务分析和经济分析两种方法来评价其贷款项目。20 世纪 60 年代末期，社会分析的方法问世，将可行性研究的发展带到了新高度。1972 年，联合国出版了《联合国在发展中国家顾问使用手册》一书，同年，P. 达斯古帕塔（P. Dasgupta）、S.A. 玛格林（S. A. Marglin）等人受托编写了《项目评价准则》一书，为各国投资项目的经济性评估及可行性研究提供了参考依据。1978 年，联合国工业发展组织出版了《工业可行性研究编制手册》，正式规定了可行性研究的主要内容和计算方法。这个时期，可行性研究主要是对项目的技术和经济状况进行分析和评估，包括市场分析、生产能力和技术评价、财务分析和国民经济估价等。

20 世纪 80 年代后，经过相关学者们的研究和完善，可行性研究理论中融入了许多新的算法和思想，在预测、风险、决策方面取得了有效成果，主要表现为在项目可行性研究中引入了不确定性分析，用盈亏平衡分析、敏感性分析及概率分析等方法来确定对项目影响较大的关键因素，从而控制这些影响因素的变化情况。同时，也引入了层次分析法、实物期权法等算法，为多目标方案决策提供了更完善的理论基础。更新以后的"可行性研究"应用于各个领域的项目中，并在全世界范围内推广开来。各国也在以上理论规范的基础上，编制了适应各国政治、经济情况的可行性研究方法，并规范成册。例如，20 世纪 80 年代，日本国际协力机构（Japan International Cooperation Agency，JICA）编写发布了《项目的经济分析、调查、研究》一书；1987 年，我国发布了《建设项目经济评价方法与参数》等。

随着人们对工程的认识不断深入，项目评价已从技术经济评价发展到现行的技术、经济、环境和社会的综合评价，各国也将该理论应用于各个领域的项目评价中。在理论指导方面，2004 年日本国际协力机构发布了《考虑环境与社会影响指导大纲》，综合考虑了经济项目对社会环境的影响。在理论应用方面，相关学者将能值分析法引入项目评价中，对项目技术给环境和社会造成的影响进行评价。例如，2008 年 R. M. 普尔赛利

（R.M. Pulselli）采用能值分析法研究并评价了混凝土和水泥在建造过程中的传输效果，分析了建筑外墙采用不同建筑材料和构造对环境的影响；2010 年 Jing-Ming Ren 采用能值分析法对造纸业进行了战略环境评价等。

1979 年，我国举办第一期可行性研究培训班，可行性研究方法和理论在国内逐步发展起来。1983 年，中华人民共和国国家计划委员会正式下发文件，将可行性研究纳入基本建设和投资程序中。1987 年，我国出版了《建设项目经济评价方法与参数》一书，明确规定并说明了经济评价的程序、方法和指标。这个时期可行性研究以经济评价为主要内容。1991 年，我国将国内投资项目的设计任务书和外资项目的可行性研究报告统称为可行性研究报告，标志着我国可行性研究的规范化。

2002 年，中华人民共和国国家发展计划委员会发布《投资项目可行性研究指南（试用版）》，该书规范了我国可行性研究工作的内容和方法，并首次将可行性研究列为投资项目评价的重要组成部分，指导了可行性研究在技术、经济及社会等方面的工作。1993 年及 2006 年，我国先后出版了《建设项目经济评价方法与参数》的第二版与第三版，对可行性研究的方法和参数进行了完善。相较于前两版内容，第三版在大量的调查测算下，提出了一套比较完整可行的经济评价方法与参数体系。该版本增加了财务效益与费用估算、资金来源与融资方案、经济费用效益分析、费用效果分析及风险分析等内容，对社会影响评价做了进一步的说明，我国的技术、经济、环境和社会综合评价体系也逐步发展起来。

钱学森教授早在 1990 年就指出城市经济系统、环境系统和社会系统之间的复杂关系。2004 年，保罗·K.盖勒特（P. K. Gellert）、芭芭拉·D.林奇（B. D. Lynch）和张大川探讨了三峡工程引发的社会迁移，以及由此带来的社会文化变迁。同年，冯为民教授指出，工程项目的评价应该与区域作为一个整体的大系统来进行综合评价，并以可持续发展作为测度。2009 年，杨永峰提出三峡工程、南水北调、退田还湖工程的评价体系要考虑影响人们健康的社会指标。由此可以看出，环境和社会影响评价在我国项目的可行性研究中逐步占据了重要地位。随着科学技术的发展，工程项目评价也随着评价内容的扩展不断引入新的方法和工具，如生态学方法、信息技术工具（BIM 技术、GIS 技术、RS 技术）等。

2008—2012 年，在《投资项目可行性研究指南（试用版）》基础上，我国住房和城乡建设部等有关部委相继在市政、煤炭、石油、农业、建材、公路、铁路、公共卫生等领域发布了各行业的项目经济评价规范，如《市政公用设施建设项目经济评价方法与参数》《石油建设项目经济评价方法与参数》等。具体行业的可行性研究评价方法的开发与发布使得各类投资项目的可行性研究有章可循、有据可依。可行性研究在我国基本建设和投资项目建设的实践中逐步推广开来，逐步渗透于各个行业的项目研究中，成为论证项目的必要环节。近年来，随着我国各行业的市场发展需要及可行性研究理论方法的完善，各部委也及时更新了可行性研究文件的编制办法。例如，2018 年，中华人民共和国国家铁路局在旧版规范的基础上，编制发布了新版《铁路建设项目预可行性研究、可行性研究和设计文件编制办法》，以适应我国铁路建设项目的最新发展趋势。

2022 年，党的二十大报告指出，要加快构建新发展格局，着力推动高质量发展。

高质量发展需要高质量的投资，高质量的投资需要高质量的投资决策，而可行性研究是投资决策的核心环节。为贯彻落实党的二十大精神，加强对项目前期工作的政策指导，巩固和深化投融资体制改革成果，推动投资高质量发展，中华人民共和国国家发展和改革委员会在 2002 年《投资项目可行性研究指南（试用版）》的基础上，研究制定了《政府投资项目可行性研究报告编写通用大纲（2023 年版）》《企业投资项目可行性研究报告编写参考大纲（2023 年版）》和《关于投资项目可行性研究报告编写大纲的说明（2023 年版）》并于 2023 年 4 月正式通知发布。

工程项目的可行性研究是对项目的必要性、市场趋势、技术要求、投资回报、资金状况、社会影响等方面进行的综合性研究分析，需要经过机会研究、初步可行性研究、详细研究、分析报告与评价等多个阶段，每个阶段研究的粗细程度不一，其耗费的时间和资金也就有所差别。可行性研究的基础是进行有效的市场分析和预测，充分了解市场需求、基本情况及发展趋势，这也是做好后续的财务分析及社会评价的前提。完成以上可行性研究工作后，我们还需要编制可行性研究报告，对所研究的内容和得到的结论进行整理分析，最终得出具有完整性过程及结论性评价的书面报告。

8.1.2 可行性研究的阶段划分

根据联合国工业发展组织编写的《工业可行性研究编制手册》，可行性研究工作可划分为四个阶段，即机会研究、初步可行性研究、详细可行性研究和项目评价与决策。

1. 机会研究

机会研究又称机会鉴定，它是在可行性研究的最初阶段，根据市场供需、政策规定等情况对拟建项目所进行的粗略估计，为项目投资者寻求可行的投资方向，寻求最有利的投资机会。机会研究的一般方法是从经济、技术、社会及自然情况等大的方面发生的变化中发掘潜在的发展机会，通过创造性的思维提出项目设想。

机会研究致力于研究项目的潜在实力及发展前景，相当于我国的项目建议书阶段，国内尚没有采取这种形式。项目建议书的核心内容和主要目标就是机会研究。由于前期判断存在一定的主观性及不确定性，因此，其研究范围一般较广，研究程度浅显且粗略。相对来说，机会研究要求花费的时间和资金也是最少的。一般来说，机会研究的基础数据估算精度为 30%，研究费用占项目总投资的 0.2%～1%，研究时长一般为 1～2 个月。

2. 初步可行性研究

初步可行性研究又称为预可行性研究。初步可行性研究是以机会研究为基础，对机会研究所提出项目设想的技术、经济条件进行进一步论证，从技术、经济、市场需求等方面全面综合分析项目的经济性，从而评估项目的可行性。

初步可行性研究的主要任务是对选定的投资项目做市场分析，进行初步技术经济评价，做出投资决定，并确定是否需要进行更深入的研究，最后判断项目的盈利能力和生存能力。

初步可行性研究位于机会研究与详细可行性研究之间，相较于机会研究，初步可行性研究所获得的资料更为详细。一般来说，初步可行性研究的基础数据估算精度为

20%，研究费用占项目总投资的 0.25%～1.5%，研究时长一般为 4～6 个月。

3. 详细可行性研究

详细可行性研究又称最终可行性研究，是项目前期研究的关键性环节，为实施项目及建成后的经济运行提供科学依据。这一阶段的主要任务是对项目的市场需求、技术要求、资金方案等各方面的可行性问题，通过收集系统、准确的相关资料，结合实际调研情况，进行全方位、系统的分析和论证，并进行多方案比较。

详细可行性研究的主要目的是对各种可能的方案进行深入研究，进行更深层次的技术经济分析，推荐多个可行方案；对各方案的经济效益及国民经济效益进行分析和评价，确定最佳方案；确定方案选择的技术和经济标准，对项目提出结论性意见。

一般来说，详细可行性研究的基础数据估算精度为 10%，中小型项目的研究费用占项目总投资的 1%～3%，研究时长一般为 4～6 个月；大型项目的研究费用占项目总投资的 0.8%～1%，研究时长一般为 8～12 个月。

4. 项目评价与决策

项目评价与决策是项目可行性研究的最终环节，它是根据详细可行性研究的内容和结论，对项目的市场情况、目标客户群、技术要求、资金方案、投资回报、社会影响及发展趋势等进行综合全面的评价，并在所有可行方案中，选出经济性最优、国民经济效益最好的一个方案，给出项目评选的最终决策及结论性意见。

8.1.3 可行性研究的内容

可行性研究常从其必要性、市场需求及规模、技术要求、项目选址、投资估算、资金筹措、项目计划与资金规划、财务分析、国民经济评价及不确定性分析等方面进行综合分析，其主要内容如下。

（1）必要性。项目的必要性是项目能否实施的基础，只有在规划项目符合该地区的相应需求，对地方的居民生活、经济发展有促进作用的前提下，项目才有进一步实施的可能。因此，研究项目必要性是可行性研究的前提内容。必要性研究主要从地方经济发展的需要和企业发展的战略角度出发，对项目的必要性及适时性进行综合考量，并确定项目的合理投资时机。对必要性的研究一般可通过市场调查的方法来完成。

（2）市场需求及规模。市场需求量是考察项目是否可以盈利的一项重要指标。通过对地区目标消费者的市场调查，确定消费者的消费意愿、主观要求及期望价格，可以有效收集项目的市场信息，从而制订更符合地区需求的产品定位。通过需求调查，可以确定项目的规模及年产量，为制订资金计划提供有效信息，能很好地规避盲目投资所带来的后续问题。

（3）技术要求。可行性研究需要对规划项目所需的技术方案进行详细研究，对技术的经济性与合理性做出比选和决策，选择成本低、性能优的最佳技术方案。对于技术难度及风险较大的项目，应慎重考量其可行性，再做出合理决策。

（4）项目选址。根据项目的市场定位及产品定位，确定项目的目标客户群、产品原料来源，综合考虑客户群位置、原料来源、项目周边环境、配套设施、交通条件及区域未来规划等因素，确定最有利于项目经营及未来发展的地理位置。例如，由于近年来城市地价急速上升，因此在综合考量以上因素的同时，也要评估其经济合理性，选择性价比相对最高的地块。同样，公共基础设施的建设也会有项目选址问题。

（5）投资估算。在项目的可行性研究阶段运用概算指标估算法、指数估算法、系数估算法等方法，对建设期各阶段的资金投入进行全面估算，包括对拟建项目固定资产投资、流动资金和项目建设期贷款利息的估算。

（6）资金筹措。研究各种可能的资金来源，如资本金、银行贷款、发行债券等。计算各来源资金的使用成本，确定合理的资金筹措结构。在满足资金要求的情况下，优选使用成本最低的方案，编制资金筹措计划。

（7）项目计划与资金规划。根据项目的组成、工程量、实施难度等实际情况，安排项目的实施计划。同时，根据工程量等因素确定各阶段所需的资金数额，对资金的筹措进度进行具体规划，保证每阶段资金按时到位。

（8）财务分析。用现行的市场价格，对项目运营后可能出现的财务状况及项目的财务效果进行科学的分析、测算和评价，预测项目的盈利能力、营运能力、偿债能力和增长能力，对项目的财务可行性及生存能力做出合理判断。

（9）国民经济评价。从国民经济宏观角度，用影子价格、影子汇率、影子工资和社会折现率等经济参数，考察项目的效益和费用，计算并分析项目需要国家付出的经济代价和项目对国家的经济贡献，判断项目投资的经济合理性和宏观可行性。

（10）不确定性分析。用盈亏平衡分析、敏感性分析、概率分析等方法，对生产、经营过程中各种事前无法控制的外部因素变化与影响进行估计和研究，计算各因素发生的概率及对决策方案的影响，同时测算项目的风险程度，为方案决策提供依据。

8.2　市场分析与预测方法

广义的市场分析是指通过市场调查和市场预测的方法，对项目的市场经济环境、总体趋势、政策影响、市场供求及竞争等进行分析，从而判断项目的市场潜力和市场价值，以便制订更好的市场策略。狭义的市场分析仅指利用市场调查的方法收集相关信息，对市场及产品的发展进行分析。本节主要介绍的是狭义的市场分析方法，即市场调查方法。

市场分析的重点是了解产品的市场需求、目标客户群、竞争性产品相关信息，预测产品的发展前景，制订有竞争力的产品方案及发展规划。产品的市场需求是项目必要性的基础，也是解决项目必要性问题的关键。项目的产品定位、生产规模及可能被市场所接受的价格等信息，也都来自市场分析。因此，市场分析是项目可行性研究中最重要的部分，是项目可行性研究的第一步，也是后续工作的基础。

8.2.1　市场分析方法

1. 市场分析的内容

市场分析包括市场经济分析、市场总体趋势分析、市场政策影响分析、市场供求分析、产品分析、消费者行为分析、竞争分析七个方面的内容。

（1）市场经济分析。市场经济分析可从宏观经济分析和区域经济分析两方面入手。宏观经济是指宏观层面的国民经济总体及其经济活动和运行状态。在进行宏观经济分析时，我们可把常规研究和专题研究结合起来，进行定期分析和不定期分析。定期分析要求企业把各种宏观经济及区域经济分析成果收集起来，对其进行研究并把它当作定期进行的程序化工作。不定期分析则是对宏观经济生活中无法解析和预测的重要事件进行不定期、多方合作、非程序化的研究。

区域经济是指分布于各个行政区的部分国民经济的经济活动和运行状态。人类的经济活动在区域之间的差异和联系便构成了区域经济分析所研究的基本要素。区域经济分析的研究方法不仅是定性分析，更重要的是定量分析。其主要方法有系统分析法、综合调查法、比较分析法、数量分析法等。

（2）市场总体趋势分析。在对项目市场进行分析的过程中，总体趋势分析是很关键的一个步骤。把握总体趋势，就能把握市场变化的大方向。在研究市场总体趋势时，我们可结合市场价格和事件表现出来的市场运行及经济环境状况，采用指数分析法、景气分析法、区位商法、投入产出法、价格及销量分析法等方法，对市场的整体趋势进行分析，从而把控市场的未来走向，制定出合理的决策及方案。

（3）市场政策影响分析。国家及地方政策往往对市场有着较大的影响。因此，关注和分析政策是市场分析的重要工作，然而政策分析很难归纳出一套方法或操作流程。市场的主体是多元的，它们往往有着不同的价值观及利益目标，因而其政策目标及方向也不尽相同。研究和分析政策影响时，我们要尽可能多地收集、整理、筛选出大量的政策信息，可以从政策目标的号召力、影响市场行情的程度、可操作的程度、影响的部位、实施影响的手段及传播影响的途径等方面入手，主要考虑政策目标、政策手段、政策部位、政策效果、政策实施主体及政策决策主体等。

（4）市场供求分析。在进行市场供求分析之前，我们首先要进行市场细分。市场细分通常包括两方面的内容：一是对产品的细分，分别根据产品的用途、特点、性能等对市场供给的产品进行分类；二是对需求方的细分，根据消费者的特性把消费者分为具有各种共同特征或消费偏好的不同组别。

进行市场细分的目的是寻找某类子市场与某组消费者之间的配合关系，进而对子市场的供求数量进行分析。对子市场的供给和需求进行分类，对供给量和需求量进行对比，差额便是供求缺口，其中的关键是找到供给与需求规律性的关系。

（5）产品分析。产品分析是指在市场供求分析后，对方案产品的功能特性及生命周期进行的全方位分析，旨在了解产品的生存优势、不利因素及投产时所处的阶段，寻找其核心竞争力及进入市场的最佳时机，判断产品在市场上的生存空间及发展趋势，便于产品方案的选择与优化。

（6）消费者行为分析。消费者偏好引导着产品市场的走向，消费者需求决定了产品规模及生存空间。因此，了解消费者行为是对产品市场进行分析的关键步骤。消费者行为分析主要是通过调查消费者的购买类型、兴趣偏好、行为动机等，分析消费者对产品的功能及数量的需求，判断产品的生存周期，从而优化产品方案及投资计划，提高项目的生存能力及经济效益。

（7）竞争分析。竞争产品的功能特性、价格定位及市场需求为产品方案的制订提供了有效参考。了解竞争产品的基本信息及竞争企业的相关策略，对企业了解市场情况、优化产品信息、规避不必要风险是十分有益的。因此，竞争分析也是市场分析的主要内容之一。

竞争分析主要分为竞争力分析、竞争环境分析及竞争战略选择三部分的内容。竞争力分析主要是指分析产品对外部影响的应变能力，通常从产业结构的角度考虑产品在行业内的竞争力，可利用波特五力模型进行分析。竞争环境分析主要是指分析企业的内外环境，常常采用简单实用的SWOT分析法。外部环境分析包括机会（Opportunities）分析与威胁（Threats）分析，内部环境分析包括优势（Strengths）分析和劣势（Weaknesses）分析。竞争战略选择主要分为成本领先战略、差异化战略和目标聚集战略。成本领先战略主攻价格优势，通常以低价取胜；差异化战略一般注重产品的某一特性，吸引目标群体；目标聚集战略注重创新，快速区别其他竞争产品。企业可根据自身特点及产品优势选择适合的竞争战略。

2. 市场调查

（1）市场调查的基本内容。市场调查是市场分析的主要任务，是获取市场信息及方案决策的关键步骤。市场调查的基本内容可以分为对象调查、需求调查及竞争调查三方面。

① 对象调查即产品或项目需求者的调查，主要在于了解产品所面向的消费群体，以及目标消费群体的消费偏好，主要服务于项目的客户定位。了解产品的目标对象有利于产品方案的制定，同时为了解市场需求及规划生产规模提供了有效依据。

② 需求调查是对产品或项目市场需求量、需求品种及需求质量的调查，主要是为项目或产品定位收集相关信息。市场需求量决定了项目的必要性及生产规模，品种及质量的需求是产品定位的关键信息。因此，做好需求调查及分析是项目顺利开展的关键前提。

③ 竞争调查是对产品或项目的市场价格及竞争产品进行全方位的调查，主要是为了便于企业更全面地了解产品价格趋势、竞争产品的特点及竞争对手的策略等。掌握竞争者信息，有利于企业制定应对方案，提高产品在市场上的核心竞争力，促进其更长远的发展。

（2）市场调查的程序。市场调查的程序主要可以分为调查准备、调查实施及结果分析三个阶段。

① 调查准备阶段主要是明确调查目标、确定调查对象和范围、选择调查方法、制订调查计划、设计调查问卷等。调查准备阶段属于调查工作的前期阶段，主要任务是制订完备的计划并做好准备工作，便于后续阶段工作高效、高质量地实施。

② 调查实施阶段主要是收集已有情报数据及实际情况数据。已有情报数据是指资料库中已经统计好的现有数据，可通过查阅政府统计部门公布的统计资料、已出版的资

料汇编及调研报告、年鉴、各类图书等获得。实际情况数据是指在现有条件下，还未收集或统计过的数据，需要我们通过发放问卷、实地走访、调查记录等方式获取相关信息。

③ 结果分析阶段是对收集到的数据进行整理、分析、筛选，并对有效数据进行处理，通过综合分析完成调查报告，对需要进行预测的部分进行预测，描述市场分析的结论，对其进行论据充足、观点明确且客观的说明和解释，并提出结论性意见。

（3）市场调查的方法。市场调查的方法可分为资料分析法、直接调查法两大类。

资料分析法是对既有的资料和数据进行整理分析，来确定市场动态和发展趋向的方法。资料分析法也称文案调查法，是指通过收集历史资料和现实动态资料（即二手资料），筛选出与调查内容相关的信息，并对调查内容进行分析的方法。资料分析法的资料来源可分为内部资料和外部资料两大类。内部资料主要是指来源于企业内部的各种相关信息资料，如合同、生产报告、财务账目等；外部资料是指来自企业外部的相关信息资料，如政府文件、新闻媒体资料、数据库资料等。

资料分析法的优点是获取信息方便，程序简单，成本较低，且不受时空限制，信息相对可靠准确；其缺点是信息不具有时效性，资料可能存在遗漏，很难收集到所需要的全部文献资料，且对调查人员的专业知识水平要求较高。

直接调查法是指通过一定的形式直接观察被调查者或向被调查者提问，从而获取一手资料及数据的方式。直接调查法分为访问法、观察法、实验法等。

① 访问法。访问法是指访问者通过口头或书面的方式对被访问者进行提问，从而获取目标信息的调查方式。访问法可分为面谈访问、邮寄访问、电话访问、留置访问及网络访问等。目前市面上比较常见的访问方式为电话访问、留置访问及网络访问。

电话访问是指以电话交谈的形式采访被访问者，从而获取有效信息的方式。以该方式获取信息的速度较快，具有较大的灵活性，且成本较低；但是该方法不容易取得被访问者的合作，且调查时间较短，信息量相对较少。留置访问是指向被调查者当面发放问卷，让其按说明填写并按期回收问卷的方式，也存在现场填写并收回的形式。该方式能够让被调查者有充分的时间考虑问题，获取的信息较为准确；但是该方式的后期整理时间较长、程序繁杂。网络访问是指通过网络问卷的形式，将问卷发布到互联网上收集信息的方式。该方式的优点是调查范围较大、成本低、周期短、时效性高，且形式丰富；但该方式问卷回收率较低，且信息的有效性不高，数据缺乏可靠性。

② 观察法。观察法是指观察者利用现场观察或仪器观察等方法，记录被观察者的行为和语言，从而获取调查信息的方式。观察法具有直接、客观和全面的特点，直接获取被观察者的行为特征，没有对被观察者进行任何干预，且能有效提取调查者所需要的全部信息。

根据观察的形式，可将观察法分为直接观察法和间接观察法两类。直接观察法是指调查者直接深入调查现场，对正在发生的市场行为和状况进行观察和记录的方式。直接观察法又可以分为参与性观察、非参与性观察和跟踪观察三种方式。间接观察法是指对被调查者采用各种间接观察的手段进行观察，并记录有效信息的方式。间接观察法又可分为痕迹观察、仪器观察和遥感观察三种方式。

观察法的优点是直观可靠且简便易行，还能克服语言障碍带来的困扰。但是观察法耗费的时间较长，花费的费用较高，且只能观察到表面信息，无法深入探究，易受观察者的主观因素影响，因此，对观察者的基本素质要求较高。

③ 实验法。实验法又称实验观察法，是指将调查对象放置在一定条件下进行实验，通过观察分析获取调查资料的方法。实验法按照组织方式的不同可分为单一组实验和对照组实验。单一组实验也叫连续实验，是指对单一的实验对象在不同时间段进行前后监测，观察其结果变化的一种实验方法。对照组实验则是指对两个或两个以上的实验对象同时观测，并进行横向和竖向比较的实验方法。

实验法的优点是结果具有客观性及实用性，可以进行实验控制，且实验结果说服力较强；但是实验法时间长、费用高，在应用上具有一定的局限性，且具有一定的时间限制，实验结果往往会有误差。实验法常应用于产品测试、价格测试及销售测试等方面。

在现实生活中，资料分析法和访问法是我们较为常用的两类调查方法，可应用领域和范围较广，适用于信息量较大且影响因素较多的调查对象；观察法中观察者不参与被观察者行为，适用于收集相对客观、消费者主观意愿不影响调查结果的调查数据；而实验法的应用较为局限，通常应用于需要类比、影响因素较为单一的调查对象。

8.2.2 市场预测方法

市场预测是在市场调查研究的基础上，根据市场的历史发展和当前形势，利用经验及科学的预测方法，对市场未来的发展趋势和主要方向进行分析、测算和预估，得出符合市场变化规律的结论，为项目决策提供科学依据的过程。

市场预测是制定项目决策和战略的主要依据，根据科学的测算和分析，总结了市场变化及影响供求关系的一些基本因素。市场预测包含四个要素，即信息、方法、分析和判断。信息主要是指市场预测的主要内容和数据，包含市场的政策导向、供求关系、技术要求和资源供给等多方面内容。方法主要是指在市场预测过程中所运用的一些技术方法，包括定性预测法、时间序列分析预测法及回归分析预测法。分析和判断则是对运用以上方法预测出来的数据进行处理和分析，对其结果做进一步的判断，最后得出结论性的意见。

1. 市场预测的内容

影响产品或项目生存发展的因素是多种多样的，市场预测的内容也就十分广泛。从宏观角度来说，产品或项目的市场供需关系、市场饱和度及相关政策环境是我们应该关注的主要问题；从微观角度来看，产品的性能、价格、寿命周期及企业的财务经营能力也是影响产品发展的关键因素。因此，市场预测的具体内容包含市场供需预测、产品寿命周期预测、技术发展趋势预测、企业生产经营能力预测及市场环境预测五个方面。

（1）市场供需预测。市场供需预测包含了市场供给预测和市场需求预测两部分的内容。市场供给是指在一定时期内，企业可以投放市场进行销售的商品资源。市场需求是指在一定时期内，在特定区域及营销环境下，消费者愿意购买目标产品的总数量。

市场供给预测是对未来一定时期内进入市场的商品总量及各具体商品的市场可供给

量变化趋势的预测。在市场供给预测的过程中，我们要充分了解历年及现阶段产品的供应量、销量、价格、成本、技术水平等信息，进而测算出商品的资源量、适应市场需求的程度及其发展趋势。此外，在市场供给预测中，还应注意关联性商品的变化和新产品的供需分析。

市场需求往往受到人口、收入、价格、政策等多因素的影响，因此市场预测也主要从这些方面入手，其内容主要包括对人口趋势、社会购买力趋势、商品需求结构、商品价格、消费者需求偏好、内需与外需结构等进行的预测。

（2）产品寿命周期预测。产品的寿命周期是指产品从进入市场到被市场淘汰的全部过程。其具体阶段包括引入期、成长期、成熟期和衰退期。引入期是指产品从设计生产到投入市场进行测试的阶段，这一阶段的产品还未定型，知名度及客户群较小，因此常采用促销的方式来扩大市场。成长期是指试销后成功打开市场的阶段，成长期产品的需求量和销量迅速上升，容易吸引竞争者加入市场。成熟期是指产品在经历成长期后，需求量及销量趋于稳定的阶段，该阶段市场逐渐饱和，但竞争日益激烈。衰退期是指产品逐步被市场淘汰的阶段，随科学技术的发展，产品快速更新换代以适应消费者的需求，本阶段产品的销量急剧下滑，生产商逐步停止生产。

对产品的寿命周期进行预测，可以合理测算产品的偿债周期及盈利周期，分析产品的盈利能力，便于企业制订正确的经营决策和资金计划，优选产品方案，规避不必要的投资风险。在后期销售阶段，可根据预测结果及时调整营销方案，避免产品的积压和滞销。

（3）技术发展趋势预测。技术发展趋势预测是对该产品领域科技的未来发展方向及其未来可能对社会产生的影响进行预测。产品的更新换代离不开科技的支持，科技的发展紧密影响着社会生产力和消费者需求。密切关注科技的进步和更新，有利于企业及时掌握最新生产技术，了解消费者新的偏好和需求，便于制定和调整产品方案。

（4）企业生产经营能力预测。企业生产经营的基本要素为人力、物力和财力，而企业的生产经营能力是指在一定时期内，通过一定的生产技术和组织条件，在保证直接参与生产的生产设备、劳动手段、人力资源和其他服务条件的前提下，企业能够生产各类产品的产量或加工处理原材料的能力。

企业的生产经营能力直接影响着企业的盈利能力，生产经营能力越强，其平均成本越低，产量越高，盈利能力越好。因此，预测企业的生产经营能力，可以便于企业直接判断项目未来的生存状况及发展趋势。

（5）市场环境预测。产品的生存受政治、经济、文化等多方面因素的影响，因此，产品的市场环境是影响产品发展的关键。市场环境通常包括市场政治环境、市场经济环境和市场文化环境三方面的内容。

市场政治环境是指市场活动的外部政治形势、法律政策及其变化。政治环境的变化往往会对市场活动产生较大范围的宏观影响，它决定着整体市场活动的基本发展方向。政策的导向往往引导着市场未来的发展方向，紧密关注市场政治环境的变化，有利于企业规避风险，营造健康的生存环境。

市场经济环境是指市场活动的外部社会经济条件，包括消费者行为、消费水平、消费结构、经济发展水平及行业发展状况等多方面的内容。市场经济环境往往决定着产品的生存能力及发展水平，经济环境越好，需求量越高，产品销量的走向就越好。

市场文化环境是指产品所在地区的文化氛围和民俗风情，通常代表着该地区消费者的价值需求和行为导向。充分了解市场的文化环境，有利于企业制定正确的产品定位，生产符合消费者偏好的产品，提高产品的生存能力和竞争能力。

2. 市场预测的方法

市场预测的方法可分为定性和定量两大类。定性方法是指以市场调查为基础，依靠个人经验和主观判断进行预测的方法，包括专家预测法、调研判断预测法、主观概率法；定量方法则是指以统计资料为基础，运用数学工具进行分析计算的预测方法，包括时间序列分析预测法和回归分析预测法。

（1）专家预测法。专家预测法是指向有关专家提供一定的背景资料，使其按照知识储备和过往经验，对市场未来的发展趋势做出判断和预估的方法。专家预测法可以分为专家会议预测法、头脑风暴法和德尔菲法三种。

① 专家会议预测法是召集专家通过会议进行集体的分析和判断，将专家们的意见综合整理分析，最终得出一致性结论的方法。专家会议预测法经过众多专家的集中讨论，可以避免个人判断的不足，缩小结论的局限性和不可靠性。但是，专家会议预测法容易受到专家个人主观情感、情绪及知识能力的影响，其结论还是存在一定的主观性。

② 头脑风暴法是指将相关人员召集起来，通过营造轻松愉悦的氛围，激励大家充分发挥想象力，各抒己见，畅所欲言，从而得到问题的各种解决方案的方法。头脑风暴法的优点是讨论者不受约束，思维发散，容易碰撞出新的想法，且容易产生高质量的方案；但是该方法容易受权威专家左右，且氛围及话题范围不好控制，对主持人的素质能力要求较高。

③ 德尔菲法是在专家会议预测法的基础上发展起来的一种定性预测法。它是通过函询的调查方式向专家提出相关问题，并将答案整理分析，然后匿名反馈给专家再次征求意见，加以归纳、分析和总结，最后得出预测结论的一种方式。相较于传统的专家会议预测法，德尔菲法具有匿名性、反馈性和数理性的特点。它克服了专家个人预测的局限性和专家会议预测容易受到心理因素干扰的缺点，借助统计归纳的方法，使得专家意见逐渐趋于一致，保证了结果的相对可靠性。

（2）时间序列分析预测法。时间序列分析预测法是市场预测中经常采用的一种定量预测法，它是将某一经济变量的实际观察值，按时间先后次序排列成一序列，并根据时间序列所反映的经济现象的发展过程、方向和趋势，应用某种数学方法建立模型，使其外推或延伸，从而预测该经济变量的未来发展变化趋势和变化规律的一种预测技术。时间序列分析预测法可分为简易平均预测法、移动平均预测法、指数平滑预测法和季节指数预测法。

简易平均预测法是最简单的数学方法，适用于波动不明显而又受随机波动影响小的时间序列的预测。移动平均预测法是在简易平均预测法的基础上改进的，其特点是重视近期数据，描述新趋势变化的能力很强，有较好的预测效果。指数平滑预测法是一种特殊的加权移动平均法，它具有连续运用、不需要保存历史数据、计算简易等优点。季节指数预测法是以市场季节性周期为特征，计算反映在时间序列资料上呈现明显的有规律季节变动系数，达到预测目的的一种方法，适用于以季节的循环周期为特征的时间序列的预测。

（3）回归分析预测法。回归分析预测法是指从经济现象的因果关系出发，在分析因变量与自变量之间的相互关系的基础上，建立变量间的回归方程，并进行参数估计和显著性检验后，运用回归方程式预测因变量数值变化，揭示经济现象与其他因素之间的数量依存关系，推测经济现象变化的一种定量预测法。回归分析预测法可分为一元线性回归分析预测法、多元线性回归分析预测法、非线性回归预测法和虚拟变量回归分析预测法。

一元线性回归分析预测法是分析一个因变量与一个自变量之间的线性关系的预测方法，适用于只考虑事物的一个影响因素的预测对象。多元线性回归分析预测法是指通过对两个或两个以上的自变量与一个因变量的相关分析，建立预测模型进行预测的方法，与一元线性回归分析预测法的原理基本相同，但计算更复杂。非线性回归预测法适用于变量之间是非线性关系的预测对象，可通过变量代换将非线性回归转化成线性回归。虚拟变量回归分析预测法适用于变量中含有品质变量的预测对象，品质变量通常是指性别、文化程度、职业、自然灾害等一些很难量化的变量。

以上便是市场预测常用的三类方法，我们在进行市场预测的过程中，可根据对象的不同情况选择相应的预测方法。每一类方法中的具体方法和技术可参阅有关文献。

3. 市场预测的特点

正确认识市场预测是我们开展预测工作的前提条件，全面客观的市场预测是产品或项目开发成功的保证。但是在市场预测的过程中，既不可以盲目依赖预测及其结果，也不要全盘否定预测的作用。从上述几种方法的简单介绍，我们基本可以看出市场预测的主要特点。

（1）预见性与不确定性。市场预测是通过对历史及现有资料的分析对比，对未来某一时间段内的市场发展趋势进行预估，提供预测对象的未来信息，为科学决策提供依据。因此，市场预测具有一定的预见性。但是，市场预测仅仅是对未来的一种预估，并不是精确地测算，因而其结果也存在着一定的不确定性。

（2）可测性。通过上述方法可以看出，预测对象的所有影响因素都是可测度的、可量化的、可分解的。即使是品质变量，也要通过打分、编码等形式将其量化来进一步处理分析。因此，市场预测的结果往往都是由其影响因素指标量化表达的，这体现了市场预测的可测性。

（3）时间性。市场预测的对象都是在一定的时空中发生与变化的，因此，市场预测一般建立在变量随时间的变化而变化的基础上，其主要研究预测对象在未来发展中伴随时间的一种趋势。从中可以看出，市场预测的过程中往往会将时间作为变量之一，也就是说市场预测具有时间性的特点。

（4）近似性。市场预测通常是通过整理分析相关历史资料，利用特定的数学方法建立模型，对历史数据进行拟合处理，从而找出变量随时间变化的规律，预测在未来时点的近似值。但预测对象的未来发展环境十分复杂，影响因素众多，个别预测方法主观性较强。因此，市场预测的结果无法做到精确测算，具有近似性。

值得提及的是，随着新兴技术的发展，基于大数据、AI 和 BIM 及相关空间信息技术的发展，工程经济学的市场分析方法和市场预测方法也在创新。这些新方法和新工具的应用使市场分析和预测逐步准确和精确。例如，采用大数据和 AI 技术的市场分析与预测、大型项目的空间经济性分析和预测。新方法和新工具的应用有助于提升工程项目可行性研究工作的科学性和预测的精准性。

8.3 可行性研究报告的编制

可行性研究报告是可行性研究工作的最终成果，是以书面的形式对可行性研究进行总结并提出结论性建议。可行性研究报告是企业判断项目是否可行的决策性依据，也是对外报批、合作的关键性文件。可行性研究报告可以用于企业融资和对外招商合作、国家发展改革委立项审批、银行贷款、申请进口设备免税、境外投资项目核准等。2002年，国家发展计划委员会发布的《投资项目可行性研究指南（试用版）》，对可行性研究报告的编制依据、步骤及结构内容做出了要求。

8.3.1 可行性研究报告的编制依据

1. 项目建议书（或初步可行性研究报告）及其批复文件

项目建议书是企业就某一具体新建、扩建项目提出的项目建议文件，是项目可行性研究工作开展前的重要依据。有关部门在收到项目建议书后，应对其进行批复并反馈给筹建单位，其批复的内容一般为项目的立项提供了可靠的参考依据。

2. 国家或地方的经济和社会发展规划，行业部门发展规划

不同的项目由于其地理位置和资源条件不同，其发展的方向和战略各有侧重。根据国家或地方的发展规划文件进行可行性研究报告的编制，能够充分了解项目行业领域的宏观规划路线，规避不必要的风险。国家或地方的发展规划文件包含国家资源报告、国土开发整治规划、工业基地规划、区域发展规划、江河流域开发治理规划、铁路公路路网规划、电力电网规划等。

3. 国家有关法律法规、政策

项目的实施和发展总是以国家的政策导向为背景，其运行的过程中又离不开相关法律法规的制约。因此，紧密关注国家政策及规划的变化，了解法律法规的相关规定，以其作为编制可行性研究报告的依据，可以有效避免项目的政治风险。主要的法律法规包括《中华人民共和国土地管理法》《中华人民共和国民法典》等。

4. 国家矿产储量委员会批准的矿产储量报告及矿产勘探最终报告

通过查阅我国矿产储量报告及矿产勘探最终报告，可以充分了解我国当前的矿产储量及其分布情况,是矿产类产业或与其相关产业编制可行性研究报告的重要依据。

5. 有关机构发布的工程建设方面的标准、规范、定额

工程建设的标准和规范是项目建设实施的指导性文件,工程定额又是核算项目造价、确定项目投资的基本规范文件。因此,工程建设的标准、规范和定额是研究项目技术可行性及经济可行性的主要依据。

6. 中外合资、合作项目各方签订的协议书或意向书

对于中外合资、合作项目来说,由于合作双方国家的法律政策不同,在合作中往往会遇到一些有分歧的地方,而这种分歧一般都会在协议书中有明确规定。因此,我们在研究项目的可行性并编制报告的过程中,要以协议书或意向书为依据,要仔细研读其中的内容,分析风险条款,做出准确判断。

7. 编制可行性研究报告的委托合同

在可行性研究报告的委托合同中,一般会明确指出可行性研究报告的编制内容、要求及其他规定,它既是编制可行性研究报告的依据,也是指导性文件。因此,我们在编制报告时要仔细阅读合同的内容,对其中的每项要求了然于心,避免后期的分歧和矛盾。

8. 其他有关资料

除了以上依据,根据不同项目的特点和用途,可行性研究报告的编制还有可能参考试验试制报告、自然地理资料、气象资料及其他参数指标等有关文件,具体要依据项目的内容而定。

8.3.2 可行性研究报告的编制步骤

1. 签订委托协议

可行性研究报告一般由建设单位委托专业机构进行编制,委托方对项目的基本情况向专业机构进行交底,双方就项目的内容、编制的范围、要求、时间、费用等进行商议并达成共识,签订可行性研究报告委托协议。

2. 组建工作小组

签订委托协议后,编制单位就项目可行性研究的具体工作成立工作小组,对研究工作的内容、范围、工作量及任务进行确认和分工。依照分工可成立组内的专业小组,各小组协调配合,共同完成可行性研究工作。

3. 制订工作计划

工作小组建立后,根据各组的工作任务,各自制订相关的工作计划,对工作的内容、重点、程序、进度、资金及人员进行安排,并与委托单位进行商议,确定最终的工作计划。

4. 调查研究，收集资料

根据项目的基本情况，确定可行性研究工作中所需要的信息数据，并按照前文中所介绍的市场调查的方法与特点，选择适宜的方法并收集资料。通过市场调查与资料分析，充分了解项目的客户需求、发展趋势及竞争者状态。

5. 编制与优化方案

通过市场调查了解项目的目标群体、市场需求及发展趋势后，委托单位可根据上述信息对项目的设计方案、技术方案、资金方案及营销方案等进行研究和判断，分析其中利弊，优选并优化项目方案，给出方案建议。

6. 项目评价

选出最优方案后，编制单位对该方案的设计内容、技术要求、资金筹措计划、盈利能力、生存能力及社会影响力等做进一步研究，对方案的优劣进行评价，分析项目的可行性，最终得出结论性建议。

7. 编制可行性研究报告

在完成上述工作后，编制单位应根据先前所完成的工作内容，各组分工协作，按照协议书的要求，合理、完整地编制可行性研究报告，对项目的各方面情况做出书面性的总结，并反馈给委托单位。

8. 交换意见

编制单位将报告上交给委托单位的同时，应对报告的内容及其他问题进行说明。委托单位收到可行性研究报告后，要及时验收检查，对于报告中不清楚的问题，双方相互协商，交换意见。编制单位对报告及时修改完善后，提交最终的可行性研究报告。

8.3.3 可行性研究报告的格式及内容

一份完整的可行性研究报告，应包括概述、项目建设背景和必要性、项目需求分析与产出方案、项目选址与要素保障、项目建设方案、项目运营方案、项目投融资与财务方案、项目影响效果分析、项目风险管控等方面的内容。其具体的格式、内容如表 8-1 所示。

表 8-1　可行性研究报告内容

1. 概述	1.1 项目概况	拟建项目的建设地点、建设内容和规模、总体布局、主要产出、总投资和资金来源、主要技术经济指标等内容
	1.2 项目单位概况	是对项目单位基本信息的阐述
	1.3 编制依据	拟建项目取得相关前置性审批要件、主要标准规范及专题研究成果等情况
	1.4 主要结论和建议	简述可行性研究的主要结论和建议

续表

2. 项目建设背景和必要性	2.1 项目建设背景		主要简述项目提出背景、前期工作进展等情况,便于项目决策机构掌握项目来源、工作基础和需要解决的重要问题等
	2.2 规划政策符合性		从扩大内需、共同富裕、乡村振兴、科技创新、节能减排、碳达峰碳中和、国家安全、基本公共服务保障等重大政策目标层面进行分析
	2.3 项目建设的必要性		从宏观、中观和微观层面展开分析,研究项目建设的理由和依据
3. 项目需求分析与产出方案	3.1 需求分析		根据经济社会发展规划、国家和地方标准规范,分析需求现状和未来预期等情况,研究提出拟建项目近期和远期目标、产品或服务的需求总量及结构
	3.2 建设内容和规模		阐述拟建项目总体目标及分阶段目标,提出拟建项目建设内容和规模,明确项目产品方案或服务方案及其质量要求,并评价项目建设内容、规模及产品方案的合理性
4. 项目选址与要素保障	4.1 项目选址选线		从规划条件、技术条件、经济条件和资源节约集约利用等方面,对拟定的备选场址方案或线路方案进行比较和择优
	4.2 项目建设条件		拟建项目所在地的自然环境、交通运输、公用工程等支撑项目建设的外部因素
	4.3 要素保障分析		包括土地要素保障,以及水资源、能耗、碳排放强度和污染减排指标控制要求及保障能力等
5. 项目建设方案	5.1 技术方案		包括核心技术方案和核心技术指标,并对专利或关键核心技术的获取方式可靠性、知识产权保护情况、技术标准和自主可控性加以分析
	5.2 设备方案		包括主要设备(含软件)的规格、数量、性能参数、价格、来源、技术匹配性、可靠性和对工程方案的设计技术需求
	5.3 工程方案		从土地利用、地上地下空间综合利用、人民防空工程、抗震设防、防洪防灾、消防应急要求及绿色和韧性工程角度,对拟定的工程项目方案进行比选和择优,并明确工程项目的建设标准、总体布置、主要建(构)筑物和系统设计方案、外部运输方案、公用工程方案及其他配套设施方案
	5.4 用地用海征收补偿(安置)方案		依据有关法律法规,提出征收范围、土地现状、征收目的、补偿方式和标准、安置对象、安置方式、社会保障、补偿(安置)费用等内容
	5.5 数字化方案		包括技术、设备、工程、建设管理和运维、网络与数据安全保障等方面内容在内的拟建项目数字化应用方案
	5.6 建设管理方案		提出项目建设组织模式和机构设置,根据项目实际提出拟实施的以工代赈建设任务,提出项目建设工期、拟建项目招标方案及拟采用的建设管理模式

续表

6. 项目运营方案	6.1 运营模式选择	政府投资项目要评价市场化运营的可行性和干系人的可接受性，企业投资项目要确定"生产经营方案"，突出运营有效性
	6.2 运营组织方案	研究项目组织机构设置方案、人力资源配置方案、员工培训需求及计划，提出项目在合规管理、治理体系优化和信息披露等方面的措施
	6.3 绩效管理方案	制定项目全生命周期关键绩效指标和绩效管理机制，提出项目主要投入产出效率、直接效果、外部影响和可持续性等绩效管理要求
	6.4 安全保障方案	牢固树立安全发展理念，明确安全生产责任和应急管理要求，强化运营单位主体责任，落实政府监管要求
7. 项目投融资与财务方案	7.1 投资估算	准确度要求在 ±10% 以内，充分考虑项目周期内有关影响和风险管理的费用安排，如环境保护与治理、社会风险防范与管控、节能与减碳、安全与卫生健康等相关建设投入和费用支出等
	7.2 融资方案	研究项目的可融资性及采用政策性开发性金融工具、发行产业基金、权益型金融工具、专项债等融资方式的可行性
	7.3 盈利能力分析	重点是现金流分析，通过相关财务报表计算财务内部收益率、财务净现值等指标，判断投资项目盈利能力
	7.4 债务清偿能力分析	论证项目计算期内是否有足够的现金流量，按照债务偿还期限、还本付息方式偿还项目的债务资金，从而判断项目支付利息、偿还到期债务的能力
	7.5 财务可持续性分析	综合考察项目计算期内各年度的投资活动、融资活动和经营活动所产生的各现金流，计算净现金流量和累计盈余资金，判断项目是否有足够的净现金流量维持项目的正常运营
8. 项目影响效果分析	8.1 经济影响分析	从经济资源优化配置的角度，利用经济费用–效益分析或经济费用–效果分析等方法，评价项目投资的真实经济价值，判断项目投资的经济合理性，从而确保项目取得合理的经济影响效果
	8.2 社会影响分析	从项目可能产生的社会影响、社会效益和社会接受性等方面，研究项目对当地产生的各种社会影响，评价项目在促进个人发展、社区发展和社会发展等方面的社会责任，并提出减缓负面社会影响的措施和方案
	8.3 生态环境影响分析	从推动绿色发展、促进人与自然和谐共生的角度，分析拟建项目所在地的生态环境现状，评价项目在污染物排放、生态保护、生物多样性和环境敏感区等方面的影响
	8.4 资源和能源利用效果分析	从实施全面节约战略、发展循环经济等角度，分析论证除项目用地（海）之外的各类资源节约集约利用的合理性和有效性，提出关键资源保障和供应链安全等方面的措施，评价项目能效水平及对当地能耗调控的影响

续表

9.项目风险管控	8.5 碳达峰碳中和分析	通过估算项目建设和运营期间的年度碳排放总量和强度，评价项目碳排放水平，以及与当地"双碳"目标的符合性，提出生态环境保护、碳排放控制措施
9.项目风险管控	9.1 风险识别与评价	识别项目存在的各种潜在风险因素，包括市场需求、要素保障、关键技术、供应链、融资环境、建设运营、财务盈利性、生态环境、经济社会等领域的风险，并分析评价风险发生的可能性及其危害程度
	9.2 风险管控方案和风险应急预案	提出规避重大和较大风险的对策措施及应急预案，建立健全投资项目风险管控机制

习 题

一、单项选择题

1. 广义的工程项目可行性研究中市场分析的主要工作内容是市场调查和（　　）。
   A. 市场定位　　　　　　　　　B. 市场需求状况分析
   C. 市场风险分析　　　　　　　D. 市场预测

2. 根据可行性研究工作的顺序，可行性研究可划分为（　　）个阶段。
   A. 1　　　　　　　　　　　　 B. 2
   C. 3　　　　　　　　　　　　 D. 4

3. 在进行市场供求分析之前首先要进行的工作是（　　）。
   A. 产品分析　　　　　　　　　B. 市场定位
   C. 市场细分　　　　　　　　　D. 市场预测

4. 可行性研究的最初阶段是（　　）。
   A. 机会研究　　　　　　　　　B. 初步可行性研究
   C. 详细可行性研究　　　　　　D. 项目评价与决策

5. 工程项目能否实施的基础需要根据项目的（　　）加以判断。
   A. 市场需求及规模　　　　　　B. 必要性分析
   C. 项目投资估算　　　　　　　D. 项目风险程度

二、多项选择题

1. 可行性研究的主要工作阶段包括（　　）。
   A. 机会研究　　　　　　　　　B. 市场分析
   C. 初步可行性研究　　　　　　D. 详细可行性研究
   E. 项目评价与决策

2. 工程项目机会研究的一般方法主要是从（　　）等方面发掘潜在的发展机会。
   A. 经济　　　　B. 技术　　　　C. 社会
   D. 自然情况　　E. 企业财务情况
3. 项目评价与决策进行综合评价的对象包括市场情况、目标客户群和（　　）。
   A. 技术要求　　B. 资金方案　　C. 投资回报
   D. 社会影响　　E. 发展趋势
4. 可行性研究通常从项目的必要性、市场需求及规模、技术要求、项目选址、（　　）等方面进行综合分析。
   A. 投资估算　　B. 资金筹措　　C. 财务分析
   D. 国民经济评价　E. 不确定性分析
5. 项目可能的资金来源包括（　　）。
   A. 资本金　　B. 银行贷款　　C. 发行债券　　D. 政府拨款

三、简答题

1. 什么是可行性研究？
2. 简述可行性研究的阶段划分。
3. 可行性研究的主要研究内容是什么？
4. 市场分析的内容包括哪几个方面？
5. 市场调查的方法包括哪些？

四、计算题

1. 某项目的原始投资为 30000 万元（发生在零期），之后第 1 年获得收益 2500 万元，第 2 年至第 10 年各年年均收益 4800 万元。项目计算期为 10 年，基准收益率为 10%。请计算：（1）静态投资回收期；（2）净现值（NPV）；（3）内部收益率（IRR）；（4）判断该项目是否可行。

2. 某项目现金流量如表 8-2 所示，若基准收益率 i_c=10%，请计算该项目的净现值和内部收益率，并判断该项目是否可行。

表 8-2　某项目现金流量表　　　　　　　　　　　单位：万元

年份	0	1	2	3	4	5	6
净现金流量	−380	80	90	100	100	100	100

在线答题

拓展习题

典型案例

某汽车站项目可行性研究案例

1. 概述

（1）项目概况

本项目所在地为 Q 市所辖的县，位于某省东南部，现辖 13 个镇、11 个乡，436 个村委会，30 个居委会，全县面积 3057.28km²，第六次人口普查常住人口 97.8 万人，地处海峡西岸经济区经济最发达的板块中间结合部，距 X 市区 60km，距 Q 市区 50km。

该汽车站按一级汽车客运站设计，设计日发车班次 1173 班，日均发送旅客量 $2.056×10^4$ 人次，设发车位 24 个。项目总用地面积 70 亩，总建筑面积 46142.6m²，其中地上建筑面积 36693.2m²，地下建筑面积 9449.4m²。建设内容包括 1 幢 10 层主站房、1 幢检测维修车间及 1 幢 3 层配套用房。

（2）编制依据。

① 项目建议书（或初步可行性研究报告）及其批复文件。

② 国家或地方的经济和社会发展规划，行业部门发展规划。

③ 国家有关法律法规、政策。

④ 国家矿产储量委员会批准的矿产储量报告及矿产勘探最终报告。

⑤ 有关机构发布的工程建设方面的标准、规范、定额。

⑥ 中外合资、合作项目各方签订的协议书或意向书。

⑦ 编制可行性研究报告的委托合同。

⑧ 其他有关资料。

（3）主要结论和建议。

通过对项目建设背景及必要性、项目市场预测、工程实施的可行性和规划设计的科学性进行认真分析论证，本可行性研究报告认为：

①项目的建设符合该城市发展总体规划，符合该县"十三五"和"十四五"发展规划。

②项目的选址符合《汽车客运站级别划分和建设要求》（JT/T 200—2020）的选址要求；项目地理区位交通方便，水、电、天然气、通信等基础设施较为完善，项目地质条件适宜。

③项目的建设规模及内容符合实际需求，项目的建设方案符合国家相关建设标准。

④本项目在建设期及运营期采取有效的污染物防治措施，能降低项目对环境的影响，达到国家相应的标准。

⑤项目的实施能促进经济发展、增加财政税收；完善城市基础服务功能；提升该县

城市形象，完善区域规划；提高交通基础服务设施的质量；规范客运市场管理，为形成开放、统一、竞争、有序的公路客运站场创造条件；增加所在地居民就业和收入；提升区域土地价值；具有较大的社会效益。

⑥ 根据项目的风险分析，本项目为 Q 市汽车运输总公司建设的项目，其承担的风险较小，采取有效措施可以避免。

综上所述，项目在工程、技术、社会效益等方面具有建设的必要性和实施的可行性。

主要建议：

① 该项目用地存在拆迁安置问题，业主应尽快与政府部门沟通，做好征地拆迁工作。

② 为使项目能顺利实施，建设单位应合理组织与安排项目建设的时序，抓紧各方面工作的协调落实。

③ 项目建设单位应加强工程建设"三控制、两管理、一协调"，加强核算，减少不可预见的工程事件发生导致的工程建设费用增加。

④ 项目在运营过程中注意节电、节水，规范站内用电、用水制度。

⑤ 项目在运营过程中应做好安保工作及运输过程中的安全保障措施。

2. 项目建设背景和必要性

根据该县的发展规划，该县的财税总收入突破 130 亿元，均比 2021 年翻一番；五年累计完成全社会固定资产投资 3000 亿元以上。十四五期间，该县将组织实施一批重大基础设施项目，推动该县该进入"高速"时代，融入 X 市、Q 市"一小时经济圈"，完善基础设施功能，增强经济发展后劲。综上所述，该项目外部环境发展良好，经济发展趋势稳步上升。

该县拥有各级客运站场 10 个，客运企业 3 家，营运车辆 400 台，出租车公司 1 家，共有出租车 25 台。2020 年，全社会客运量 1.29475×10^7 人。A 市汽车站年发班车总班次 234695 班次，年客运量 7.0775×10^6 人次，客运周转量 5.4661×10^8 km。从上述数据我们可以看出，客运站生产能力不足，客运服务设施落后，不利于该县的经济发展。因此，本项目的建设是十分必要的。

3. 项目需求分析与产出方案

收集分析该县近十年来公路客运发送资料，采用回归分析、GM（1,1）模型等定量预测的方法，计算出公路客运量。根据经验数据计算出公路客运适站量；基于此，综合各预测结果进行修正，确定该汽车站客运适站量。最后得到设计年度 2025 年该项目日发送旅客量为 2.056×10^4 人次/天。

建设规模以设计生产能力为测算基础，能够满足站场所需要的各项作业内容。以相关的建设要求和标准为主要依据，同时借鉴同类场站建设经验进行估算。还需要把握当前客运发展的趋势，如旅客出行快速化、行包小型化和客运站后勤保障社会化等。根据这些变化，适当调整客运站规模以达到客运站最优经济运能。

根据测算，该项目拟采用的方案与计算指标相比，总规模不变，布局略有调整，设计方案各项经济技术指标如表 8-3 所示。

表 8-3 设计方案各项经济技术指标

指　　标		数值
车站总用地面积		46663.9m²
总建筑面积（计容建筑面积）		36693.2m²
其中	主站房	26421.5m²
	维修区	9628.6m²
	钢架雨披面积	1286.2m²
建筑占地面积		11305.0m²
主站房地下室面积（不计入容积率）		9449.4m²
站场内停车位		115 个
其中	发车位	24 个
	代班车位	34 个
	进站旅客下车位	5 个
容积率		0.78
建筑密度		24.2%
绿地率		34.0%

4. 项目选址与要素保障

本项目位于该县城区二环路东侧，南为 45m 宽城市规划路，东侧为某公路，北侧为山地，位于二环路的交叉口位置，该地段交通便捷。该地块已领取建设用地规划许可证，符合用地要求，且场地稳定，适宜建筑。

周边对水、电、通信、排水排污、燃气等市政配套工程已进行了统一规划和建设，配套齐全，市政配套工程完备。且本项目受到县委、县政府的高度重视，纳入该县建设工程重点项目，得到了交通主管部门的大力支持，具有较好的软环境建设条件。

5. 项目建设方案

本项目依据工程特点及相关规范要求，对项目的技术方案、设备方案、工程方案、用地征收补偿（安置）方案、数字化方案和建设管理方案做了明确的方案规划。

技术方案中，对项目采用的各项工程技术进行了明确的梳理，确保工程项目在技术上可行。设备方案中，根据项目的电气设计范围、相关依据及施工主要参考图集，确定了电力负荷等级与供电电压，并对配电系统与线路敷设、设备安装高度、防雷接地、总等电位联结及安保措施等进行了详细设计，在明确了设计规范、参数及内容后，对建筑物的空调系统、通风系统、防火措施、自控系统及节能措施做出了设计。工程方案中，对车流流线及人流流线进行了设计，避免流线的相互交叉，根据建筑红线、日照间距、建筑功能等要求，对建筑物的布局进行了明确规定，同时也设计了该项目的绿化系统；根据项目抗震等级、使用年限、设计荷载等要求，规定了基础形式及各种材料的种类和规格；根据各类规范要求，对生活给水系统、排水系统、雨水系统及管材做了详细的方案设计，并根据生活用水和消防用水的不同要求，明确了不同情况下的管道敷设及连接方式。用地征收补偿（安置）方案中，明确了用地征收补偿（安置）措施和措施的实施办法及实施保障。数字化方案中，根据项目实际情况，明确了工程项目预计采用的数字化技术，以及数字化技术对工程项目建设过程中及工程项目投产后的价值所在。建设管理方案中，根据有关规定，明确了项目的建设单位和管理单位，规定了项目建设管理办法和体制机制。

6. 项目运营方案

（1）运营组织方案

该汽车站是 A 市公路运输站场的重要组成部分。由于该县经济社会发展迅猛，现有公路运输站场少，且简陋陈旧老化并处于市区中心，对城区交通和环境的压力日益加大，远远不能满足城区发展的需要。该汽车站按一级汽车客运站设计，设计日发车班次 1173 班，日均发送旅客量 2.056×10^4 人次，设发车位 24 个。

因此，该汽车站的运营问题具有相当的紧迫性和必要性，按要求制订科学合理的运营计划，对项目组织机构、人力资源配置方案、员工培训需求及计划做出详细规定。

（2）安全保障方案

① 劳动安全。按照"安全第一、预防为主"的方针将劳动保护、安全防护的措施贯彻到各专业设计中，既做到安全可靠、保障健康，又做到技术先进、经济合理。

② 消防设计。根据建筑专业、给排水专业、电气专业及暖通专业规范的不同，对其消防进行设计。建筑专业设置防火分区，并设计安全疏散通道及出口。给排水专业对消防设备、消防用水及灭火装置进行了详细规定。电气专业在消防设备用电、事故照明、消防电梯、火灾自动报警系统及联动控制系统做出了详细设计和分析。暖通专业主要对大楼防排烟系统进行了设计与规定。

7. 项目投融资与财务方案

相关参数：项目计算期为 15 年（包括项目建设期 2 年）。根据《建设项目经济评价方法与参数》（第三版），结合本项目的实际情况，基准收益率取 i_c=8%。

税率：增值税税率 3%，城市维护建设税 5%，教育费附加 3%，地方教育附加 2%。

固定资产折旧：本项目固定资产折旧采用平均年限折旧法，房屋及建（构）筑物折旧年限为 15 年，残值率为 4%；机器设备折旧年限为 10 年，残值率为 4%；其他固定资产折旧年限为 10 年，残值率为 4%。

（1）投资估算

本项目总投资估算为 14950.98 万元，其中：建安工程费用 11790.00 万元，工程建设其他费用 2286.00 万元（含土地费用），工程预备费 422 万元，建设期利息 453 万元，详见表 8-4。

表 8-4 项目投资估算表

序号	工程或费用名称	单位	数量	单位指标/元	估算金额/万元	备注
一	建安工程费用	m²			11790.00	
(一)	地下室工程	m²	9449.00	3800.00	3591.00	
1	桩基础工程	m²	9449.00	300.00	283.47	
2	地下室土建工程	m²	9449.00	3000.00	2834.70	
3	地下室安装工程	m²	9449.00	500.00	472.45	
(二)	主站房	m²	26421.00	1700.00	4492.00	
1	土建及装修工程	m²	26421.00	1300.00	3434.73	
2	安装工程	m²	26421.00	400.00	1056.84	
(三)	配套用房	m²	9628.00	1300.00	1252.00	
1	土建及装修工程	m²	9628.00	1000.00	962.80	
2	安装工程	m²	9628.00	300.00	288.84	
(四)	室外工程	m²			742.00	
1	综合管网	m²	46663.00	35.00	163.32	
2	景观绿化工程	m²	15865.42	100.00	158.65	绿化率 34%
3	道路工程	m²	6999.45	200.00	139.99	按占地 15% 计算
4	广场及停车场硬化	m²	18665.20	150.00	279.98	按占地 40% 计算
二	设备及工器具购置费	m²			1714.00	
1	电梯	部	4	300000	120.00	
2	变配电	kVA	2572		300.00	
3	柴油发电机组	kW	600		80.00	
4	其他设备				1214.00	
三	工程建设其他费用	万元	0.00		2286.00	
1	施工图设计审查费	万元	11790	0.16%	18.48	闽价房〔2009〕168号
2	勘察文件审查费	万元	76.16	3.50%	2.67	闽房〔2009〕169号
3	工程招标代理费	万元	11790	0.38%	44.80	计价格〔2002〕1980号
4	工程监理费	万元	11790	1.80%	212.22	
5	设计费	万元	11790	2.58%	304.18	
6	勘察费	万元	304.65	25.00%	76.16	设计费 25%
7	前期工作咨询费	万元	11790	0.27%	31.83	计价格〔1999〕1283号
8	环境影响评价费	万元	11790	0.05%	5.89	计价格〔2002〕125号

续表

序号	工程或费用名称	单位	数量	单位指标/元	估算金额/万元	备注
9	政府规费	万元	11790	0.20%	23.58	按建安工程费用的0.2%
10	征地拆迁费				1566.00	
四	工程预备费			3%	422	
五	建设期利息				453	
六	项目总投资				14950.98	

因客运站的特殊运营方式，每天都有大量的售票现金收入，其中75%以上是应分配给各联运单位的，属于客运站拥有的营业收入不足25%。但是，根据每月结算一次的行业规定，客运站可以占用这部分资金到下月财务结算日。占用资金维持客运站的正常运转所需现金流，仍有较大富余。因此，本项目投资估算中对铺底流动资金不予估算。

总成本费用估算（达产期的成本估算）如下。

① 燃料及动力消耗成本分析（主要是水电消耗，燃气属商业寻租者使用，未列入成本）。

全年耗水按照平均日用水量计算，单价按每吨3.5元计算，即3.5×400×365×0.7=36（万元/年）。

年耗电按照用电负荷的70%计算，电价按0.70元/kWh计算，即0.7×3000×10×365=766（万元）。

② 工资及福利：项目定员97人，福利费按职工本人工资（含奖励费用）的15%估算客运站年工资总额为346.6万元（含福利费）。

③ 修理费：按固定资产折旧费（不含摊销费）的30%计取。

④ 其他费用：根据相似客运站的调查结果，管理费用（扣除工资及福利）按年职工工资及福利总额的14%计取，即346.6×14%=48（万元）。

（2）融资方案

本项目建设资金除争取省交通厅补助及银行贷款外，其余均由企业自筹。其中，业主方自筹资金、上级补助：5600.00万元，银行贷款9351.00万元，详见表8-5。

表8-5 资金筹措及分年投入表　　　　　　　　　　　　　单位：万元

序号	项目	合计	建设期	
			1	2
	分年计划（%）	100.00	49.49	50.51
一	总资金	14950.98	7398.32	7552.66
1	建设投资	14498.00	7249.00	7249.00

续表

序号	项目	合计	建设期	
			1	2
2	建设期利息	452.98	149.32	303.66
二	资金筹措	14950.98	7398.32	7552.66
1	自有资金	5600.00	2800.00	2800.00
2	借款	9350.98	4598.32	4752.66

（3）盈利能力分析

① 营业收入与税金估算。

a. 经营单价分析。

依据有关规定，参照目前一级客运站收费的情况，结合本项目的实际情况测算单价。客运收入包括售票和杂项收入（如行李、包裹托运等），旅客发送量按年适站量 7.20×10^6 人次，则营收初年适站量 7.20×10^6 人次。计算期内跨省运输量约占 10%，跨区运输量约占 90%。跨省运输平均运距为 900km，跨地区运输平均运距为 250km。

每人次千米运输票基价按 0.13 元计，考虑到票价适当递增，营收年收入（达产年）为 $720 \times 0.13 \times (900 \times 10\% + 250 \times 90\%) \times 1.034 = 30486$（万元）。

跨省运输平均收费桥、站 20 个，省内跨地区运输平均收费桥、站 10 个，相关文件规定，运输企业向每单位旅客代征车辆通行费 1 元，则该年收入为 $720 \times 10\% \times 20 \times 1 + 720 \times 90\% \times 10 \times 1 = 7920$（万元），则项目年售票总收入为 $30486 + 7920 = 38406$（万元）。

售票总收入包括客运站和车辆创收两部分：其中客运站收入主要是劳务费收入，目前占售票总收入的 10%，近年内将可达到 15%。则 $38406 \times 15\% = 5760.9$（万元）。

客运站其他杂项收入（行包费、装卸费、寄存保管费）按售票总收入的 5% 计，则有 $38406 \times 5\% = 1920.3$（万元）。

本项目建成后将面向社会，使"车归站、人归点"。目前停车费的收入按 15 元/车计算，则 $15 \times 1.034 \times 720 \div 35 = 319.06$（万元），因此营运当年客运站总收入为 $5760.9 + 1920.3 + 319.06 = 8542.08$（万元）。

客运站主站房上层写字楼月租金每平方米按 50 元估算，总共 7 层，每层面积按 1332m² 计算，出租率 100% 的情况下年收入 589 万元，其他商铺每月租金按每平方米 100 元估算，总共 3 层，每层面积为 2032m²，年收入为 732 万元。

b. 经营收入。

经营期第一年（即建设期第三年）营业收入按 50% 的负荷估算，经营收入 4917 万元；达产年份经营收入为9833万元。

c.增值税金及附加估算。

经营期第一年缴纳增值税金及附加税费为158万元；达产年份增值税金及附加税费为315万元。

d.生产成本估算。

总成本估算：达产年总成本均值2879万元。

经营成本估算：达产年经营成本2138万元。

② 静态分析。

通过分析表明，项目静态盈利能力指标如下。

总投资收益率ROI=24.38%；资本金净利润率ROE=48.83%。

③ 现金流量分析。

本项目基准收益率取8%，测算出全部投资的盈利能力指标如下。

所得税前：全部投资财务内部收益率（FIRR）为25%；全部投资财务净现值（FNPV）为21093.30万元；静态投资回收期为6.13年（从建设期起算）。

所得税后：全部投资财务内部收益率（FIRR）为21%；全部投资财务净现值（FNPV）为14843.67万元；静态投资回收期为6.65年（从建设期起算）。

以上指标表明，项目内部收益率、投资回收期均满足投资需求，说明此项目具备一定的盈利能力。项目现金流量分析表如表8-6所示。

④ 财务生存能力分析。

通过对项目进行财务计划现金流量分析，该项目具备较好的财务生存能力，在项目计算期内，净现金流量每年为3000万～9000万元，累计盈余资金达到215436万元，项目的资金来源与应用表如表8-7所示。

（4）债务清偿能力分析

依据项目初步的盈利能力和现金流分析，在项目最大偿还能力的基础上，为充分保障项目贷款的偿还，初步拟定项目银行贷款的偿还计划，即项目第三年（运行期第一年）起，按项目每年最大偿债能力开始偿还贷款。银行贷款利息均为当期偿还，并计入项目总投资，运营期利息在银行贷款利息产生当年年末偿还，表明项目在其余年份中具备较强的偿债能力。

通过对项目利息备付率和偿债备付率分析可知，项目在偿债年份里，利息备付率均大于2、偿债备付率均大于或等于1，表明项目具备较强的偿债能力。

项目偿债备付率分析表如表8-8所示，项目利息备付率分析表如表8-9所示。

表 8-6 项目现金流量分析表

单位：万元

序号	项目	合计	计算期														
			1	2	3	4	5	6	7	8	9	10	11	12	13	14	15
1	现金流入	100026	0	0	4917	4917	5900	5900	6883	6883	7867	7867	8850	8850	9833	9833	11526
1.1	营业收入	98333			4917	4917	5900	5900	6883	6883	7867	7867	8850	8850	9833	9833	9833
1.2	回收固定资产余值	1693															1693
1.3	回收流动资金	0															
1.4	其他现金流入	0															
2	现金流出	42978	7249	7249	1877	1877	1993	1993	2110	2110	2227	2227	2343	2343	2460	2460	2460
2.1	建设投资	14498	7249	7249													
2.2	流动资金	0															
2.3	经营成本	25264			1716	1716	1800	1800	1885	1885	1969	1969	2054	2054	2138	2138	2138
2.4	增值税及附加税费	3215			161	161	193	193	225	225	257	257	289	289	322	322	322
2.5	其他现金流出	0															

表 8-7　项目的资金来源与应用表

单位：万元

序号	项目	合计	计算期														
			1	2	3	4	5	6	7	8	9	10	11	12	13	14	15
1	资金流入	113284	7398	7553	4917	4917	5900	5900	6883	6883	7867	7867	8850	8850	9833	9833	9833
2	资金流出	68067	7398	7553	4868	4868	5861	5030	3020	3020	3356	3356	3691	3691	4085	4127	4142
3	盈余资金	45217	0	0	49	49	39	870	3863	3863	4511	4511	5159	5159	5748	5706	5691
4	累计盈余资金	215436	0	0	49	97	136	1006	4870	8733	13244	17755	22913	28072	33820	39526	45217

表 8-8　项目偿债备付率分析表

年度	单位	第三年	第四年	第五年	第六年
息税折旧摊销前利润	万元	2991	2991	3868	3868
所得税	万元	315	349	605	654
应计利息	万元	628	490	346	150
当年还本	万元	1244	1306	1732	1819
偿债备付率	—	1	1	1	1.35

表 8-9　项目利息备付率分析表

年度	单位	第三年	第四年	第五年	第六年
息税前利润	万元	1888	1888	2764	2764
应付利息	万元	628	490	346	150
利息备付率	—	3.01	3.85	7.90	18.44

（5）财务可持续性分析

①盈亏平衡分析。

通过对项目的盈亏平衡分析，以考察项目的不确定性。通过对项目运营期内的平均数据进行盈亏平衡分析，本项目盈亏平衡点计算如下。

盈亏平衡点（BEP）=固定成本/（营业收入−变动成本−增值税及附加税费）×100%=2437÷（7837−846）×100%=34.86%

以上分析表明，项目盈亏平衡点比较低，盈利能力比较稳定。

项目盈亏平衡分析表如表 8-10 所示，项目盈亏平衡分析图如图 8.1 所示。

表 8-10　项目盈亏平衡分析表　　　　　　　　　　　　单位：万元

客运量百分比	付税后的营业收入	固定成本	可变成本	总成本
0%	0	2437	0	2437
10%	885	2437	94	2531
20%	1770	2437	188	2625
30%	2655	2437	283	2720
40%	3539	2437	376	2813
50%	4424	2437	471	2908
60%	5078	2437	546	2983
70%	5748	2437	621	3058
80%	6480	2437	696	3133
90%	7212	2437	771	3208
100%	7837	2437	846	3283

第 8 章 工程项目的可行性研究

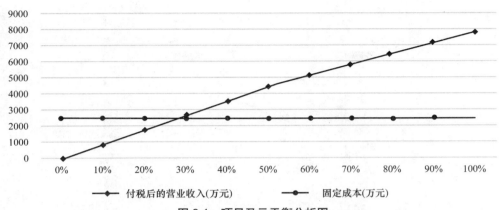

图 8.1　项目盈亏平衡分析图

② 敏感性分析。

单因素敏感性分析表如表 8-11 所示，单因素敏感性分析图如图 8.2 所示。从单因素敏感性分析表和分析图可以看出，影响该生产线经济效益的几个主要因素当中，营业收入最为敏感，其次为建设投资，最后为经营成本。

营业收入的多少最终转化为旅客客运量的人次，按照本站的规划，本站建成之后将成为 Q 县公路运输站场的重要组成部分，所以该风险较小。

建设投资变动 ±10% 时，财务净现值均大于 0。但是，项目还是需要加强建设成本核算，在项目的建设过程中加大监管力度，减少投资成本。

经营成本变动 ±10% 时，财务净现值均大于 0，内部收益率大于基准收益率，因此经营成本的风险可忽略不计。

表 8-11　单因素敏感性分析表

序号	指标名称	−10%	0%	10%	β
1	营业收入 / 万元	88500	98333	108166	
1.1	项目财务内部收益率（税后）	17%	21%	24%	1.67
1.2	项目财务净现值（税后）/ 万元	10050.16	14843.67	19637.81	3.23
1.3	项目投资回收期（税后）/ 年	7.48	6.65	6.08	−1.05
2	经营成本变动	22738	25264	27790	
2.1	项目财务内部收益率（税后）	22%	21%	20%	−0.48
2.2	项目财务净现值（税后）/ 万元	16132.94	14843.67	13556.38	−0.87
2.3	项目投资回收期（税后）/ 年	6.45	6.65	6.88	0.32

从上表可以看出，在变化率相同的情况下，营业收入的变动对净现值影响最大，所以一定要保持营业额，才能保证项目良好的盈利状况。从敏感性分析还可以看出项目最主要是控制好本项目的投资成本，仍能保持动态盈利，说明该项目具备一定的财

务可持续性。

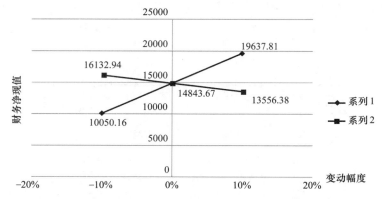

注：系列1为营业收入（万元）；系列2为经营成本（万元）；β是敏感度系数。

图 8.2 单因素敏感性分析图

8. 项目影响效果分析

（1）经济及社会影响分析

项目对所在地生产建设的影响：促进经济发展，增加财政税收；适应社会发展需要，完善城市服务功能；提升城市形象，完善区域规划。

项目对当地基础设施、社会服务容量的影响：提高该地区交通基础服务设施的质量；规范客运市场管理，为形成开放、统一、竞争、有序的公路客运站场创造条件。

项目对所在地居民就业和收入的影响：有助于提高当地劳动力收入；配套生活区的商业、服务业及城建、环卫、绿化、保安等行业和机构将为当地群众提供大量的就业和再就业机会；促进当地餐饮、住宿、交通、商贸、旅游等相关产业发展，带来更大的收入效应。

项目对区域土地价值的影响：随着客运枢纽站的建设，用地性质将会改变，由以前的农业用地或者工业用地逐渐转变为居住和商业用地，土地价值空前提升。根据规划要求，该汽车站近期将配置集购、娱、食、住、游"一条龙"服务于一体的大型高档城市综合体，形成独具特色的商业服务区，这势必将带动周边土地增值。

（2）生态环境影响分析

建设期对环境的不良影响主要包括：项目的建设实施，对项目周边的植物植被造成一定程度的破坏，并产生一定程度的水土流失；施工车辆、施工机械等排出的废气，土方挖填运输、水泥装卸、混凝土搅拌引起扬尘等，对区域的大气环境产生一定程度的影响；施工过程中，施工设备、混凝土搅拌及振捣，将对施工场地附近区域产生声环境污染。运营期对环境产生的影响包括：生活垃圾、生活污水和噪声、尾气。

针对以上影响，可采取的环境保护措施为：施工单位应制订文明施工的技术措施，加强管理，做到合理安排、计划实施；施工场地及临时施工道路应经常洒水，有效控制扬尘对大气的污染；施工期应合理组织施工，注意控制施工场地机械作业、施工车辆进出时间，限制夜间作业时间；对于施工过程中所产生的建筑垃圾和其他废弃物，应统一收集，分类处置；生活污水经排污管道排入市政污水管网，粪便经化粪池处理后排入污水管网。采取环保措施后，本项目对环境的破坏和污染程度比较轻微。

（3）资源和能源利用效果分析

本项目能源主要消耗于照明、通风空调、餐饮和热水系统等，主要耗能设备是灯、空调和厨房设备等。项目日最高用水量 400t，年平均用水量按最高用水量的 0.7 计算，年总用水量 1.03×10^5 t。预测用电总负荷 3000kW，按每天 8 小时，负荷按总负荷的 0.7 计算，年总用电量为 6.132×10^6 kWh。本项目按 220 个床位宾馆计算，为 9420.5MJ/床/年，年用气量约为 5.3×10^4 m^3（燃气低热值为 38931kJ/m^3）。项目能耗折标为 850.6t 标准煤。

可采取的合理利用能源措施如下。供电照明方面，在容量不变的情况下，可根据负荷利用的实际情况（如空调使用的季节性等），考虑配置多台变压器；合理配置设备和灯具的数量及位置；各种光源采用高效节能型灯具。天然气方面，选用高效设备，加强能耗管理。供水方面，加强自来水管网的管理，及时排除管网泄露现象，采用节水型设备。

9. 项目风险管控

（1）风险识别

通过对该项目进行风险分析，我们可知该项目存在来自市场、外部条件、建设资金断档、工程技术、社会、经营管理等多方面的风险。

（2）风险评价

采用专家预测法对以上风险因素进行评估，风险因素和风险程度分析表如表 8-12 所示。根据上述风险评估，应在建设和运营过程中采取以下对策，降低项目风险：加强与上级部门的联系衔接，确保申请资金按计划到位，以免延误计划工期；加强与被征地农民的协调沟通，落实好征地拆迁补偿工作，并制订突发事故应急预案；强化建设组织和管理，对工程建设进行封闭式管理，引导非工作人员远离建设现场，尽量避免在夜间施工；加强安全生产管理；建立人员培训机制，加强重点岗位安全培训和服务培训，树立干部职工安全生产意识和服务意识，提高服务水平。

表 8-12 风险因素和风险程度分析表

序号	风险因素名称	风险程度				说明
		灾难性	严重	较大	一般	
1	市场风险					
1.1	市场需求量				√	
1.2	竞争能力				√	
1.3	价格				√	
2	技术风险					
2.1	先进性				√	
2.2	适用性				√	

续表

序号	风险因素名称	风险程度				说明
		灾难性	严重	较大	一般	
2.3	可靠性				√	
2.4	可得性				√	
3	组织管理风险					
3.1	外部组织				√	
3.2	公司内部管理				√	
4	资金风险				√	
4.1	汇率				√	
4.2	利率				√	
4.3	资金来源中断			√		
4.4	资金供应不足			√		
5	政策风险					
5.1	政治条件变化				√	
5.2	经济条件变化				√	
5.3	政策调整				√	
6	外部协作风险					
6.1	技术改造支持				√	
6.2	税务支持				√	
6.3	管理支持				√	
6.4	资金支持			√		
7	社会风险				√	
8	其他风险				√	

第 9 章

设备更新、租赁与改扩建项目评价

知识结构图

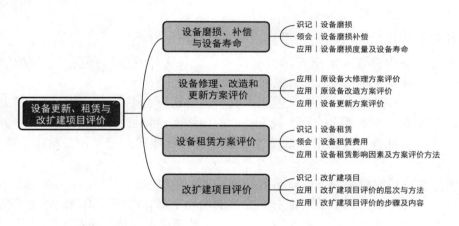

9.1　设备磨损、补偿与设备寿命

在现代化工程施工项目中，设备已成为生产环节中不可缺少的组成部分。但是，设备在使用或闲置过程中均会产生磨损，因此对设备磨损、补偿及其寿命进行合理分析，可以有效把握设备是否需要更新、更新的时机、更新的方式等，这将为设备更新的原则与决策提供重要参考依据。因此本部分将重点介绍设备磨损、设备磨损补偿、设备磨损度量及设备寿命等。

9.1.1　设备磨损

探究设备磨损规律可以确定最佳的设备磨损补偿方式、研判设备的使用寿命。设备磨损主要是在使用或闲置过程中，由于物理变化、化学作用或技术进步等，设备会出现不同程度的老化、损坏等现象。设备磨损主要包括有形磨损、无形磨损和综合磨损。

1. 有形磨损

有形磨损是指设备在使用或闲置过程中，设备实体发生的磨损，也被称为物质磨损。有形磨损可分为第Ⅰ种有形磨损和第Ⅱ种有形磨损。

（1）第Ⅰ种有形磨损：设备在使用过程中，受到外力作用而导致的零部件磨损、变形或损坏等现象，产生磨损的原因与设备的使用强度、时长、人为方式有关。其具体可表现为：机器零部件尺寸或形状的改变、公差配合性质的改变（设备精度下降）、零部件损坏等。

在第Ⅰ种有形磨损作用下，设备的精度、表面粗糙度、生产率等均会逐步劣化；当磨损达到一定程度时，局部的磨损会引发整机功能下降、设备使用费用增加等问题；严重时，设备会出现整机故障、不能使用的现象，甚至会引发施工事故。

第Ⅰ种有形磨损一般可分为初期磨损、正常磨损和剧烈磨损三个阶段。初期磨损阶段是由设备安装不当或人员操作不熟练造成的，一般在新的或是大修理后的设备中较为常见；正常磨损阶段主要与设备运行时长、负荷强度和设备质量优劣有关，一般在正常操作状态下产生，磨损量较小；剧烈磨损阶段是由设备正常工作条件被破坏或是设备使用时间过长而造成的，磨损量增长较快。

（2）第Ⅱ种有形磨损：设备在闲置过程中，受到自然力的作用而导致的设备精度下降、工作能力丧失等现象，产生磨损的原因与闲置时长、设备保存环境有关。其具体可表现为金属生锈和腐蚀、橡胶及塑料元件老化等。

两种有形磨损均会在一定程度上降低设备的使用价值。当设备磨损较轻时，可通过修理恢复设备的工作能力，消除有形磨损；当设备磨损严重时，即修理无法促使设备恢复工作能力，此时完全丧失工作能力的设备则需要更换。

2. 无形磨损

无形磨损是指生产同样结构设备的价值降低而导致的原有设备贬值；或是原有设备与科学技术进步下出现的结构更加先进、性能更加完善、生产效率更高、耗费原材料和能源更少的新型设备相比，价值降低。无形磨损也称为经济磨损或精神磨损，可分为第Ⅰ种无形磨损和第Ⅱ种无形磨损。

（1）第Ⅰ种无形磨损：同样结构设备再生产价值的下降而导致的原有设备贬值。

第Ⅰ种无形磨损中，设备的使用价值并未降低，设备技术结构和功能也未改变，但是技术进步下的生产工艺改进、成本降低和劳动生产率提高，使得生产该设备的社会必要劳动耗费相应降低，从而导致了原有设备贬值。虽然这种无形磨损造成了设备的部分贬值，但由于设备技术结构和功能不受影响，因此不需要更换设备。

（2）第Ⅱ种无形磨损：在科学技术进步下，不断出现的结构更先进、性能更完善、生产效率更高、耗费原材料和能源更少的新设备，使得原有设备相对陈旧落后而产生的经济磨损。

第Ⅱ种无形磨损中，不仅原有设备价值贬值，而且使用原设备会相对降低经济效益，即原设备使用价值局部或全部丧失，因此需要更换设备。综合来看，设备是否需要更换主要取决于原有设备的贬值程度和使用原有设备的经济效益下降幅度。

3. 综合磨损

设备在购置安装之后，同时遭受的有形磨损和无形磨损，称为综合磨损。一般而言，这两种磨损必然同时发生且互相影响，如高强度、高速度、大负荷技术发展会导致物质磨损加剧；耐热、耐磨、耐腐蚀、耐震动的新材料使用会减缓有形磨损，但无形磨损会加快。

9.1.2 设备磨损补偿

为使已磨损的设备恢复生产能力、维系正常的工作，必须对设备进行及时和合理的补偿。但是由于设备存在多种多样的磨损形式，因此补偿方式有所不同。设备磨损补偿可分为局部补偿和完全补偿两类，设备磨损补偿方式如表9-1所示。

表9-1 设备磨损补偿方式

类型	补偿方式	对应的设备磨损形式
局部补偿	修理	可消除的有形磨损
	现代化改造	第Ⅱ种无形磨损
完全补偿	更新	不可消除的有形磨损
		第Ⅱ种无形磨损

由表9-1可知，设备的有形磨损通常可通过修理或更新方式进行补偿；无形磨损主要是通过现代化改造或更新进行补偿；除此之外，综合磨损由于兼顾有形磨损和无形磨损两种磨损形式，一般采用设备更新方式对原设备进行补偿。由此可知，修理、现代化

改造和更新是设备磨损补偿的三种常见形式,但这三种形式的选取并非绝对化。采用何种形式来进行补偿,一般需要采用经济评价的方法加以确定。一个设备系统、实体、零部件的磨损形式多样,补偿方式也有多种选择,不必拘泥于形式上的一致,这也就导致了设备磨损补偿的多样性和复杂性。由于修理始终是设备管理中工作量最大、内容最烦琐的工作,因此在现代科学技术的发展下,人们力求降低设备及其零部件的生产成本,使得更新费用低于维修费用,这种设计被称为无维修设计。但是目前无维修设计主要应用于低值易耗设备或零部件,而资金和技术密集的设备仍无法避免修理环节。

9.1.3 设备磨损度量及设备寿命

设备何时更新取决于设备寿命,而设备寿命长短又与设备磨损程度有关,因此在判断设备是否需要更新、采用何种方式更新时,需要先对设备的磨损程度进行度量。

1. 设备磨损度量

在实际分析中,修理费用、设备价值、设备再生产(或重购)价值一般作为衡量设备磨损的经济指标。

(1)有形磨损度量方式如下。

$$\alpha_\mathrm{p} = \frac{R}{K_1} \tag{9-1}$$

式中 α_p——设备有形磨损程度,若 $\alpha_\mathrm{p} < 1$ 则进行修理,若 $\alpha_\mathrm{p} \geq 1$ 则设备需要更新;

R——设备补偿磨损的修理费用;

K_1——在设备已存在磨损时,设备再生产(或重购)价值。

(2)无形磨损度量方式如下。

$$\alpha_1 = \frac{K_0 - K_1}{K_0} = 1 - \frac{K_1}{K_0} \tag{9-2}$$

式中 α_1——设备无形磨损程度;

K_0——设备价值(购置价值);

K_1——在设备已存在磨损时,设备再生产(或重购)价值。

(3)综合磨损度量方式如下。

$$\alpha = 1 - (1-\alpha_\mathrm{p})(1-\alpha_1) = 1 - \frac{K_1 - R}{K_0} = 1 - \frac{K_\mathrm{L}}{K_0} \tag{9-3}$$

式中 α——设备综合磨损程度。

K_L——设备残值(再生产价值与修理费用差值),若 $K_\mathrm{L} > 0$ 则设备有维修价值;若 $K_\mathrm{L} \leq 0$ 则设备已无价值,且无修理意义。

其他相同变量含义同上。

2. 设备寿命分析

由于存在磨损,因此设备的使用价值和经济价值会逐渐衰减,直到最终消失。因而设备均具有一定的寿命。影响设备寿命的因素较多,包括设备的技术构成、设备成本、加工对象、生产类型、工作班次、操作水平、产品质量、维护质量、技术进步和环境要求等。目前,设备寿命可分成自然寿命、技术寿命、经济寿命和折旧寿命四类,见表 9-2。

表 9-2　设备寿命分类

类型	概念	说明
自然寿命 （物质寿命）	设备从投入使用开始,因有形磨损而造成的设备老化、损坏,直至报废所经历的全部时间	（1）取决于有形磨损速度; （2）正确使用、维护、检修可延长设备自然寿命,但不能从根本上避免磨损
技术寿命 （有效寿命）	设备从投入使用开始,因技术进步而造成设备自身技术落后、功能不再满足使用者需求,而被淘汰所经历的全部时间	（1）取决于无形磨损速度; （2）现代化改造可延长技术寿命,技术寿命一般短于自然寿命
经济寿命	设备从投入使用开始,因继续使用在经济上会产生不合理而被更新所经历的全部时间	（1）取决于设备维护费用的提升和使用价值的降低,是设备合理更新的依据; （2）经济寿命一般短于自然寿命
折旧寿命 （会计寿命）	设备从购置之日起,将其投资通过折旧方式全部收回所需要的时间	设备的投资通过折旧方式逐年回收

9.2　设备修理、改造和更新方案评价

由于设备可通过局部补偿（修理、现代化改造）或完全补偿（更新）的形式来进行磨损补偿,但是何种方式最为合适,需要对各种方案进行经济评价和比选,最终确定最佳的补偿方案。因此本部分将重点介绍原设备大修理、原设备现代化改造、设备更新方案的经济评价方法等。

9.2.1　原设备大修理方案评价

原设备大修理是指在不更新设备的前提下,对原设备通过调整、修复或替换磨损零部件的方法,恢复其因非均匀有形磨损所影响的原设备精度、功能和效率的一种设备维修方案。由于磨损是非均匀的,因此总有设备实体的一部分是相对耐用的,但有些部分是易于损坏的。而原设备大修理正是保留原有设备耐用的部分,更换已损坏的部分。值得注意的是,原设备大修理的前提是修理设备比新购置设备更具有经济性,并保证修理后设备的使用期限可以延长,但是对原设备的修理也不可能是永无止境的。一方面,大修理后的设备无论是从生产率、精度、速度等方面,或是从故障频率、有效利用率方面均无法媲美相同的新设备;另一方面,大修理周期会随着设备使用时间的延长而越来越短,直至设备无法修理使用。这主要是由于每经历一次大修理,其设备性能恢复存在一定的劣化,因此难以恢复到原来的性能;同时设备性能的劣化会随着使用时间的延长、

维修次数的增多而不断增加，因此大修理周期会逐渐缩短，大修理的费用也会随着性能劣化程度的增加而逐渐增加。

虽然设备的有形磨损可以依托大修理进行补偿，但是存在下列情况时，需要进行更新。第一，设备工作时间过长，精度丧失，结构陈旧，技术落后，无修理或改造价值；第二，设备本身存在质量问题，粗制滥造，生产效率低，不能满足产品工艺要求且较难修理好；第三，设备技术性能落后，工人劳动强度大且危害人身安全；第四，设备有严重"四漏"，能耗高且污染环境；第五，一般经过三次大修理，再修理也较难恢复出厂精度和生产效率，且大修理费用超过设备原值的60%。

除以上情况，设备是否需要大修理，需要考虑大修理是否满足一定的经济界限。目前，大修理的经济界限可分为最低经济界限和理想经济界限。

1. 最低经济界限

如果设备大修理的费用超过购置新设备的费用，那么大修理将存在经济的不合理，因此，大修理最低经济界限为

$$R \leqslant K_n - L_n \tag{9-4}$$

式中　R——设备某次大修理的费用；

　　　K_n——设备第 n 次大修理时，在同一年度购置相同新设备的价格；

　　　L_n——设备第 n 次大修理时，设备的残值。

2. 理想经济界限

设备的大修理界限不仅与设备价值和修理费用的关系有关，还与生产成本有密切联系。在大修理后使用该设备生产的单位产品成本应不超过同样的新设备生产的单位产品成本，此时说明大修理在经济上达到理想状态，因此设备的理想经济界限为

$$C_n \leqslant C_0 \tag{9-5}$$

式中　C_n——第 n 次大修理后，设备生产的单位产品成本；

　　　C_0——同样的新设备生产的单位产品成本。

进一步有：

$$C_n = \frac{(P_n - \Delta l_{n,n+1})(A/P, i, t_{n,n+1}) + CC_n}{Q_n} \tag{9-6}$$

$$C_0 = \frac{(P_0 - \Delta l_0)(A/P, i, t_0) + CC_0}{Q_0} \tag{9-7}$$

式中　P_n——原设备第 n 次大修理的价值；

　　　P_0——购置同样新设备的价值；

　　　$\Delta l_{n,n+1}$——原设备在第 n 次大修理至第 $(n+1)$ 次大修理周期末的残值现值；

　　　Δl_0——新设备第 1 次大修理周期末的残值现值；

　　　$t_{n,n+1}$——原设备在第 n 次大修理至第 $(n+1)$ 次大修理的间隔年数；

t_0——新设备从投入到第 1 次大修理的间隔年数；

CC_n——原设备第 n 次大修理后的年运行成本；

CC_0——新设备的年运行成本；

Q_n——原设备第 n 次大修理至第 $(n+1)$ 次大修理期间的年均产量；

Q_0——新设备从投入到第 1 次大修理期间的年均产量。

9.2.2 原设备现代化改造方案评价

原设备现代化改造是指应用先进的技术和经验，根据现有的生产需要，通过匹配新部件、新装置、新附件等方法改变原设备结构，提升原设备技术性能，从而使原设备整体或局部达到与同类新型设备现代化水平基本一致的一种设备改造方法。作为有效扩大设备生产能力、提高设备质量和效率的重要途径，原设备现代化改造具有诸多优点，如节省资金、改造具有较强的针对性和适应性、提高先进设备比例等。甚至在某些情况下，改造后的设备适应生产需要的程度和技术特性可以超越新型设备，因此，原设备现代化改造在更新资金有限的条件下具有较大的经济优越性。

原设备现代化改造在进行经济性决策时，往往需要考虑改造后的设备能否满足更高的生产要求，是否与新购置设备方案相比具有更好的经济性，因此需要确定原设备现代化改造的经济界限，即

$$E_m = 1 - \frac{K_r + K_m + S_e}{\alpha \beta K_n + S_n} \tag{9-8}$$

式中 E_m——原设备现代化改造判定系数；

K_r——现代化改造同时进行的大修理费用；

K_m——现代化改造费用；

K_n——同类新型设备价值；

S_e——改造设备与新型设备在整个使用期间内的使用成本差额；

S_n——设备更新时原设备价值未完全折旧损失的费用；

α——现代化改造后设备生产率与新型设备第 1 次大修前生产率的比值；

β——现代化改造后设备的修理周期长度与新型设备从开始使用至第 1 次大修间时长。

当 $E_m > 0$ 时，原设备现代化改造在经济上合理，此时可进行现代化改造；当 $E_m \leq 0$ 时，原设备现代化改造在经济上不合理，即不如更新合算或与设备更新等价，此时更适合进行设备更新。

9.2.3 设备更新方案评价

当设备使用到一定年限后，即使经过大修理或现代化改造也无法满足生产需要，而经营费用或维修费用却逐年增加，此时需要对设备进行更新。设备更新是指对旧设备整体进行替换，主要包括原型设备更新和新型设备更新两种类型。

原型设备更新是运用相同的设备替换因有形磨损严重而无法继续使用的旧设备，主要解决的是设备损坏的问题，是一种简单更新；而新型设备更新是运用结构更完善、技术更先进、性能更好、效率更高的新设备替换技术落后、经济性不足的旧设备，这种更新也被称为技术更新。

通过对设备寿命分析可知，设备经济寿命决定设备的更新与否。因此，可通过测算设备经济寿命（设备最佳更新期）来判定一个设备是否需要进行更新。

1. 原型设备更新方案

由于原型设备更新是一种简单的，不考虑技术进步的更新方案，因此原型设备更新决策的基本分析方法就是通过测算设备经济寿命（设备最佳更新期）来决定是否对设备进行更换。

测算设备最佳更新期的原则有两点：第一，设备在经济寿命内平均每年净收益最大；第二，设备在经济寿命内一次性投资和各种经营费总和最小。根据是否考虑资金时间价值，将设备最佳更新期的测算方法分为静态和动态两种模式。

（1）静态模式下的设备最佳更新期测算方法。

静态模式下的设备最佳更新期测算方法，包括平均使用成本最小年数法和低劣化数值法。

平均使用成本最小年数法是指在不考虑资金时间价值的基础上，计算设备的年平均使用成本 AC_N。若设备使用 n 年时，AC_N 最小，则 n 就是设备最佳更新期。年平均使用成本计算公式如下。

$$AC_N = \frac{P - L_N}{N} + \frac{1}{N}\sum_{t=1}^{N} C_t \tag{9-9}$$

式中　P——设备初始投资额；

L_N——第 N 年的年末设备净残值；

C_t——第 t 年的设备运行成本；

N——设备使用年限，是一个自变量。

低劣化数值法是指运用低劣化值计算设备耗损的方法。随着设备使用年限的增加，设备的磨损逐步加剧，从而导致设备的维护费用增加，这种逐年增加的费用 ΔC_t，称为设备的低劣化值。

假设每年的设备的低劣化值均等且呈线性增长，即 $\Delta C_t = \lambda$，在评价基准年设备的运行成本为 C_1，则计算年平均使用成本的计算公式如下。

$$\begin{aligned} AC_N &= \frac{P - L_N}{N} + C_1 + \frac{1}{N}\left[\lambda + 2\lambda + \cdots + (N-1)\lambda\right] \\ &= \frac{P - L_N}{N} + C_1 + \frac{(N-1)}{2}\lambda \end{aligned} \tag{9-10}$$

若令 AC_N 最小，则对式（9-10）的 N 进行一阶求导，并令导数为 0，据此可得到设备最佳更新期为

$$n = \sqrt{\frac{2(P-L_N)}{\lambda}} \qquad (9\text{-}11)$$

式中　n——设备最佳更新期；
　　　λ——设备的低劣化值。

（2）动态模式下的设备最佳更新期测算方法。

动态模式下的设备最佳更新期评定标准同平均使用成本最小年数法保持一致，即若设备使用 n 年时，AC_N 最小，则 n 就是设备最佳更新期。在考虑资金时间价值的条件下，设备的年平均总费用应将设备的投资、残值、运行成本乘以相应的折现系数后进行计算。假设 i 为折现率，设备的年平均使用成本为

$$AC_N = \left[P - L_N(P/F,i,n) + \sum_{t=1}^{N} C_t(P/F,i,t) \right](A/P,i,n) \qquad (9\text{-}12)$$

【例 9-1】设备 A 购置费为 6000 元，预计残值为 600 元，第一年设备运行成本为 400 元，每年设备的低劣化值是均等的，为 300 元，求设备 A 的最佳更新期。

【解】直接利用公式（9-11）计算。

$$n = \sqrt{\frac{2 \times (6000 - 600)}{300}} = 6$$

即设备 A 的最佳更新期为 6 年。

【例 9-2】设备 B 购置费用 50000 元，使用年限为 8 年，该设备的年运行成本和预计残值如表 9-3 所示。

表 9-3　设备 B 的年运行成本和预计残值

年限	1	2	3	4	5	6	7	8
年运行成本/元	8000	9000	10000	12000	14500	17000	20000	24000
预计残值/元	32000	23000	18000	13000	10000	7000	4000	1000

求：（1）在不考虑资金时间价值的基础上，求设备 B 的静态最佳更新期；

（2）若按照 10% 年利率计算，求设备 B 的动态最佳更新期。

【解】（1）在静态模式下，设备 B 在不同使用年限时的平均使用成本如表 9-4 所示。

表 9-4　设备 B 的静态最佳更新期计算　　　　　　　　　　　　单位：元

N	$P-L_N$	$\sum C_t$	$P-L_N+\sum C_t$	AC_N
1	18000	8000	26000	26000
2	27000	17000	44000	22000
3	32000	27000	59000	19667
4	37000	39000	76000	19000

续表

N	$P-L_N$	$\sum C_t$	$P-L_N+\sum C_t$	AC_N
5	40000	53500	93500	18700
6	43000	70500	113500	18917
7	46000	90500	136500	19500
8	49000	114500	163500	20438

综上，在第五年时，设备 B 的年平均使用成本最低，因此设备 B 的静态最佳更新期为 5 年。

（2）在动态模式下，设备 B 在不同使用年限时的平均使用成本如表 9-5 所示。

表 9-5　设备 B 的动态最佳更新期计算　　　　　　　　　　单位：元

N	$(P/F,i,n)$	$P-L_N(P/F,i,n)$	$\sum C_t(P/F,i,t)$	$(A/P,i,n)$	AC_N
1	0.9091	20909	7273	1.1000	31000
2	0.8265	30991	14711	0.5762	26334
3	0.7513	36477	22224	0.4021	23604
4	0.6830	41121	30420	0.3155	22571
5	0.6209	43791	39423	0.2638	21952
6	0.5645	46049	49020	0.2296	21828
7	0.5132	47947	59284	0.2054	22025
8	0.4665	49534	70480	0.1874	22491

综上，在第六年时，设备 B 的年平均使用成本最低，因此设备 B 的动态最佳更新期为 6 年。

2. 新型设备更新方案

在现实中，大部分的原有设备在使用一段时间后都会由于技术的发展存在一定程度的无形磨损。因此，与新型设备相比，原有的设备会显得老旧和过时，生产效率和经济效益也不如新型设备。此时虽然原有设备并未损坏，但也可能需要进行更新。究竟是继续使用旧设备还是马上更换新设备，需要对两种方案进行评价和比选，从而确定是否需要更新。

在实际方案比选的过程中，一般需要遵循如下原则。

（1）设备更新分析应基于客观立场。既不要因不想更换旧设备而排斥更新，也不要一味的认为新设备更优而马上更新，而是应该通过客观的经济分析确定哪种方案更为合适。

（2）不应考虑沉没成本。沉没成本是由于过去投资决策产生的，已经计入过去投资和回收的费用，并非现有决策可以改变。因此在进行方案比选的过程中，过去的投资决策与现有更新决策无关，原设备的价值应按照目前实际价值计算，而不应该考虑其沉没成本。

（3）逐年比较。在确定原有设备剩余经济寿命和新型设备经济寿命的基础上，利用逐年滚动方式进行方案比选，可以确定最佳的更新时机。

基于以上原则，新型设备更新的主要策略就是通过对新型设备方案和原有设备方案的经济性进行比较分析，从而确定是立刻购置新型设备、淘汰原有设备，还是继续使用原有设备一段时间，当经济性不佳时再进行设备更换。新型设备更新的方案比选步骤如表 9-6 所示。

表 9-6　新型设备更新的方案比选步骤

步骤	主要内容	解释说明
1	计算新、旧设备的费用年值	新型设备在其经济寿命条件下的费用年值；原有设备继续使用条件下的费用年值
2	比较新、旧设备的费用年值	若新设备费用年值大于原设备费用年值，则无须更新；若新设备费用年值小于原设备费用年值，则需进一步讨论
3	逐年比较确定更新时机	假设旧设备继续使用 1 年，若此时新设备费用年值小于原设备费用年值，则需要更新；若新设备费用年值大于原设备费用年值，则继续使用并计算第二年的费用年值，循环上述步骤直至设备更新

【例 9-3】　设备 A 目前净残值为 10000 元，还能继续使用 5 年，其年末净残值和年运行成本如表 9-7 所示。新型设备 B 的购置费用为 25000 元，经济寿命为 8 年，第八年年末净残值为 3000 元，平均年运行成本为 1000 元，按照基准折现率为 10% 计算，设备 A 是否需要更换，若更换，何时更换为宜？

表 9-7　设备 A 的年末净残值和年运行成本

保留使用年限	0	1	2	3	4	5
年末净残值 / 元	10000	8500	7000	5500	4000	2500
年运行成本 / 元	0	2000	3000	4000	5000	6000

【解】① 先判断是否需要更换。

继续使用设备 A：

$ACA = [10000 - 2500 \times (P/F, 10\%, 5) + 2000 \times (P/F, 10\%, 1) + 3000 \times (P/F, 10\%, 2) + 4000 \times (P/F, 10\%, 3) + 5000 \times (P/F, 10\%, 4) + 6000 \times (P/F, 10\%, 5)](A/P, 10\%, 5) \approx 6039(元)$

若更新设备 B：

$ACB = [25000 - 3000 \times (P/F, 10\%, 8) + 1000 \times (P/A, 10\%, 8)](A/P, 10\%, 8) \approx 5424(元)$

根据计算可知，$ACB < ACA$，因此设备 A 需要更换成设备 B，继而计算更换时间。

② 判断何时更换为宜。

当保留 1 年时，

$ACA(1) = [10000 - 8500 \times (P/F,10\%,1) + 2000 \times (P/F,10\%,1)](A/P,10\%,1) \approx 4500(元)$

此时，$ACB > ACA(1)$，因此保留使用 1 年。

当保留 2 年时，

$ACA(2) = [10000 - 7000 \times (P/F,10\%,2) + 2000 \times (P/F,10\%,1) + 3000 \times (P/F,10\%,2)](A/P,10\%,2) \approx 4905(元)$

此时，$ACB > ACA(2)$，因此保留使用 2 年。

当保留 3 年时，

$ACA(3) = [10000 - 5500 \times (P/F,10\%,3) + 2000 \times (P/F,10\%,1) + 3000 \times (P/F,10\%,2) + 4000 \times (P/F,10\%,3)](A/P,10\%,3) \approx 5296(元)$

此时，$ACB > ACA(3)$，因此保留使用 3 年。

当保留 4 年时，

$ACA(4) = [10000 - 4000 \times (P/F,10\%,4) + 2000 \times (P/F,10\%,1) + 3000 \times (P/F,10\%,2) + 4000 \times (P/F,10\%,3) + 5000 \times (P/F,10\%,4)](A/P,10\%,4) \approx 5675(元)$

此时，$ACB < ACA(4)$，因此应保留使用 3 年后，将设备 A 更换为设备 B。

9.3　设备租赁方案评价

一般来说，企业所需要的大部分设备是通过购置获得的。但是当企业资金紧张，或是部分专业性设备价格昂贵、维修复杂且费用高昂时，可通过租赁方式获得该设备的使用权。这种方式的好处在于不仅可以降低企业的设备购置成本，也可避免设备老化和使用要求变化带来的风险。因此本部分将重点介绍设备租赁的基本情况、费用与租金分析和设备租赁方案评价等。

9.3.1　设备租赁

1. 设备租赁的概念及分类

设备租赁是指设备使用人（承租人）与设备所有人（出租人）签订设备租赁合同，按照合同约定在一定期间内，承租人向出租人支付一定费用并取得设备使用权的一种方式。在设备租赁过程中，双方按照合同约束来履行各自的责任与义务，并享有相应的权利。目前常见的设备租赁方式主要包括经营租赁和融资租赁两类。

（1）经营租赁。经营租赁是指承租人支付租金并在一定时期内拥有设备的使用权。在租赁期间，一切设备的维修、保养、保险费用均由出租人承担。租赁的期限远远小于设备寿命，同时承租人有权在租赁期内预先通知出租人后解除租约。这类租赁形式可以避免承担无形磨损带来的风险，对于承租人来讲较为灵活，可以根据市场变化来决定设备的租赁期限。

（2）融资租赁。融资租赁是指承租人以融通资金为目的，获得租赁资产所有权的一种租赁形式。融资租赁的租费总额通常足够补偿全部设备成本，在租期结束前不得解除合同。租约期满后，租赁设备的所有权无偿或低于其残值转让给承租人。在租赁期间，一切设备的维修、保养、保险费用均由承租人负责。从本质上来讲，融资租赁实际是一种分期付款购置设备的形式，分期支付的租金相当于贷款本息。

一般而言，当承租人计划短期使用设备，使用期限远小于设备寿命时，应采用经营租赁方式；当承租人计划长期租赁设备，并且租赁期基本接近设备寿命时，应采用融资租赁方式。

2. 设备租赁的特点及意义

设备租赁的优点包括：节省设备投资；加快设备更新速度；提高设备利用率；合理避税等。设备租赁的缺点包括：承租人对设备只有使用权，因此不能对设备进行技术改造、抵押贷款等；长期租赁情况下资金成本高，同时形成承租人长期负债；租赁合同规定严格，违规损失严重等。

实际上，设备租赁对承租人和出租人均具有较重要的现实意义。对承租人来说，租赁设备可以减少资金占用和改善资产负债；有利于满足季节性或暂时性需要；有利于避免技术落后，降低投资风险；经营租赁可减少设备维修、保养和保险支出；可避免通货膨胀带来的冲击。对出租人来说，出租设备可以提高设备利用率；获得设备管理费和边际利润，提高经济收益；享受税赋和折旧的优惠，减少税金支出。

9.3.2 设备租赁费用

1. 设备租赁费用构成

设备租赁费用一般由租金、租赁保证金和担保费等部分构成。

（1）租金。租金是租赁合同的核心内容，关乎到双方的经济利益。影响租金的因素包括设备的价格、融资利息、税款、使用时间等。租金支付涉及的内容包括租赁期起算日、租金开始支付时间、基准折现率和支付方法等。

（2）租赁保证金。租赁保证金是指承租人为保证合同的顺利执行而支付的一部分费用。当合同到期后，出租人会将这部分金额退还给承租人或是在最后若干期的租金中抵扣，租赁保证金一般是设备价值或合同总金额的一定比率。

（3）担保费。担保费是指出租人要求承租人请第三人（担保人）为其租赁行为进行担保，一旦承租人因故不能支付租金，则由担保人缴纳。

2. 租金分析

虽然租金的确定是一个较为复杂的过程，但租赁合同的双方必须通过租金来体现自己的经济利益。在现实中，我们主要采用附加率法和年值法来计算租金。

（1）附加率法。该方法是在租赁设备的价格或评估价值基础上增加一个特定的比率来计算租金，计算公式为

$$R = P(1+N \times i)/N + P \times r \tag{9-13}$$

式中　R ——租金；

P——设备的价格或评估价值；
N——租赁设备还款期数；
i——基准折现率；
r——附加比率。

（2）年值法。该方法是将一个租赁设备的现值按基准利率平均分摊至未来各个租赁期内，计算公式为

$$R = P(A/P,i,n) \tag{9-14}$$

式中，各符号意义同上。

9.3.3 设备租赁影响因素及方案评价方法

1. 影响设备租赁的主要因素

企业在进行设备租赁前，需要仔细分析各年的现金流量和不确定性因素，才能确定租赁是否获得最佳经济效益的设备投资方式。因此企业通常从以下三个基本角度来考虑是进行设备租赁还是设备购置。

（1）支付方式。设备租赁过程中需要支付租金；借款需要按期付息、到期还本；分期购买需要按期支付利息和部分本金。另外还需要考虑支付次数、每次支付的间隔期、每次付款额度等。企业需要思考租赁或购置哪种成本较低。

（2）筹资方式。当企业需要通过融资获得设备时，需要考虑是向金融机构借款还是通过融资租赁获得资金，或是通过发行企业股票或债券进行融资。需要考虑哪一种方式更为省时和简便。

（3）使用方式。设备是需要长期使用，还是短期暂时性使用。如果短期使用，选择经营租赁方式较为合适；如果长期使用，需要考虑哪种租赁方式更为经济。

除以上三个方面之外，企业是通过租赁还是购置获得设备还需要综合考虑以下因素：设备寿命或项目周期；每期设备支出费用；预付货款或定金金额；付款期内利率大小；获得该设备的资金规划；租赁所具有的帮助企业避免运用短期信用和保留其短期借款的能力；企业的经营费用减少与折旧、利息费用减少的关系；节税优惠；等等。

2. 设备租赁方案的评价方法

在决定是否租赁设备时，通常是将租赁设备和购置设备作为两个备选方案来进行比较评价。由于一般设备的使用期限都较长，因此评价时应考虑资金时间价值，即选择动态模式。在比较两种方案时，无论采用何种方式获得设备，其给企业带来的营业收入是相同的，因此这时比较的重点集中在租赁和购买的成本层面。若设备寿命相同，可采用现值法（费用现值或净现值）；若设备寿命不同，可采用年值法（费用年值或净年值）。

（1）不考虑税收影响的情况。当不考虑税收时，可直接根据设备寿命，采用现值法或年值法进行比较评价。

【**例9-4**】 某企业需要使用设备A，直接购买的价格为50000元，使用寿命为10年，预计该设备的净残值为3000元。若租赁设备A，则每年需要支付租金4000元。

设备 A 的年运行成本为 5000 元，各种可能维修费用年均 3000 元。假设基准折现率为 10%，请问企业会购买设备还是租赁设备？

【解】① 选择现值法进行测算。

若选择购买，则费用现值为

$PCB = 50000 + 5000 \times (P/A, 10\%, 10) + 3000 \times (P/A, 10\%, 10) - 3000 \times (P/F, 10\%, 10) \approx 98000(元)$

若选择租赁，则费用现值为

$PCR = (4000 + 5000 + 3000) \times (P/A, 10\%, 10) \approx 73735(元)$

根据计算结果，$PCB > PCR$，因此租赁设备对企业更有利，企业会选择租赁设备。

② 选择年值法进行测算。

若选择购买，则费用年值为

$ACB = 50000 \times (A/P, 10\%, 10) + 5000 + 3000 - 3000 \times (A/F, 10\%, 10) \approx 15947(元)$

若选择租赁，则费用年值为

$ACR = 4000 + 5000 + 3000 = 12000(元)$

同样，$ACB > ACR$，即年值法和现值法结果一致，企业会选择租赁设备。

（2）考虑税收影响的情况。由于企业在运营过程中，除非有特殊的免税优惠，否则均需要根据销售利润上缴所得税。因此，进行设备租赁时也需要考虑税收情况。按照有关财政制度规定，租赁设备的租金允许计入成本，购买设备每年计提的折旧费也允许计入成本。另外，若是借款购置设备，每年支付的利息也可计入成本。在其他费用不变的情况下，计入成本越多，则税收的抵减额也会越大。因此，应充分考虑各种税收优惠后，再进行方案的比选。一般来讲，进行方案比选首先需要计算每一年设备租赁或购买情况下的净现金流量，基于此，运用现值法或年值法进行比较评价。

设备租赁的净现金流量计算公式如下。

$$(CI - CO)_R = \text{In} - r - C_{tr} - \text{tax}_c - \text{tax}_{\text{In}}$$
$$\text{或} (CI - CO)_R = (1 - i_{\text{In}}) \times (\text{In} - r - C_{tr} - \text{tax}_c) \quad (9\text{-}15)$$

式中　$(CI-CO)_R$——设备租赁的净现金流量；

In——营业收入；

r——租赁费；

C_{tr}——第 t 年租赁情况下的运营费；

tax_c——与运营相关的税金；

tax_{In}——所得税；

i_{In}——所得税率。

设备购置的净现金流量计算公式如下。

$$(CI - CO)_B = \text{In} - P - C_{tb} - I - \text{tax}_c - \text{tax}_{\text{In}}$$
$$\text{或} (CI - CO)_B = (1 - i_{\text{In}}) \times (\text{In} - P - C_{tb} - I - \text{tax}_c) \quad (9\text{-}16)$$

式中 $(CI-CO)_B$——设备购置的净现金流量;
P——设备购置费;
I——贷款利息;
C_{tb}——第 t 年购置情况下的运营费。

其他同上。

【例 9-5】 某企业需要设备 A,若购置费用为 1000 万元,使用寿命为 5 年,净残值为 100 万元。这台设备扣除维修、保养和燃料费用可获得销售收入 1000 万元,企业按 25% 缴纳所得税,假定公司有三种方案:可一次性购买设备;可租赁设备,需在年初支付租金 250 万元;可先一次性支付设备价款的 40%,然后在第二年至第四年每年年初支付 270 万元。在基准收益率为 10% 的情况下,如何比选方案。(计算结果保留整数)

【解】根据题意可得以下内容。

① 若选择一次性购买设备,其现金流量表如表 9-8 所示。

表 9-8 一次性购买设备的现金流量表 单位:万元

项目	年末					
	0	1	2	3	4	5
购置费	1000					
营业收入(扣除运营费)		1000	1000	1000	1000	1000
所得税		205	205	205	205	205
净现金流量	−1000	795	795	795	795	795

每年的设备折旧为(1000−100)÷5=180(万元)
因此,每年的企业所得税为(1000−180)×25%=205(万元)
一次性购买设备的净现值为

$$NPV_B = -1000 + 795 \times (P/A,10\%,5) + 100 \times (P/F,10\%,5) \approx 2075.78(万元)$$

② 若选择普通租赁设备,其现金流量表如表 9-9 所示。

表 9-9 普通租赁设备的现金流量表 单位:万元

项目	年末					
	0	1	2	3	4	5
租赁费	250	250	250	250	250	
营业收入(扣除运营费)		1000	1000	1000	1000	1000
所得税		187.5	187.5	187.5	187.5	187.5
净现金流量	−250	562.5	562.5	562.5	562.5	812.5

每年企业所得税为(1000−250)×25%=187.5(万元)
普通租赁设备的净现值为

$$NPV_R = -250 + 562.5 \times (P/A,10\%,4) + 812.5 \times (P/F,10\%,5) \approx 2037.55(万元)$$

③ 若选择分期付款购买设备，其现金流量表如表 9-10 所示。
分期付款购买设备的净现值为

$$NPVF = -400 + 525 \times (P/A, 10\%, 3) + 795 \times (P/A, 10\%, 2) \times (P/F, 10\%, 3) + 100 \times (P/F, 10\%, 5) \approx 2004.30(万元)$$

表 9-10　分期付款购买设备的现金流量表　　　　　　　　　　　单元：万元

项目	年末					
	0	1	2	3	4	5
购置费	400	270	270	270		
营业收入（扣除运营费）		1000	1000	1000	1000	1000
所得税		205	205	205	205	205
净现金流量	-400	525	525	525	795	795

综合来看，$NPVR > NPVB > NPVF$，即采用一次性购买设备的净现值最大。因此在题目假设条件下，采用一次性购买设备的方式是最合理的。

9.4　改扩建项目评价

改扩建项目是指既有企业利用原有资产与资源，投资形成新的生产（服务）设施，扩大或完善原有生产（服务）系统功能的活动。改扩建项目可以看作既有企业利用已有条件追求经济效益提高的一种战略方法。在党的二十大报告中强调的"实施城市更新行动"，也是实现项目改扩建的重要方法与手段。因此本部分将重点介绍改扩建项目的基本情况、改扩建项目评价的步骤及方法等。

9.4.1　改扩建项目

改扩建项目的目的是提高既有企业的总体经济效益，而既有企业的总体经济效益可以表现在多个方面。

对于有直接经济效益的改扩建项目，项目的增量收入或减少亏损会增加既有企业的经济效益；对于非直接获取经济效益的改扩建项目，如环境治理项目，既有企业虽然不能得到直接的经济效益，但可以通过减少排污费来节约成本，提高既有企业的经济效益。改扩建项目对于既有企业的生产活动还可能存在乘数效应，如增加产品供给、开发新产品、调整产业结构、提高技术水平、降低资源消耗、提高产品质量、改善劳动条件与环境、节省运营费用等。

改扩建项目还具备以下特点：
（1）项目是既有企业有机组成的一部分，但项目活动与企业活动有一定程度的区别。
（2）项目融资主体与还款主体均为既有企业。

(3) 项目一般要运用既有企业的部分或全部资产进行建设与经营。
(4) 建设期内既有企业的生产（运营）与项目建设同时进行。
(5) 项目的效益与项目的目的有关，表现形式包括直接和间接两方面。
以上特点均会对改扩建项目评价产生重要影响。

9.4.2 改扩建项目评价的层次与方法

改扩建项目与企业既有联系，又有区别，一般采用两个层次进行评价。

1. 项目层次

项目层次主要是针对项目的盈利能力、清偿能力、财务生存能力等进行分析。盈利能力分析遵循"有无项目对比"的原则，即项目评价的依据是比较"有项目（有改扩建项目）"和"无项目（保持项目，不进行改扩建）"的效益与费用计算的增量效益与增量费用。清偿能力分析是对"有项目"偿债能力的分析，若"有项目"还款资金不足，应分析"有项目"的还款资金缺口，即既有企业应为项目额外提供的还款金额。财务生存能力分析是对"有项目"的分析。符合简化条件时，可直接用"增量"数据和相关指标进行分析。

2. 企业层次

企业层次主要是通过比较既有企业以往的财务状况和今后可能的财务状况，了解企业生产与经营状况、资产负债结构、发展战略、企业信用、资源优化的必要性等。这个层次比较关注项目的融资能力、企业自身的资金成本、与项目有关的资金成本机会等。有条件时还需分析既有企业包括项目债务在内的还款能力。

基于评价层次，常见的改扩建项目评价方法主要为"有无项目比较法"，即分别考察有项目和无项目两种情况下的效益。如果这两种情况对原有资产利用相同，一般不对利用的资产进行重估，这时也不存在沉没成本和机会成本的差别。如果这两种情况对原有资产有不同的利用，则对这部分资产要按机会成本原则进行重估，将重估值作为利用该资产方案的投资费用。按照有无项目比较法，产出和投入相同时可不参与比较，只比较有差异的部分，形成的增量现金流决定了改与不改。

【例9-6】 某企业因外部材料价格不断上涨等原因导致利润下降，目前企业账面的资产净值为1400万元。若进行改扩建，增加投资估算为900万元，可节省材料等成本投入，每年由此增加的税后现金流约为150万元，因改扩建导致的第一年停产损失为50万元。投资资金来源的平均成本为8%，计算期为10年，项目是否需要进行改扩建？

【解】 由于利用了账面1400万资产，因此该部分不必重估，增量投资是900万元，增量效益每年150万元（第一年需要扣除停产损失50万元，为100万元），即按照净现金流量（-900,100,150,…,150）计算，可得到增量内部收益率为 $IRR = 9.41\%$。

由于 $IRR > 8\%$，因此从经济上说，项目改扩建是可行的。

9.4.3 改扩建项目评价的步骤及内容

在现实中，改建、扩建、迁建、停产复建等项目评价均可划入改扩建项目评价范畴，综合评价的方法，具体步骤和主要内容如下。

1. 确定评价范围

一般来说，改扩建项目是在企业现有基础上进行的，涉及的范围可能是整体或部分的改建或扩建。因此应当科学界定效益与费用的计算范围。若改扩建后的项目能独立经营，则应形成相对独立的核算单位，项目所涉及的对象就是评价对象；若改扩建后的项目无法与既有企业分开，则不能单独计算项目发生的效益和费用，应将整个企业作为项目的评价对象。

2. 进行评价分析

采用"有无项目比较法"进行增量分析，涉及的数据主要包括："有项目"数据（进行改扩建下，各年效益与费用状况的数据）；"无项目"数据（在不进行改扩建下，原企业各年效益与费用状况的数据）；增量数据（"有项目"数据和"无项目"数据的差额），用于增量分析。

值得注意的是，在进行对比时，"有项目"和"无项目"的效益与费用的计算范围和计算期应保持一致。为保持计算期一致，可令"有项目"作为计算基准期，对"无项目"计算期进行调整。

3. 编制评价报表

在评价之后需要对项目的财务情况编制评价报表。改扩建项目的财务评价应按照增量效益与增量费用的数据编制项目增量财务现金流量表、资本金增量财务现金流量表。根据"有项目"的效益与费用编制项目利润与利润分配表、财务计划现金流量表、借款还本付息计划表等。各种报表的编制原理和科目设置应和新建项目的财务评价报表一致，不同的是表中数据的计算口径差异。

4. 具体能力分析

在进行评价过程中，还需要对既有企业改扩建项目的盈利能力、偿债能力和生存能力进行分析。

一般而言，盈利能力是利用"有项目"的现金流量减去"无项目"的现金流量进行判别的。偿债能力需根据项目层次具体问题具体分析，如：项目层次的偿债能力是考察"有项目"时的还款资金来源（折旧、摊销、利润）是否能按期足额偿还借款本息；企业层次的偿债能力是指根据既有企业的经营与债务情况，在计入项目借贷及还款后，分析既有企业总体的偿债能力。对生存能力只进行"有项目"情况下的分析，分析内容与一般项目相同。

习　题

一、单项选择题

1. (　　)是指设备在使用或闲置过程中，设备实体发生的磨损，也称为物质磨损。
   A. 有形磨损　　　　　　　　B. 无形磨损
   C. 综合磨损　　　　　　　　D. 局部磨损

2. 设备在购置安装之后，同时遭受的有形磨损和无形磨损，称为(　　)。
   A. 有形磨损　　　　　　　　B. 无形磨损
   C. 综合磨损　　　　　　　　D. 局部磨损

3. 磨损补偿可分为局部补偿和(　　)两类。
   A. 综合补偿　　　　　　　　B. 完全补偿
   C. 部分补偿　　　　　　　　D. 实体补偿

4. (　　)是指在不更新设备的前提下，对原有设备通过调整、修复或替换磨损零部件的方法，恢复其因非均匀有形磨损所影响的原设备精度、功能和效率的一种设备维修方案。
   A. 原设备大修理　　　　　　B. 原设备现代化改造
   C. 原设备更新　　　　　　　D. 原设备租赁

5. 新型设备更新是运用结构更完善、技术更先进、性能更好、效率更高的新设备替换技术落后、经济性不足的旧设备，这种更新也称为(　　)。
   A. 综合更新　　　　　　　　B. 复杂更新
   C. 简单更新　　　　　　　　D. 技术更新

二、多项选择题

1. 设备处于(　　)情况需要更新。
   A. 设备工作时间过长，精度丧失，结构陈旧，技术落后，无修理或改造价值
   B. 设备磨损是非均匀的，实体的一部分是相对耐用的
   C. 设备有严重"四漏"，能耗高且污染环境
   D. 设备技术性能落后，工人劳动强度大且危害人身安全
   E. 经过两次大修理，再修理也较难恢复出厂精度和生产效率，且大修理费用超过原设备原值的 60%

2. 设备寿命可分成(　　)四类。
   A. 自然寿命　　　　　　　　B. 技术寿命
   C. 经济寿命　　　　　　　　D. 折旧寿命
   E. 非自然寿命

3. 设备租赁方式包括(　　)。
   A. 非经营租赁　　B. 经营租赁　　C. 短期租赁

D. 长期租赁　　　E. 融资租赁

4. 设备租赁费用一般由（　　　）等部分构成。
A. 租金　　　　　B. 租赁保证金　　C. 保险费
D. 担保费　　　　E. 税费

5. 影响设备租赁的主要因素有（　　　）。
A. 投资方式　　　B. 融资方式　　　C. 支付方式
D. 筹资方式　　　E. 使用方式

三、简答题

1. 什么是有形磨损？分哪几种？
2. 什么是原设备大修理？原设备大修理是否永无止境？请给出理由。
3. 设备租赁的优点有哪些？
4. 改扩建项目具备哪些特点？
5. 改扩建项目评价的步骤有哪些？

四、计算题

1. 设备 A 实际价值为 10400 元，预计残值为 800 元，第一年设备运行成本为 600 元，每年设备的低劣化值是均等的，为 300 元，求设备 A 的最佳更新期。

2. 某企业需要设备 A，若购置费用为 500 万元，使用寿命为 5 年，残值为 50 万元，这台设备扣除维修、保养和燃料费用可获得销售收入 500 万元，企业按照 20% 缴纳所得税，假定公司有两种方案：可一次性购买设备；可租赁设备，需在年初支付缴纳租金我 120 万元；在基准收益率为 10% 的情况下，如何比选方案。

典型案例

某工程材料生产企业为一级电力负荷生产企业，有两个独立的电源供电。但由于企业供电系统内部故障可能会造成停电事故，因此供电系统设置了一个独立的应急电源系统。原有的应急电源系统由两组 A 品牌 600kW 柴油发电机组组成，同时预留备用位置，保证企业应急电源系统升级和扩建的需要。

由于企业生产能力不断提升，原有应急电源系统 1200kW 已无法满足企业需求，现总容量需达到 1800kW。该企业委托一家电力设计公司对应急电源系统提出设计方案。设计公司在综合企业的生产需要、用电设备负荷等级、供电范围及半径等因素下，提出两个方案。

（1）增加（扩建）发电机组方案。在原有应急电源系统的预留位置，安装同一个品牌的 600kW 新发电机组，与原有两组发电机组并行接入应急电源系统。考虑到后期维护和售后的便利性，因此采用这一方案时建议采用同一品牌的发电机组较为合适。

（2）更换（更新）发电机组方案。将现有的两组发电机组更换成 900kW 的 B 品牌发电机组。这是考虑到原有的 A 品牌发电机组存在耗油量大、经常故障且售后服务不及时等问题。近几年发生过 5 次因应急电源系统故障而产生的停电事故，该品牌服务商均未能及时维护。经过市场调查，B 品牌的当地集成商可提供装机、调试、免费三年维护等服务，并且可以在发生事故的 1 小时内抵达现场，因此采用这一方案时可更换 B 品牌的发电机组。

针对两个方案，设计公司综合企业现状进行了经济评价。

（1）增加发电机组的方案。原有的两组发电机组购置、安装与安装附加费用为 90 万元，折旧和使用期均为 10 年，发电机组折旧按照平均年限法折旧，残值率为 5%。目前该发电机组已经使用了 5 年，同款二手发电机组为 10 万元。每年每组机器的运行时间为 200 小时，每台的燃油费用为 22.68 万元，维护费用每年每组为 2 万元。由于该发电机组属于应急电源系统中的一部分，使用机会较少，因此运营费用的劣化现象不明显。若购置一组 A 品牌 600kW 的全新发电机组需 55 万元，新增的发电机组费用增加了企业所得税前抵扣额（以税率 25% 计算），为 74763 元。以 5 年使用寿命期计算，在以后的 5 年中，增加发电机组的年费用现金流量表如表 9-11 所示。

表 9-11 增加发电机组的年费用现金流量表　　　　单位：元

序号	项目	0	1	2	3	4	5
1	原两组发电机组						
1.1	机会成本	200000					
1.2	维护费和燃油费		493600	493600	493600	493600	493600
1.3	期末处置市场价值						−45000
2	增加发电机组						
2.1	购置费	550000					
2.2	维护费和燃油费		246800	246800	246800	246800	246800
2.3	期末处置市场价值						−100000
3	所得税调整						
3.1	机会所得税调整	68125					
3.2	运营所得税调整		−74763	−74763	−74763	−74763	−74763
3.3	期末所得税调整						−47188
4	净费用现金流量	818125	665638	665638	665638	665638	473450

在表 9-11 中，机会所得税调整是指保留使用原发电机组而失去了处置原发电机组引起的所得税调整额，计算过程如下。

原两组发电机组年折旧费用为：$900000 \times (1-5\%) \div 10 = 85500$(元)。

目前资产账面价值为：$900000 - 85500 \times 5 = 472500$(元)。

如现在进行处置，由于市场价值为 200000 元，低于资产账面价值，则抵扣所得税为：$(472500-100000\times 2)\times 25\% = 68125$(元)。

同时，表 9-11 中的期末所得税调整是指新发电机组期末处置所得税调整额，计算过程如下。

新发电机组年折旧费用为：$550000\times(1-5\%)\div 10 = 52250$(元)。

期末所得税调整为：$(550000-52250\times 5-100000)\times 25\% \approx 47188$(元)。

该企业税后基准投资收益率为 13%，根据净费用现金流量表可计算出增加发电机组的年费用为 868585 元。

（2）更换发电机组的方案。更换 B 品牌两组 900kW 的发电机组，其购置、安装及其他附加费用共为 200 万元。采用平均年限法计算折旧，折旧期为 10 年，残值率为 5%。考虑 5 年使用期，5 年末市场价格为两组 40 万元。每组机器平均每年运行时间为 200 小时，由于属于节油设备，因此，两台的总油耗为 55.44 万元。维修费用为每年每台 1 万元。若采用本方案，可利用原有的发电机房、油罐、噪声治理设施、通风、排烟、冷却、消防措施等，因此这些费用不会发生，以 5 年使用寿命期计算，更换两组发电机组的年费用现金流量表如表 9-12 所示。

表 9-12　更换两组发电机组的年费用现金流量表　　　　　　　　　　单位：元

序号	项目	0	1	2	3	4	5
1	更换两组发电机组						
1.1	投资额	2000000					
1.2	维护费和燃油费		574400	574400	574400	574400	574400
1.3	期末处置市场价值						−400000
2	所得税调整						
2.1	运营所得税调整		−46325	−46325	−46325	−46325	−46325
2.2	期末所得税调整						−162500
3	净费用现金流量	2000000	528075	528075	528075	528075	528075

按照同样的方法计算新发电机组年折旧费用为：$2000000\times(1-5\%)\div 10 = 190000$(元)。

在使用 5 年期内，更新后比更新前的各年运营所得税调整为：

$[(190000+574400)-(85500+493600)]\times 25\% = 46325$(元)。

在 5 年末结束时，新发电机组期末所得税调整为：

$(2000000-190000\times 5-400000)\times 25\% = 162500$(元)。

同样，该企业税后基准投资收益率为 13%，根据净费用现金流量表可计算出更新发电机组的年费用为 1009902 元。

根据以上结果可知，增加（扩建）发电机组方案的年费用少于更换（更新）发电机组方案。虽然设备 B 节油和服务能力较好，但从两个方案的经济性来看，企业倾向于选择利用有限的经济资源增加发电机组的方案。

在线答题

拓展习题

参考文献

DONALD N，2011. Engineering Economic Analysis[M]. Oxford：Oxford University Press.
（美）威廉·G. 沙立文，等，2020. 工程经济学 [M]. 北京：机械工业出版社.
范钦满，姜晴，2022. 工程经济学 [M]. 北京：清华大学出版社.
何元斌，杜永林，罗倩蓉，2021. 工程经济学 [M]. 2 版. 成都：西南交通大学出版社.
黄有亮，徐向阳，谈飞，等，2015. 工程经济学 [M]. 3 版. 南京：东南大学出版社.
李海涛，2012. 投资项目可行性研究 [M]. 天津：天津大学出版社.
李明孝，2018. 工程经济学 [M]. 2 版. 北京：化学工业出版社.
李南，2018. 工程经济学 [M]. 5 版. 北京：科学出版社.
李忠富，杨晓冬，2016. 工程经济学 [M]. 2 版. 北京：科学出版社.
刘炳胜，2020. 工程项目经济分析与评价 [M]. 北京：中国建筑工业出版社.
刘长滨，等，2015. 建筑工程技术经济学 [M]. 4 版. 北京：中国建筑工业出版社.
刘晓君，张炜，李玲燕，2020. 工程经济学 [M]. 4 版. 北京：中国建筑工业出版社.
钱·S·帕克，2012. 工程经济学. 5 版 [M]. 北京：中国人民大学出版社.
全国注册咨询工程师（投资）资格考试参考教材编写委员会，2021. 项目决策分析与评价 [M]. 北京：中国统计出版社.
全国咨询工程师（投资）职业资格考试参考教材编写委员会，2016. 现代咨询方法与实务 [M]. 2 版. 北京：中国计划出版社.
谭大璐，2021. 工程经济学 [M]. 北京：中国建筑工业出版社.
王冲，李冬梅，2013. 市场调查与预测 [M]. 上海：复旦大学出版社.
武献华，宋维佳，屈哲，2020. 工程经济学 [M] .5 版. 大连：东北财经大学出版社.
项勇，徐姣姣，卢立宇，2018. 工程经济学 [M]. 3 版. 北京：机械工业出版社.
荀志远，张贵华，2020. 工程经济学 [M]. 北京：科学出版社.
亚当·斯密，2013. 国富论 [M]. 杨兆宇，等译. 北京：华夏出版社：西方经济学圣经译丛.
杨克磊，高喜珍，2012. 项目可行性研究 [M]. 上海：复旦大学出版社.
杨申仲，等，2012. 现代设备管理 [M]. 北京：机械工业出版社.
杨晓冬，2020. 工程经济学 [M]. 北京：机械工业出版社.
张仕廉，2014. 建设工程经济学 [M]. 北京：科学出版社.
祝连波，2019. 建设工程经济 [M]. 南京：东南大学出版社.
中华人民共和国国家发展和改革委员会，国家发展改革委关于印发投资项目可行性研究报告编写大纲及说明的通知 [EB/OL].[2023-03-23].https://www.ndrc.gov.cn/xxgk/zcfb/ghxwj/202304/t20230407_1353356.html.

后 记

  经全国高等教育自学考试指导委员会同意，由土木水利矿业环境类专业委员会负责高等教育自学考试《工程经济学》教材的审定工作。

  本教材由哈尔滨工业大学杨晓冬教授担任主编，张家玉助理研究员参加编写。全书由杨晓冬教授统稿。

  全国高等教育自学考试指导委员会土木水利矿业环境类专业委员会组织了本书的审稿工作。大连理工大学李忠富教授担任主审，西安建筑科技大学兰峰教授、清华大学吴璟教授参审，提出修改意见，谨向他们表示诚挚的谢意！

  全国高等教育自学考试指导委员会土木水利矿业环境类专业委员会最后审定通过了本教材。

全国高等教育自学考试指导委员会
土木水利矿业环境类专业委员会
2023 年 5 月